U0871892

亚圣孟子

时鑑 著

『儒家五圣』丛书

杨朝明 主编

曲阜文化建设示范区推进办公室 组编

齊鲁書社

·济南·

图书在版编目（CIP）数据

亚圣孟子 / 曲阜文化建设示范区推进办公室组编；杨朝明主编；时鑑著. -- 济南：齐鲁书社, 2023.9
（“儒家五圣”丛书）
ISBN 978-7-5333-4689-8

Ⅰ. ①亚… Ⅱ. ①曲… ②杨… ③时… Ⅲ. ①孟轲（约前372-前289）-生平事迹 Ⅳ. ①B222.5

中国国家版本馆CIP数据核字(2023)第166824号

责任编辑　李　珂
装帧设计　亓旭欣

亚圣孟子
YASHENG MENGZI
曲阜文化建设示范区推进办公室　组编　　杨朝明　主编
时　鑑　著

主管单位　山东出版传媒股份有限公司
出版发行　齊鲁書社
社　　址　济南市市中区舜耕路517号
邮　　编　250003
网　　址　www.qlss.com.cn
电子邮箱　qilupress@126.com
营销中心　（0531）82098521　82098519　82098517
印　　刷　山东成信彩印有限公司
开　　本　720mm × 1020mm　1/16
印　　张　17.75
插　　页　2
字　　数　301千
版　　次　2023年9月第1版
印　　次　2023年9月第1次印刷
标准书号　ISBN 978-7-5333-4689-8
定　　价　56.00元

“儒家五圣”丛书
编辑委员会

主　　任　董　冰

副主任　杨朝明

成　　员　朱湘华　董洪波　李学斌　吕　斌　王士虎

　　　　　昝　亮　王　路　傅光中　贺　伟

主　　编　杨朝明

副主编　李学斌　傅光中

总序一

济宁位于鲁西南地区，地处黄淮海平原与鲁中南山地交接地带，素以“孔孟之乡”“运河之都”“文化济宁”著称。孔孟之乡、礼义之邦的济宁是中华文明的重要发祥地，诞生了人文始祖轩辕黄帝和孔子、颜子、曾子、子思子、孟子等圣人。西周初年，周公受封建立鲁国，为儒学的诞生提供了前提。济宁辖区内有曲阜市、邹城市两个国家历史文化名城，有“三孔”和京杭大运河两处世界文化遗产，有水浒故事发源地水泊梁山、铁道游击队故乡微山湖……圣人、圣地、水乡交相辉映，优秀传统文化与红色文化在此水乳交融。

习近平总书记指出：“孔子创立的儒家学说以及在此基础上发展起来的儒家思想，对中华文明产生了深刻影响，是中国传统文化的重要组成部分。”“研究孔子、研究儒学，是认识中国人的民族特性、认识当今中国人精神世界历史来由的一个重要途径。”儒学是一个博大精深的思想体系，其形成有广阔的社会背景和漫长的历史过程。中华优秀传统文化就像一棵生生不息、枝繁叶茂的参天大树，生命坚韧，历久弥新，在不同时期结出了不同的文明硕果。

孔子开创的儒家学说，不仅影响了中国古代社会的政治、经济、文化、教育等诸多方面，而且对人类现代社会依然有着重要影响。在现代社会，儒家文化所强调的仁、义、礼、智、信等人伦道德理念，仍然是我们中国人处理人际关系所遵从的基本原则。在政治方面，儒家文化讲仁爱、重民本，为国家管理者提供了治国理政方面的有益遵循。在经济方面，儒家文化强调道德修养及社会责任，有助于中国商业的健康发展。

在文化层面，儒家学说促进了人与人、国与国之间的交流与合作。在教育方面，孔子开创了民间教育的先河，成为此后中国培养人才的重要方式。可以说，儒家学说曾经长期是中国社会的主流文化，而且至今仍然在很大程度上影响着中国乃至世界儒家文化圈人民的思想观念和精神生活。

2013年11月，习近平总书记视察山东济宁，就弘扬中华优秀传统文化问题发表重要讲话，对济宁寄予殷切期望，赋予光荣使命。近年来，济宁市深入学习贯彻习近平总书记重要讲话指示精神，发挥文化底蕴厚重、资源丰富的优势，配合建设大运河、黄河等国家文化公园，把握好国际孔子文化节、尼山世界文明论坛等重大文化活动契机，倡导中华优秀传统文化“八个融入”理念，推动研究阐发“登峰”与推广普及“落地”并重，做好中华优秀传统文化“创造性转化、创新性发展”的文章，全力打造集世界文明交流互鉴高地、中华优秀传统文化“两创”先行示范区、世界文化旅游名城于一体的文化建设新高地，自觉在服务国家文化战略中担负重大使命、做出更大贡献。

习近平总书记在文化传承发展座谈会上强调，要在新的历史起点上继续推动文化繁荣、建设文化强国、建设中华民族现代文明。要坚定文化自信，坚持走自己的路，立足中华民族伟大历史实践和当代实践，用中国道理总结好中国经验，把中国经验提升为中国理论，实现精神上的独立自主。要秉持开放包容，坚持马克思主义中国化时代化，传承发展中华优秀传统文化，促进外来文化本土化，不断培育和创造新时代中国特色社会主义文化。要坚持守正创新，以守正创新的正气和锐气，赓续历史文脉，谱写当代华章。

破浪前行风正劲，奋楫扬帆正当时！济宁市将全面贯彻落实党的二十大精神，以习近平新时代中国特色社会主义思想为指引，深入推动文化繁荣发展，努力让中华优秀传统文化焕发出新的时代光彩：创新突破传播交流，推进尼山文化片区规划建设，全方位提升国际孔子文化节、尼山世界文明论坛等重大活动能级，充分运用数字技术等现代手段提升中华优秀传统文化的国际影响力；创新突破教育普及，建设全国干部政德教育基地、全国教师培训基地、全国青少年优秀传统文化传承体验基地，大力推进“领导干部学国学”“优秀传统文化进校园”，以中华优秀传统文化教育影响“关键少数”，让“关键少数”影响带动社会大多数，形成宣传普及中华优秀传统文化的热潮；创新突破落地转化，推动中华优秀传统文化“八个融入”，即融入精神文明建设，融入青少年教育，融入干部政德建设，融入基层社会治理，融入文化旅游高质量发展，融入乡村振兴，融入网络建设，融入城市发展，用中华优秀传统文化涵育“人人彬彬有礼、户户和和美美、处处干干净净”的城乡文明新风尚；创新突破文旅融合发展，实施“百家景区焕新”行动，对全市100余家A级景区实行“一景区一方案”，推动经典景区“破圈突围”、传统景区“做优做强”、新兴景区“深度开发”，打响“孔孟之乡、运河之都、文化济宁”的文旅品牌。

为了弘扬以儒家文化为代表的中华优秀传统文化，围绕“四个讲清楚”“两个结合”等重大论断，结合孔孟故里的区位优势，济宁市深入挖掘整理、研究阐发以儒家文化为重点的中华优秀传统文化资源，推进“儒家五圣”思想学说研究，特约请著名儒学研究专家杨朝明教授担纲主编，于国内优秀专业古籍出版社齐鲁书社编辑出版了这套“儒家五圣”丛书。本丛书分别阐述了至圣孔子、复圣颜子、宗圣曾子、述圣子思子、亚圣孟子的生平事迹、思想观点及时代价值，是一套通俗化、普及性的儒家文化宣传读本，是济宁市文化“两创”工作的标志性成果之一。希望这套丛书的出版发行，能够让更多的读者了解孔孟之乡、了解儒家文化，进而学好用好以儒家文化为代表的中华优秀传统文化。

希望有志于文化建设的社会各界人士，积极投身于中华优秀传统文化“两创”实践，为推动完成新的文化使命、建设中华民族现代文明做出新的更大贡献！

中共济宁市委常委、副市长
曲阜文化建设示范区党工委书记　董　冰

2023年8月

总序二

在中华传统文化中，圣人是最为崇高的人。圣人不仅人格完美高尚，而且智慧出类拔萃、超凡脱俗。“圣人”一词虽然有时被用来美化帝王，后来也用于指称精通某事或在学问、技艺方面有超高成就的人，但通常情况下，都是指道德、智慧最为高超的理想人物。在中国，中华民族最伟大的文化圣人主要指至圣孔子、复圣颜子、宗圣曾子、述圣子思子、亚圣孟子等。欲推进文化自信，就必须文化自知；要了解中华民族文化，不了解“儒家五圣”几乎不可想象。

一

孔子把人分为五类：庸人、士人、君子、贤人、圣人。在孔子心目中，圣人的德行合于天地之道，圣人能统物通变，推究万事规律，协调万物机理，广布道艺，成就物性。圣人与日月齐辉，化行天下如同神明，普通人未必了解他的德行，见到他的人也未必能看出他的卓异。这样的人就是圣人。按照孟子的说法，圣人代表人格追求的最高标准。他说：“圣人，人伦之至也。”

孔子、孟子等曾以“君子”自许，却没有以“圣人”自居。例如，有人称孔子为“圣”为“仁”时，孔子谦卑地说：“圣与仁，我哪里敢当！我只不过朝着这样的方向努力而不满足，教诲别人而不觉疲倦罢了。”也许，“学而不厌，诲人不倦”正是圣人的高度，他们在追寻圣道的路上一定会发愤忘食、乐以忘忧。然而，在弟子后学心目中，孔子等人已经达到“圣”的境界，例如子贡常称孔子为“圣人”，称赞孔子“固天纵之将圣，又多能也”。

子贡所说“固天纵之将圣”，很值得玩味！孔子当然不认为自己生而知之，而是说自己年少贫贱，“多能鄙事”，由此成就了自己。这仅是问题的一个方面。任何人的成功都是主客观多种因素造成的。孔子及其弟子后学颜子、曾子、子思、孟子出现在衰周之际、成就于泰山之阳的洙泗之域，恰是时势所造，而这个“时势”就是子贡说的“天”。有人慨叹“天不生仲尼，万古长如夜”（《朱子语类》），天生至圣孔子，天生儒家群圣，这是中华文化之“天”培育的丰硕成果，是天地自然送给中华民族的宝贵礼物！

“儒家五圣”是儒学的创立者、定型者。基于儒学的特性及儒学在中华优秀传统文化中的地位，他们不仅属于儒家，更属于整个中华民族乃至整个人类。他们构建并承载了中华民族的价值观念。“儒家五圣”的思想孕育于邹鲁、形成在周代，历史渊源悠久，文化积淀深厚。

二

能看见多远的过去，才能看清多远的未来——往回看恰是为了向前看。如果不理解孔子“述而不作”的文化观，不理解孔子“祖述尧舜，宪章文武”的丰富内涵，就很难读懂孔子儒学。“儒家五圣”承载了他们以前中华文化的发展，其思维高度与深度联结了古代中国历史发展的长度和宽度。必须清楚，孔子继承了周代以前的王官学传统。要准确把握中国文化精神要义，就要知道它与上古三代文化的关系。

儒学产生前，“儒”早已存在。商朝甲骨文中的“儒”，像以水冲洗沐浴濡身。“儒”的早期字形可隶定为“需”，“需”通“濡”，它应该就是儒的本义。汉代有时依然把“儒”写成“濡”，汉碑中就有“少以濡术”的用法。最初，在进行礼仪活动（如祭祖宗、事上帝等）时，儒要斋戒沐浴，盛服逢迎，以此致孝敬之心，故孔子说“儒有澡身而浴德”。孟子说，“虽有恶人，斋戒沐浴，则可以祀上帝”，大意也是如此。孔子创立的“儒学”与原始的“儒”都有改变、教化之意，儒家则不仅通过斋戒沐浴致其诚敬，而且更关注世道人心，希望社会和谐。

关于儒学的产生，《淮南子·要略》说：“孔子修成、康之道，述周公之训，以教七十子，使服其衣冠，修其篇籍，故儒者之学生焉。”西周初年，周公辅政成王。成王之后，康王继位。《史记·周本纪》记载：“成康之际，天下安宁，刑错四十余年不用。”孔子研修“成康之道”，传述“周公之训”，教授生徒，创立了儒学。《汉书·艺文志》载：“儒家者流，盖出于司徒之官，助人君顺阴阳明教化者也。游文于六经之中，留意于仁义之际，祖述尧舜，宪章文武，宗师仲尼，以重其言，于道最为高。”“司徒之官”为“周礼六官”之一。孔子继承尧、舜、禹、汤、文、武、周公，孔子以后的儒家则以孔子为宗师，这就明确道出了儒学与官学的联系。

周文化继承了夏、商文化，正如孔子所说“周因于殷礼”“殷因于夏礼”“周监于二代”。周代教育有“小学”“大学”之别。小学谓“小子之学”，大学谓“大人之学”。“小子之学”是教小孩子的，“大人之学”是成人教育。“小子之学”旨在学习洒扫、应对、进退之节，学习礼、乐、射、御、书、数之文；“大人之学”旨在学习穷理、正心、修己、安人之道，学习修身、齐家、治国、平天下。《大戴礼记·保傅》称“小学”是“小艺”“小节”；到十五岁左右，“束发而就大学”，学习“大艺”“大节”。孩子懂事了，就可以学习天地自然、社会人生的道理，故孔子说：“自行束脩以上，吾未尝无诲焉。”东汉郑玄注释“束脩”，谓年十五以上。孔子所教，正是穷理正心、修己安人的“大学”，所以如有十五岁及以上年龄的青年人来求教于他，他都加以教诲，这正体现了他“有教无类”的教育思想。

孔子家学与周代官学具有直接联系。从内容看，孔子继承了周代以来的教育传统。《礼记·王制》载：“乐正崇四术，立四教，顺先王《诗》《书》

《礼》《乐》以造士。春秋教以《礼》《乐》，冬夏教以《诗》《书》。”“孔子以诗书礼乐教”(《史记·孔子世家》)，“兴于《诗》，立于礼，成于乐”(《论语·泰伯》)。由此可知孔子家学的内容与官学基本一致。

孔子逝世后，弟子们“散游诸侯”，按照《史记·儒林列传》的说法，“大者为师傅卿相，小者友教士大夫”。在弟子们的共同努力下，孔子学说被发扬传播到各地。尤其是在齐、鲁两国，儒家之学得到了很好的传承，其中最为突出的是在齐国威王、宣王之际，“孟子、荀卿之列，咸遵夫子之业而润色之，以学显于当世”。

三

孔子是守正创新的典范。他强调要继承前代而有创新——“温故而知新，可以为师矣”。弟子有子也说“因不失其亲（新），亦可宗也”。孔子之所以可“宗”可“师”，是因为他正确处理好了继承与创新的关系。创新离不开继承，要以继承为前提；继承是为了创新，是为了更好地创新。守正不是教条主义、本本主义的保守，创新不是无原则、无基础的求新。例如，对“礼”的传承，礼的形式可以“因”，可以因循继承，也可以根据时代的变化适时“损益”，但礼的内在精神不可轻易改变，故孔子说“虽百世可知也”。

中华礼乐文化是源于天而根于心的。礼乐传统是中华文化传统的荦荦大端，在中华民族跨进文明的门槛时，礼乐文化已同时发轫并日渐成熟。夏、商、周三代礼制因革损益，周礼则具有了很高的水准。作为一种人文成果，周礼合于天地，顺乎人情，具有“别嫌疑，明是非，定犹豫”(《史记·太史公自序》)的功能。“夫礼者，理也”(《孔子家语·论礼》)，“礼也者……理万物者也”(《礼记·礼器》)，中华文化以爱与敬为“至德要道”(《孝经》)，将爱敬精神植根于基于父子兄弟亲情的孝悌之道，推衍而贯穿于整个礼乐精神之中。

中华传统文化最重一个“正”字，讲公正、讲诚正、讲中正，主张正而刚直、正而不私、正而不阿。孔子说“政者，正也”，为政者首先要考虑“其身正”，由为政者的“正”引导全社会的“正”。儒学是“正心”之学，它要求人们“思无邪”（《论语·为政》），希望世人端身、正己、守一以止。从很早的时期开始，中华先哲就思考正义问题，“儒家五圣”也无一不致力于研究明德新民、止于至善。礼乐文化从神圣、德性、程序、器物等向度确定权力的合法性、合理性，以“天命”为参照，在整体中定位。中国古代王朝常借助一些仪式表示自己“奉天承运”，这同样源于对自身政权天命合法性的追求。在儒家的语境中，君子“贵乎天道”（《孔子家语·大婚解》），“不知命，无以为君子也”（《论语·尧曰》），所以儒家特别强调“畏天命，畏大人，畏圣人之言”（《论语·季氏》）。

中华文化像一棵生生不息的生命之树，它的根扎得很深很牢。只有准确认识和估价中国古代文明的发展水平，才能理解和把握中华先哲的深邃智慧和文化创造。中国先民认知世界，以天地为师，着眼古往今来，关注四方上下。在中华早期文化典籍中，“天下”“万方”“四海”之辞层出不穷，这源于中华文明的天下观、世界观、整体观、系统论。在与世界的互动中，中国先民深刻理解“道弥益而身弥损”“天道成而必变”（《孔子家语·六本》）之类的哲理，特别注重天人合一、与时偕行；“注焉而不满，酌焉而不竭”（《庄子·齐物论》），当位而行，“允执厥中”。

孔子一生求道，创立了儒学，追求“道”的实现。《汉书·艺文志》说，儒学“于道最为高”。孔子教授生徒，希望成就他们的“文德”（《孔子家语·弟子行》）。他强调士人要“志于道”，自称“吾十有五而志于学”（《论语·为政》）。孔子追求的“道”一以贯之，这便是曾子概括的“忠恕”（《论语·里仁》），即“己所不欲，勿施于人”“修己以敬”“修己以安人”。

四

说到中华圣人，我们一定不能忘记周公。我们要知道，孔子是“接着周公说”的，这一点极其重要！周公“经天纬地”“制礼作乐”，建立了中国礼乐文明的大厦。可是，孔子之时却“礼坏乐崩”，孔子希望扶礼乐大厦之将倾，但礼乐“崩坏”的局势已经无法挽回，他只好认真学习周公，研究礼乐制作，思考文明机理，阐发周公思想。孔子和早期儒家群体“述周公之训”而创立儒学。如果追问孔子最尊敬、对孔子影响最深的人，此人当然非周公莫属。孔子晚年曾说：“甚矣吾衰也！久矣吾不复梦见周公！”(《论语·述而》)周公可谓是令孔子魂牵梦绕的一个人，后人尊孔子为“至圣”，而以周公为“元圣”！

曲阜周公庙元圣殿有清朝人撰写的楹联——“官礼功成宗国馨香传永世，图书象演尼山统绪本先型”，它揭示了孔子儒学与周公的密切关系，体现了周公对孔子的巨大影响。在孔子所在的鲁国，“先君周公制周礼”几乎成为人们的口头禅。孔子时，周代典籍尚在，孔子能看到更多的周代遗制，这使他有条件“法则周公”。

《论语》中两次记述孔子入太庙“每事问”(分别见于《论语·八佾》《论语·乡党》)。“太庙”即鲁周公庙。对于不懂的礼制、礼仪、文物，孔子实事求是、虚心求教。他还到洛邑（今河南洛阳）游历访问，参观了那里的重要政治文化设施，流露出对周朝制度的向往。他倾心仰慕周公，经常引用周公名言，对周公的赞美常常溢于言表。他熟悉周公事迹和“周公之制”，认为“周公之典”就是后世行事的法度。孔子“适周问礼”，至洛邑向老子请教“礼”，很可能就是学习《周礼》。《周礼》是国家层面的制度设计，不需要一般人研习阅读，为天子以及王公大臣所明、所知即可。不过，它可能是通过孔子的论述与传播而流传下来的，也有可能影响到了汉代的礼制。

作为政治家、思想家，周公奠定了周朝八百年基业，把我国的古代文明推向新的巅峰，他也是中国儒学的先驱，其“敬德保民”的思想是儒家学说的基础。周公去世后，鲁人不忘“先王之训”，追忆“周公之礼”。鲁国因是周公的封国而成为周代“文物之邦”，儒学则由于鲁国为“文物之邦”而兴盛。孔子晚年，因为自己的理想几近破灭，遂退于洙泗之滨，教授生徒，整理“六经”。由于孔子之学源于周公，所以汉代以后人们常常将周公、孔子并称为“周孔”。

鲁国为东方的宗周模式，担负着传播宗周礼乐文明的使命。在周王朝治国政策的贯彻上，鲁国堪为典范。周公的重民保民、明德慎罚、勤政任贤等主张，在鲁国当政者身上都有明显体现。当然，说鲁国为“宗周模式”，绝不是说鲁国完全排除其他文化因素而全盘周化，而是说鲁国在政治统治上是周王朝在东方的代理人，周代礼制在鲁国上层贵族中被完整存续。

“儒家五圣”全部出自“邹鲁”的深层原因正是这里文化积淀丰厚。作为地理概念，“邹鲁”本指邾国、鲁国这一地区。两周时期，邾国、鲁国相邻，鲁国是孔子故国，邾国又称邾娄、邹、驺等，为战国时期孟子所在的国家。战国时代，邾国称邹，这里受儒家文化的濡染，孔子之孙子思也到邹地讲学，孟子迁邹更增添了这里的儒学氛围，邹穆公也因此接受了孟子的进谏，施行“仁政”。这一时期，孟子四处奔走，宣传自己的思想主张，他在齐国甚至“后车数十乘，从者数百人”（《孟子·滕文公下》），浩浩荡荡，场面宏大。孟子以前，邹、鲁连称，可能仅是因地理位置相近、土地相接。孟子以后，因为孟子影响巨大，从儒家学术文化的角度，人们不仅将“邹”“鲁”合称，还把“邹”放在“鲁”的前面而称“邹鲁”。

《史记·货殖列传》载：“邹、鲁滨洙、泗，犹有周公遗风，俗好儒，备于礼，故其民龊龊。颇有桑麻之业，无林泽之饶。地小人众，俭啬，畏罪远邪。”这段话大致概括了邹鲁文化的基本特征或品格风貌。在儒家文化的熏染下，邹鲁之地好儒重礼，民风淳厚，百姓安居乐业，恭谨礼让，简朴本分。在儒生的宣传下，洙泗之域的邹鲁文化影响很大，传承久远。

五

“儒家五圣”当然是指孔子、颜子、曾子、子思子、孟子五位圣人。因为他们身上承载着中国思想文化，所以他们也是中华文化、中国智慧的代表。他们在中国文化中的意义或与苏格拉底在西方文化中的意义有所不同。德国哲学家雅斯贝尔斯提出了“轴心时代”理论，认为儒学代表了中国文化的“突破”。这固然没有太大问题，但他没有注意到孔孟学说在中国古代文化中的“集成”特点，低估了孔子以前中国文明的发展水平。正如李学勤先生所言：“古书里说得很清楚，在孔子以前有一个很长的学术传统。我们以前读书的人总要读《汉书·艺文志》，《汉书·艺文志》讲‘诸子出于王官’，诸子都是从王官而来。”诸子之学出于“王官”，以孔子儒家最为明显。

孔子家学教育与周代官学教育一致。孔子说“兴于《诗》，立于礼，成于乐”（《论语·泰伯》），“儒家五圣”都十分注重个人修养，这是儒家思想的突出特色。孔孟之道是社会治理之道，孔孟之道说到底也是人之为人的修身之道。孔子说“修己以敬”“修己以安人”“修己以安百姓”（《论语·宪问》）。曾子说“吾日三省吾身”，认为孔子学说一以贯之的是“忠恕”之道。子思学于曾子，将孔子、曾子思想发扬光大。郭店楚简的发现为我们认识子思学说提供了珍贵资料。郭店楚简中关于心性问题的论述给人留下了深刻印象。

在“儒家五圣”中，孟子殿后。“心”字在《孟子》一书中竟出现120多次，它与“身”构成了对立统一的关系。“修心”与“修身”一致，就像《大学》强调“自天子以至于庶人，壹是皆以修身为本”，“欲修其身者，先正其心”，“心正而后身修”。《庄子·天下》纵论天下学术，认为学术有“道术”与“方术”的分别。道术在“六经”之中，其内圣外王之道“邹鲁之士、搢绅先生多能明之”，“百家之学时或称而道之”。庄子把“百家之学”与“邹鲁之士、搢绅先生”区别开来，认为儒家是特出于百家之外、之上的！

两千多年过去了，儒家的“修己”学说愈发显现出它的价值与意义。当人们进入文明时代、形成社会共同体以后，必要的规范便应运而生。那么，“规范”或者“规则”是靠“强制执行”还是靠“自觉遵守”，这恐怕就是一个社会文明发展水平的重要体现了。在蒙昧时代，人们敬畏天命、鬼神，惧怕天命、鬼神的惩罚。随着社会文明程度的提高，“人”的因素越来越重要，人们更多地思考怎样保证“规范”或者“规则”得到执行、得到遵守。在这方面，儒家思考的结果是人们加强修养、自觉修己。儒家的有关论述很多、很丰富，而“正心修己”一直是儒家教化不变的目标。

从孔子到孟子，“儒家五圣”思考社会之“治”，从“天理”与“人欲”的关系出发，希望人们克己反躬，从而明道守礼。《礼记·乐记》谈道：人生而静，感于物而动，如果“好恶无节”，为外物所化，就会出现极其严重的后果。因此，如何使“自然人”顺利成长为合格的“社会人”，实现“自然性”与“社会性”的协调统一，就成为人们思索的中心问题。基于此，“儒家五圣”都推崇“先王”，思考“人心”与“道心”，从而要求人们持正守中。他们认为，人要区别于其他的动物，就应当明礼义、守礼仪，“无理不动”。

“儒家五圣”之学就是“仁爱”之学，就是“为己之学”，是“人之为人”的大学问。大学之教，教人穷理正心，教人明其明德，彰显人性的光辉。孟子用善的眼光观察人与世界。孟子“道性善”“言性善”，以恻隐之心、羞恶之心、辞让之心、是非之心为仁、义、礼、智之端，主张放大善性。他的逻辑非常清晰：人有善性，为什么不放大善性呢？只有人成为更完善的人，社会才能走向至善。

六

将“儒家五圣”作为一个整体进行观照，是为了更好地看清中华传统文化的特性。这正如走进文庙，走进大成殿，直接走到孔子与“四配”的跟前，这里是中国儒学的“核心地带”。

“至圣”孔子，思接千载，济古维来。他“祖述尧舜，宪章文武”，好学而博学，建立了中国文化的理想，指示了中国历史的进程。孔子以后，历代儒家包括颜子、曾子、子思、孟子在内，无不“宗师仲尼”，继承光大了孔子的思想学说。如果说以“儒家五圣”为代表的早期儒家群体是中华传统文化的高地，那么孔子就是这块高地上的高峰。我们需要直面由于近代中国衰败给孔子儒学带来的一些认识上的迷茫，正本清源地认识中国儒学，理解孔子学说。只有这样，才能在中国融入世界的过程中，在中国文化与世界文化的对话、交流、融通中，让孔子乃至“儒家五圣”所代表的中国，愈加清晰地展现它的丰姿与魅力。

“复圣”颜子，孔子厚望所寄，可他先孔子而逝。颜子“卓冠贤科”，“优入圣域”，“无伐善，无施劳”，“不迁怒，不贰过”。他好学乐道，持中守仁，德性高超，境界非凡。“夫子言终日，不违若愚蕴大智；子贡论孰愈，闻一知十称弗及。”正如孔子故里的孔、颜师徒之庙宇，它们近在咫尺、如影随形，似乎暗合了《庄子》所说的“亦步亦趋”之义。颜子死，“子哭之恸”。他“天丧予！天丧予！”的哀痛中蕴含着对颜子的高度认同与期许，体现了孔子的悲伤与绝望。颜子英年早逝，但他格局之大、境界之高，让后人敬仰与景从。

“宗圣”曾子，与父亲皆入孔门，与孔子契合，得孔子真传。他领悟到孔学真谛，理解孔子“一以贯之”之道。曾子在孔子去世后主持孔门，汇聚孔子遗说，弘扬孔子之道。曾子传《孝经》，述《大学》，在学说深度、思想格局上，堪称“宗师仲尼”的典范。保存在《大戴礼记》中的“曾子十篇”近年来颇受重视，对了解曾子思想与孔子学说的关系具有十分重要的价值。曾子影响了子思和孟子，是儒家道统的传递者，在孔门弟子中具有特殊地位。二程（程颢、程颐）曾说：“孔子没，曾子之道日益光大。孔子没，传孔子之道者，曾子而已。”

“述圣”子思子，在湖北郭店楚简发现之前，他作为伟大的思想家几乎被历史尘埃湮没。但实际上，作为儒学大师，子思被尊为“述圣”毫不为过。他受孔子的直接教导，又受业于曾子，思想深邃，成就巨大。作为孔子裔孙，子思有特殊的使命担当，他搜集整理孔子遗说，把“亲闻之”和“闻之于人”（《孔丛子·公仪》）的孔子言论集辑起来，保存了孔子与弟子时人交相问答的大量论述。即使是片言只语，对于后世来说也十分珍贵，更何况这些孔子遗说数量可观，是留给中华民族乃至全人类的宝贵财富。“天不生仲尼，万古长如夜”，没有子思，灯烛何以点亮？更重要的是，《论语》《孔子家语》的撰集也都与子思有直接关系。

“亚圣”孟子，世人以“孔孟之道”代指中华圣道，彰显了孟子的历史地位。孔子之后，儒分为八，有子思之儒、孟氏之儒等。孟子学于子思之门人，传承发扬了孔子、子思的思想，因此有“思孟学派”之说。郭店楚简、帛书《五行》篇等的发现，为我们认识思孟学派提供了宝贵资料。在子思之学补缺孔孟之间的学术链条之后，孟子的思想研究也有了更好的凭依。孟子通五经，明圣道，拒斥异端邪说，光大孔子思想。司马迁说孟子“述仲尼之意”，精准概括了孟子在弘扬孔子学说方面的巨大历史功绩。

编写“儒家五圣”丛书的初衷，是希望通过系统阐述“儒家五圣”，讲清楚他们的文化传承、思想内涵与价值影响。不言而喻，对于“儒家五圣”，学者们之前无不进行过关注和研究，但由于历史的、学术的、资料的种种限制等，人们希望能有立足学术前沿、正本清源、整体系统阐发“儒家五圣”之历史文化的著作。因为“儒家五圣”代表的是中华文化，只有系统了解、深入研究、准确把握、论述到位，才能呈现出中华文化的深厚底蕴与卓越风貌。但长期以来，由于疑古思潮盛行，中国学术思想研究受到负面影响。因此，就“儒家五圣”的整体而言，其研究与呈现还不餍人望。

本丛书以“儒家五圣”为中心展现中国古代文明、中华优秀传统文化的形成与内涵，进而展现中华文化的价值意义。但这样的阐发有一定的难度，例如，如何准确理解孔子被孟子称为“集大成”；“诛少正卯”“适周问礼”

等疑案的真相如何；颜子“不违如愚”对应着他对孔子思想怎样的体认；曾子对孔子所说的“吾道一以贯之”有怎样的领悟；子思对“诚者，天之道”有怎样的认识；孟子对孔子学说发展的高度与境界有何贡献，等等。回答这些问题，都需要对中华文化有系统理解、整体认知与宏观把握，要讲清楚并不容易。

本丛书是我们探寻上述问题的一次尝试，观点是否允当，敬请读者批评指正！

杨朝明

2023年春节于曲阜圣水苑

目 录

第一章

孟氏渊源　孟母教子

孟氏一族，以孟子名轲为始祖，本出于姬姓，渊源可上溯至华夏始祖黄帝轩辕氏。黄帝生于寿丘（今山东省曲阜市境内），姓公孙名轩辕，父亲少典是本部落首领（一说少典是部落名称）。

黄帝轩辕氏称号一说为居于轩辕之丘，一说为造轩车做轩冕之服而得名。黄帝幼时聪明异常，且有圣德，受封于涿鹿，过着往来不定、迁徙无常的生活。

在这个时候，存在于华夏大地几百年乃至上千年之久的炎帝部落已经开始衰落，中华民族历史上出现了恩格斯描述过的“英雄时代”：“在他们出现在历史舞台的时候，已经站在文明时代的门槛上了。”（恩格斯《家庭、私有制和国家的起源》）

图1　黄帝像（《历代古人像赞》）

黄帝本人正是这样的“英雄”，他先是战败了炎帝神农氏，然后又战败了蚩尤和刑天，终于统一华夏，迁都有熊（今河南省新郑市），天下部落首领莫不宾从，由此第一次实现了各部族、各部落的融合，建立起统一的华夏部落联盟。

按照五德终始说，炎帝为火德（炎帝神农以火德王天下），尚红色；火生土，土为黄色，黄帝继炎帝神农之后王天下，故为土德，尚黄色。

黄帝时代，人们主要以氏族区分血缘关系，具体区别就是“姓”和“氏”。氏族的血缘可以追溯到母系氏族社会的女性始祖，所以学界以古代姓多以“女”旁为依据，认为“姓”要早于“氏”。笔者认为，“姓”与“氏”都产生于中国上古时代，但“氏”要比“姓”早。譬如中国古代记载最早的“有巢氏”“燧人氏”，都是有氏而无姓。

范文澜先生所著《中国通史》认为，中国最早的姓产生于伏羲氏时期，产生的第一个姓是风姓。伏羲之后，姓一直不为人们所重视，譬如一直到炎帝，也是以神农氏、烈山氏、连山氏闻名于世。而其姜姓则来自地名——“炎帝居于姜水，故为姜姓”。黄帝也是如此，因“居于姬水，故为姬姓”。

正是由于黄帝文治武功发展到了一个相当高的层次，氏族、部落的影响力开始减弱，所以“姓”开始被人们所重视。史载“黄帝二十五子，其得姓者十四人”，这十四人中有四人，每两个人分别为一个姓，这就是说，黄帝儿子得姓者十四人，一共有十二个姓。《国语·晋语四》：“凡黄帝之子二十五宗，其得姓者十四人，为十二姓：姬、酉、祁、纪、滕、箴（zhēn）、任、荀、僖、姞（jí）、儇（xuān）、衣是也。唯青阳与苍林氏同于黄帝，故皆为姬姓。”三国学者韦昭注：“得姓，以德居官而赐之姓也，谓十四人而内二人为姬，二人为纪，故十二姓。”

青阳为黄帝长子，名玄嚣（xiāo），早于黄帝辞世。黄帝去世时传位给孙子颛顼（zhuān xū），颛顼父亲为黄帝次子昌意。颛顼传位给帝喾（kù），帝喾的祖父是玄嚣，父亲是玄嚣的儿子蟜（jiǎo）极。

帝喾，名姬俊，生于高辛（今河南省商丘市睢阳区高辛镇），故号高辛氏。姬俊5岁时（公元前2270年）受封为辛侯，15岁（公元前2260年）辅佐叔父颛顼。公元前2245年，颛顼逝世，姬俊继承帝位，成为天下共主，以亳（今河南省洛阳市偃师区）为都城，以木德为帝，号高辛氏。

帝喾订立节气，指导人们按照时令播种收获，大大提升了农业收成，人民生活质量得以改善，故深受百姓爱戴。帝喾在位70年，享寿100岁，死后葬于故地高辛。今商丘市高辛镇建有帝喾陵。

帝喾有四个妃子，元妃有邰氏女姜嫄，生弃，弃为周朝先祖；次妃有娀氏女简狄，生契，契为商朝先祖；次妃陈酆（fēng）氏女庆都，生放勋（帝尧）；次妃訾（zī）陬（zōu）氏女常仪，生挚（帝挚）。帝喾传位给长子挚，十年后帝挚禅位给唐尧放勋。

图 2　帝喾像（《历代古人像赞》）

弃生于稷山（今山西省运城市稷山县），史称后稷。后稷在唐尧、虞舜时为司农。《诗·大雅·生民》就是对后稷一生事迹的叙述和赞美：“诞后稷之穑，有相之道。茀厥丰草，种之黄茂。实方实苞，实种实褎（xiù）。实发实秀，实坚实好。实颖实栗，即有邰家室。”邰地（今陕西省咸阳市武功县）应为后稷母亲有邰氏姜姓氏族所在，唐尧在位时封后稷于此。

孟子在和农学派代表人物陈相论战时曾提及后稷功德：“后稷教民稼穑，树艺五谷，五谷熟而民人育。”（《孟子·滕文公上》）这句话的意思是后稷教老百姓耕种收获，栽培五谷，五谷成熟了天下百姓才能得以养育。

孟子极为推崇后稷，曾把后稷与大禹、颜回并列：“禹、稷、颜回同道。禹思天下有溺者，由己溺之也；稷思天下有饥者，由己饥之也，是以如是其急也。禹、稷、颜子，易地则皆然。”（《孟子·离娄下》）

孟子这段话的意思是：大禹、后稷、颜回为人处世其实是一个原则，只不过是所处情境和身份不同罢了。大禹作为君王，一想到天下还有人淹在水里，就像自己使他淹在水里一样；后稷作为司农之官，一想到天下还有人在挨饿，就像自己让他挨饿一样，所以才如此急迫。颜回生当乱世，住在简陋的巷子里，一箪饭，一瓢饮，别人难以忍受这种清苦，颜回却照样快乐。大禹、后稷和颜回如果交换位置，他们也都会是这样。

后稷去世，其子不窋（zhú）继承父亲司农的职位。此时已经进入夏启时代。不窋晚年，夏后氏衰，废弃司农之职，不再劝民务农，不窋因此失去官职，为避乱不得已率部众逃往戎狄之地。

图 3　后稷像（《历代古人像赞》）

不窋去世，其子姬鞠主持族务；姬鞠去世，其子公刘主持族务。公刘是姬族中兴人物，他虽然身在戎狄之地，但不忘继续后稷之业，致力于农业耕种，按照土地的性质栽培适宜的农作物。又从漆、沮二水渡渭水，伐取材木，建造房屋，让人们安居乐业。在公刘时期，出门的人都有盘缠，居家者也有储备的生活品，百姓感激他的恩德。

远近百姓纷纷扶老携幼来投奔公刘，心甘情愿地做他的属民。《诗·大雅》中的《公刘》，共六章，详细记述了公刘由邰迁豳（bīn，地名，在今陕西省咸阳市旬邑县和彬州市一带）开疆创业的历史进程，热情讴歌了公刘这一英雄形象，赞扬了他的务实品格与理性精神。

“公刘卒，子庆节立，国于豳。”史书记载的这十个字表明，到公刘父子时代，周族已经建立了自己的封国，开始拥有了自己的臣民。严格地说，应该是公刘最初将部族迁居于豳地。公刘“国于豳”，成为提高部族生产生活水平的新起点，为周部族的繁荣发展奠定了基础。司马迁对公刘迁居豳地的评价是“周道之兴自此始”。

豳国的范围东到地跨陕西、甘肃两省的子午岭，南到陕西彬州、旬邑，西到泾川、灵台、镇原，北到华池、环县，成为当时西北势力较强的部落方国。据当地人传说，甘肃宁县城西的庙咀坪“公刘邑”，就是公刘、庆节父子所建立的豳国国都遗址。

庆节之后的八代子孙是皇仆、差弗、毁隃、公非、高圉（yǔ）、亚圉、公叔祖类、古公亶（dǎn）父，他们都出生在古豳国这块土地上。经过前后十几代人数百年的经营和发展，部族力量得以壮大，为周王朝的建立奠定了坚实的基础。在商朝武乙年间，古公亶父为避戎狄侵扰，率亲近部族南迁陕西岐山县的周原，自称为周。

古公亶父是姬族中兴的又一位关键人物，他对本部族最大的贡献是迁都周原。太史公司马迁《史记·周本纪》记述："薰育戎狄攻之，欲得财物，予之。已复攻，欲得地与民。民皆怒，欲战。古公曰：'有民立君，将以利之。今戎狄所为攻战，以吾地与民。民之在我，与其在彼，何异。民欲以我故战，杀人父子而君之，予不忍为。'乃与私属遂去豳，度漆、沮，逾梁山，止于岐下。豳人举国扶老携弱，尽复归古公于岐下。及他旁国闻古公仁，亦多归之。于是古公乃贬戎狄之俗，而营筑城郭室屋，而邑别居之。作五官有司。民皆歌乐之，颂其德。"

图4　周太王古公亶父塑像（佚名/作）

《史记》这段文字记述的意思是：薰育戎狄攻打豳国，想要得到财物，古公亶父于是奉送其财物。不久戎狄又来攻打，意在得到豳国的土地和人民。豳国民众同仇敌忾，要与戎狄决一死战。古公亶父说："民众拥立国君，是为了利国利民。现在戎狄之所以攻打我们，就是为了得到我们的土地和民众。民众在我豳国，和在戎狄属下，有什么区别呢？民众因为想要拥护我而要与戎狄决战，这等于是杀死人们的父兄子弟而保住我的君位，我不忍心这样做。”

于是古公亶父带本族部属离开豳国，渡过漆水、沮水，翻越梁山，最后在岐山脚下的周原落脚。豳国人民举国扶老携弱，也随他来到周原，仍旧做他的臣民。附近其他国家的民众听说古公亶父仁义爱民，也都纷纷前往投奔。古公亶父于是改变戎狄风俗，营造城郭房屋，划分成几个邑落区别居住。又设各类官署，管理社会公共事务。民众安居乐业，都额手称庆，称颂他是贤德之人。

孟子在与滕文公谈话中，也对这一段历史有较详细的叙述：“昔者大王居邠，狄人侵之。事之以皮币，不得免焉；事之以犬马，不得免焉；事之以珠玉，不得免焉。乃属其耆老而告之曰：‘狄人之所欲者，吾土地也。吾闻之也：君子不以其所以养人者害人。二三子何患乎无君！我将去之。’去邠，逾梁山，邑于岐山之下居焉。邠人曰：‘仁人也，不可失也。’从之者如归市。”（《孟子·梁惠王下》）

从前，周太王古公亶父居住在邠地，狄人经常进犯。太王把皮裘丝绸送给狄人，却还是免不了狄人入侵；把宝马名犬送给狄人，同样免不了狄人入侵；把珠宝玉器送给狄人，依然免不了狄人入侵。太王于是召集邠地的父老，告诉他们说：“狄人想要的无非是我们的土地。我听说过这样一句话：一个有道德的君子，不用供养人的东西去害人。你们何必担心没有君主呢？我将要离开这里了。”于是太王率族人离开邠地，越过梁山，在岐山脚下建造城邑定居下来。邠地的老百姓说：“这可是位仁德的人啊，我们不能失去这样的领袖。”追随他迁居岐山的人，多得像赶集的一样。

孟子在这里称古公亶父为大王，这个大王实际为“太王”，为周武王建立周朝时追封他的。古公亶父有三个儿子，长子太伯（《论语》作泰伯），次子仲雍，三子季历。季历的儿子是姬昌，生得聪慧伶俐，特别讨祖父周太王的喜欢。长子泰伯看出了父亲的心思，萌生了将君位让给三弟季历的念头，于是携二弟仲雍以采药为名离开岐山，来到100公里之外的吴山（今陕西省宝鸡市陈仓区、陇县交界的新街镇境内）。此为一让天下。

古公亶父去世，泰伯兄弟回来奔丧，季历坚持要让泰伯继承国君之位。泰伯态度坚决，拒绝了季历的挽留，料理完父亲的丧事后再次带二弟仲雍出走，远去江南，定居梅里（今江苏省无锡市）。这就是“泰伯奔吴”的故事。此为二让天下。

季历继位之后，整肃朝政，扩大领土，遭到商王嫉恨，被暗害致死。泰伯又一次回岐山奔丧，群臣再次要他继位，他依然不从，办完丧事后即刻返回，君位由“圣子昌”——姬昌继承。

泰伯三让天下，得到孔子的认可和赞赏：“泰伯，其可谓至德也已矣。三以天下让，民无得而称焉。”（《论语·泰伯》）泰伯可以说是品德最高尚的人了，多次把君位让给季历父子，老百姓都找不到合适的词句来称赞他。

姬昌继位西伯侯，史称西伯昌。西伯昌已经有取代商纣王的志向，并为此进行了一系列的筹备谋划工作。西伯昌势力的发展引起商纣王的警觉，商纣王因此把他拘于羑（yǒu）里。姬昌在羑里七年，做了一件对后世影响深远的工作——推演《周易》。

图 5　周文王像（《历代古人像赞》）

《易》渊源于八卦，八卦为伏羲所创，由阴爻（yáo）“⚋”、阳爻“⚊”组成，分别为乾、兑、离、震、巽、坎、艮（gèn）、坤八个单卦（经卦）。炎帝神农氏把八卦重叠，得出六十四卦，以艮卦为首，艮为山，象征连山出云，故其所推《易》为《天元连山易》，后为夏朝所用。黄帝轩辕氏也推演六十四卦，以坤卦为首，坤为地，象征归藏万物，故其所推《易》为《地元归藏易》，后为商朝所用。

姬昌在伏羲、炎帝、黄帝研《易》的基础上推演六十四卦。他以乾卦为首，首倡天道，并把天地人相结合，涵盖宇宙天体和人类社会，用东汉学者郑玄的话说就是“易道周普，无所不备”，故其所推《易》为《人元周易卦》。姬昌对六十四卦作了卦辞，其三百八十四爻爻辞，则为姬昌第四子周公姬旦所作。

姬昌和正妃太姒生有十个儿子。长子伯邑考，被殷纣王杀害；次子姬发，继承君侯之位；三子姬鲜，后受封于管地，史称管叔鲜；第四子姬旦，辅助姬发攻灭商朝，建立周朝。周朝之“周”，取自岐山下的周原地区，今陕西省宝鸡市岐山县凤鸣镇建有“中国·周原”风景区。

姬发建立周朝，享有王的称号，因其谥号为“武”，史称周武王。周武王追封太祖古公亶父为太王，祖父季历为王季，父亲姬昌为文王。

周武王建周不久，就因病去世。太子姬诵继承王位，是为周成王。姬诵年幼，由周公姬旦辅佐，军政国事皆决于周公。

周公旦摄政，引起管叔姬鲜、蔡叔姬度及其群弟的疑忌，受封管理商朝旧地（今河南省安阳市）的商纣王帝辛之子武庚，借机拉拢挑唆管叔、蔡叔发动叛乱。周公面临严峻形势，果断东征，诛武庚，杀管叔而流放蔡叔，废霍叔为庶民，用三年时间平定了这次叛乱。因管叔、蔡叔、霍叔受封时负有监督武庚的使命，故历史上称这次叛乱为“三监之乱”，又称“管蔡之乱”或“武庚之乱”。

图6　周公像（《历代古人像赞》）

东征胜利结束，周朝营建东都洛阳，并再次分封诸侯，周公姬旦受封曲阜，建立鲁国。周公因在京都辅佐成王姬诵，故由其长子伯禽就封。伯禽是鲁国第一位君主，爵位为公爵，史称鲁公。

鲁公伯禽去世，传位给姬酋，是为鲁考公；鲁考公姬酋去世，传位给弟弟姬熙，是为鲁炀公；鲁炀公姬熙去世，传位给长子姬宰，是为鲁幽公；鲁幽公在位 14 年，其弟姬沸弑君自立，是为鲁魏公；鲁魏公在位 50 年，去世后传位给长子姬擢，是为鲁厉公；鲁厉公在位 37 年，去世后鲁人立其弟姬具，是为鲁献公；鲁献公姬具去世，传位给其子姬濞（bì），是为鲁真公；鲁真公姬濞去世，传位给弟弟姬敖，是为鲁武公；鲁武公姬敖去世，传位给少子姬戏，是为鲁懿公。

图 7　鲁国第一位国君鲁公姬伯禽
（佚名/绘）

鲁懿公在位 9 年，被其兄长公子括的儿子伯御与鲁人弑杀，鲁人立伯御为鲁君，史称“鲁废公”。鲁懿公姬戏当年被立为太子，本来是周宣王的主意，现在鲁懿公被弑，周宣王在盛怒之下兴兵伐鲁，杀死了伯御，又在仲山甫的建议下立鲁武公的三公子姬称为君，是为鲁孝公。

鲁孝公在位 27 年，于公元前 769 年去世，其子姬弗湟（《世本》记为弗皇，《史记》记为弗生）继位，是为鲁惠公。

鲁惠公在位 46 年。元妃孟子无子，贱妾生子息姑，鲁惠公为息姑迎娶宋武伯女儿仲子。仲子貌美，鲁惠公竟然夺为己有，生子姬允，立为太子。公元前 723 年，鲁惠公去世，太子年幼，遂由息姑摄政，是为鲁隐公。孔子所著《春秋》，即从鲁隐公元年（前 722）开始。

鲁隐公十一年冬，公子挥［姬翚（huī），字羽父］进见隐公，屏退左右，请求杀掉太子允。鲁隐公拒绝说：“太子允要继任国君，这是先君的命令。现在太子允已经长大成人，我在菟裘那个地方修建了房子，就是要在那里安度晚年。至于国君之位，我已经决定还位给太子允了。”

公子挥怕事情败露，竟又向太子允进谗言，造谣说鲁隐公要除掉他。在征得太子允同意后，公子挥带人杀死鲁隐公，拥立太子允即位，是为鲁桓公。

鲁桓公在位 18 年，最后因夫人文姜丑事暴死于齐国，其嫡长子姬同继位，是为鲁庄公。鲁庄公在位 32 年，也算是一个有作为的君主，著名的曹刿论战就发生在鲁庄公十年。

鲁庄公有同父异母的三个兄弟，分别是庆父、叔牙和季友，其中庆父一说是鲁庄公的庶兄，季友一说与姬同为一母（文姜）所生。鲁庄公生性温朴醇厚，虽贵在君位，但和兄弟们关系相处得还算和睦融洽。

鲁庄公三十二年即公元前 662 年，时值壮年的鲁庄公突然病重，这让鲁国君位继承人出现了问题。鲁庄公元妃哀姜无子，哀姜的妹妹叔姜生公子开（又作启），宠妃孟任生公子斑（斑也作般）。按顺位排序应该是公子开继位，但鲁庄公不喜欢公子开，心里想立公子斑为继承人。

鲁庄公为立公子斑，特地找来姬叔牙商议，没想到姬叔牙竟然提出由庆父继承君位。鲁庄公没有达到目的，心里失望，病情也加重了。这时鲁庄公又把季友找来商议，季友表示支持立公子斑，并以叔牙家人相要挟，逼迫叔牙饮毒酒自杀。

鲁庄公去世后，季友即扶持公子斑即位。由于鲁庄公没有下葬，公子斑就没有入宫，而是暂住在自己的舅舅党氏家。

庆父很不满意公子斑继承君位，便与哀姜密谋计划暗杀公子斑。这时党氏恰好有个叫荦（luò）的养马人，身强力壮，性情鲁莽，因曾调戏公子斑所喜欢的梁氏女儿，受过公子斑的鞭打责罚而怀恨在心，庆父就唆使荦乘丧期用大锤击杀了公子斑。

鲁庄公去世，新君遇难，庆父本来已经有了继承君位的机会，但他为了掩人耳目，坚决拒绝继承君位，而是把年仅八岁的姬开立为国君，史称鲁闵公。季友惧怕庆父不会放过自己，就趁乱躲到陈国去了。而庆父也为避嫌，离开鲁国去了齐国。

图8 鲁桓公庶长子姬庆父像（佚名/绘）

鲁闵公姬开的舅舅是齐桓公，齐桓公派大夫仲孙湫到鲁国访问，目的是探视情况。仲孙湫在鲁国了解到鲁国君位继承出现的问题，回国向齐桓公报告说“庆父不死，鲁难未已”，意思是不除去庆父这个祸患，鲁国的灾难就不会停止。齐桓公因此没有重用身在齐国的庆父，而是让在陈国的季友回到鲁国做了国相。

庆父恼羞成怒，自己跑回鲁国，主动与哀姜勾结，伺机发动政变。不久，庆父就伙同哀姜指使一个叫卜齮（yǐ）的人杀死闵公，打算自立为君。季友带着公子申逃到邾国（今山东省邹城市境内），并发出檄文声讨庆父，要求国人杀庆父，立公子申为君。

季友的檄文得到鲁国国人的响应，庆父见形势不妙，不得已逃亡到莒国（今山东省莒县），哀姜也逃到邾国。公子申在季友协助下回国当上国君，是为鲁僖公。鲁僖公和季友花重金买通莒国，将庆父强制送回鲁国。庆父自知难逃一死，便在回国途中自杀了。哀姜是齐公室之女，其所作所为让齐国蒙羞，齐桓公将其从邾国引渡回国，途中将其杀死，以其尸归鲁，鲁国以夫人之礼葬之。

鲁僖公感念叔父季友有大功于社稷，于是把费邑封给他，并拜他为执政上卿。季友念兄弟情分，把庆父的儿子姬敖封在成邑，叔牙的儿子姬兹封在郈邑，并让他们担任了鲁国大夫。因为庆父、叔牙、季友三人均为鲁桓公的儿子，他们及其后代被称为“三桓”。“三桓”世袭鲁国上卿之位，操执鲁国朝政近二百年，“政逮于大夫”，鲁君逐渐成为傀儡，公室大权旁落。

庆父因为在兄弟四人中排行第二，所以又名共仲，其后人称仲孙氏。叔牙的后人称叔孙氏，季友的后人则称季孙氏。仲孙氏后改为孟孙氏，其原因一说是庆父后人以庆父为耻，一说是庆父本为鲁桓公庶长子，嫡长子为伯，庶长子为孟：“适（嫡）长称伯，伯禽是也。庶长称孟，以鲁大夫孟氏。”（东汉班固《白虎通义》）

庆父可以说是孟氏家族的先祖。庆父生子姬敖，姬敖世称公孙敖，在鲁僖公和鲁文公时，担任鲁国大夫。鲁文公八年（前 619），跟随己氏逃往莒国。鲁文公十四年（前 613），姬敖要求回国，未至而薨，谥号为穆，史称孟穆伯。

孟穆伯生有四子，其中姬谷（孟孙谷）继承世卿大夫，谥号为文，史称孟文伯（孟文子）。

孟文伯生姬蔑。姬蔑是春秋时期鲁国外交家、政治家，他主张节用和发展生产，时称贤大夫，成为鲁国孟孙氏家族振兴的重要贡献者。鲁襄公十九年（前 554），姬蔑薨于位，谥号为献，世称孟献子、仲孙蔑。

孟献子生姬速。姬速继承世卿大夫仅四年即去世，谥号为庄，史称孟庄子、仲孙速。《论语》子张篇第十九：“曾子曰：‘吾闻诸夫子：孟庄子之孝也，其他可能也；其不改父之臣与父之政，是难能也。’”

孟庄子生姬羯。姬羯是外交家、军事家，曾率军讨伐齐国，参与以晋国为首的一些会盟活动。姬羯年过半百即暮气沉沉，一次在和穆叔叔孙豹谈话时感叹人生：“人生几何？谁能无偷？朝不及夕，将安用树？”意思是“人的一辈子能有多长？谁能不得过且过？早晨连晚上都顾及不上，还做这做那干什么？”穆叔出而告人曰：“孟孙将死矣。吾语诸赵孟之偷也，而又甚焉。”叔孙豹对人感叹说：“孟孙羯也快死了吧，他比赵武还要得过且过。”九月己亥，孟孙羯去世，谥号孝，史称孟孝伯。

孟孝伯生姬貜（jué）。姬貜曾随同鲁昭公经郑国出访楚国，出访期间皆不能以礼处理外交事务，姬貜深以为耻，遂发奋学习周礼。鲁昭公二十五年

（前517），姬貜将死，嘱咐二子（孟懿子与南宫敬叔）向孔子学礼。姬貜去世后谥号为僖，史称孟僖子、仲孙貜。《左传》记述孔子曾称赞孟僖子："能补过者，君子也。《诗》曰：'君子是则是效。'孟僖子可则效已矣。"

孟僖子生姬何忌。姬何忌遵父亲遗命就学于孔子，因谥号为懿，故世称孟懿子、仲孙何忌。《论语》为政篇第二：孟懿子问孝。子曰："无违。"樊迟御，子告之曰："孟孙问孝于我，我对曰'无违'。"樊迟曰："何谓也？"子曰："生，事之以礼；死，葬之以礼，祭之以礼。"孔子有七十二贤弟子，孟懿子未列其中，有学者认为孟懿子支持家臣抗拒孔子"隳（huī）三都"，背叛师门，故将其摒除于孔子弟子之列。

孟懿子生姬彘。姬彘谥号武，世称孟武伯、仲孙武伯。《论语》为政篇第二：孟武伯问孝。子曰："父母，唯其疾之忧。"《论语》公冶长篇第五：孟武伯问："子路仁乎？"子曰："不知也。"又问。子曰："由也，千乘之国，可使治其赋也，不知其仁也。""求也何如？"子曰："求也，千室之邑，百乘之家，可使为之宰也，不知其仁也。""赤也何如？"子曰："赤也，束带立于朝，可使与宾客言也，不知其仁也。"

图9　父母，唯其疾之忧（陈少梅/绘）

孟武伯生姬捷。姬捷去世后谥号为敬，史称孟敬伯、孟敬子、仲孙捷。

《论语》泰伯篇第八：曾子有疾，孟敬子问之。曾子言曰：“鸟之将死，其鸣也哀；人之将死，其言也善。君子所贵乎道者三：动容貌，斯远暴慢矣；正颜色，斯近信矣；出辞气，斯远鄙倍矣。笾（biān）豆之事，则有司存。”

孟敬子可以说是孟子祖上最后一位继承鲁国世卿大夫的人。据学者考证，孟敬子生孟庐墓，孟庐墓生孟敏，孟敏生孟孙激。（孔孟颜曾《通天家谱》）不过这里孟庐墓、孟敏及孟孙激，确切名字应该是姬庐墓、姬敏、姬激，或者叫仲孙庐墓、孟孙庐墓，仲孙敏、孟孙敏和仲孙激。

从“庐墓”名字分析，庐墓本意是古人在父母死后，服丧期间在墓旁搭盖的小屋，这也似乎不能作为人名存在。一说孟敬子姬捷生敏，敏“庐墓不仕”。如此说来，历史上就没有孟孙庐墓其人。再就是按照周礼“五世别其族”——从祖上不再担任宗室公族世卿大夫起，五代之后就不能再用宗室之姓了——来说，从孟敬子到孟孙激满打满算才四代，中间应该至少少了一代，但如今已经无从考证了。

孟孙激，名姬激，字公宜，是本书传主孟子的父亲。当孟子出生时，孟孙激与显赫的鲁国三桓家族已经没有关系，而且不知何时离开鲁国都城，居住在离曲阜十多公里的偏远地方。

孟孙激娶妻仉氏，生下儿子，按照《周礼》“五世别其族”，需要为婴儿另起姓氏。孟孙激为让儿子记住先祖，单取“孟孙”之“孟”字为姓，由此开启了绵延瓜瓞（dié）的孟姓一族。

孟孙激为儿子取名为一个单字“轲”，合起来就是“孟轲”。轲字解释为车，有祝福新生婴儿坐车为大夫的寓意。其实轲字通“坷”，或许正是因为这个名字，注定了孟子一生颠沛流离，坎坷不平。

古人有名有字，但孟子作为一代圣人，却没有一个为世人公认的字。司马迁《史记·孟子荀卿列传》，对孟子的字没有记述；东汉学者赵岐为《孟子》七篇作注，其开篇《孟子题辞》中记载：“孟子，邹人也。名轲，字则未闻也。”

至汉魏，学者王肃作《圣证论》，始记载孟子字为“子居”；唐代学者张守节作《史记正义》，记载孟子字为“子舆”。轲作车解，与“舆”相通，故“子舆”作为孟子的字，尚能被人所接受。

另有伪书《孔丛子》，则记述孟子字“子车”，并有子车见子思的详细情节描述。后人对此多持怀疑态度，清光绪十三年（1887）刻本《重纂三迁志》，对王肃“子居”说、《孔丛子》“子车”说提出质疑：“孟子之字，自司马迁、班固皆未言及。……子车之称始见伪《孔丛子》，书或谓为王肃所伪撰，然肃作《圣证论》又称子居，何也？”清代乾嘉之际著名易学家焦循在其所作《孟子正义》中认为：“王肃、傅玄（字休奕，晋初文学家——引者注）生赵氏后，赵氏所不知，肃何由知之？《孔丛（子）》伪书，不足证也。王氏疑其傅会，是矣。”民国著名学者屈万里更是对孟子之字予以全面否定：“所谓孟子字子车、子居、子舆者，盖王肃所杜撰，而傅玄误从其说也。”

孟子父亲孟孙激，历史记载阙如，只是在东汉《春秋演孔图》和明朝人陈镐著的《阙里志》等书中，才有记载他名激，字公宜。20世纪末，有几位学者作《孟子传》，有的说孟孙激靠给大户人家做账房先生谋生，有的说靠几十亩田地过活，也有的说孟孙激是一位武士。但不管孟孙激什么身份，充其量也不过是一般平民而已。而且孟孙激对孟子成长影响不大，这是因为孟孙激在孟子两岁时就去世了，按照农历虚岁来说，孟子是三岁丧父，跟随母亲仉氏长大成人。

孟子母亲没有名字记载下来，只有一个称呼——仉氏，孟母仉氏。仉氏其实也是名门望族，父亲是魏国贵族之后。据明末清初史学家谈迁《枣林杂俎（zǔ）》第822条记载：“孟母故宅，（山西）榆次县古城西南隅。盖孟子邹人，其母并（州）人也。其地有三徙乡。”

并州是山西太原的别称，明末清初著名军事学家、历史地理学家顾祖禹所著《读史方舆纪要》卷三十九“山西一”记载：“舜分置十二州，此为并州。（东汉学者）应劭曰：地在两谷之间，故曰并州。亦曰卫水、常水之间也。今卫水、常水，俱见北直真定府。”

今邹城市孟子学术研究会和孟氏宗亲联谊会编写的《孟子与孟氏宗族》也有“山西太原府榆次县的‘孟母古宅’”的记载。明万历年间编撰的《太原府志》也肯定“孟子邹人，其母并人也。其地有三徙乡”。

图 10　山西省晋中市太谷区孟母仉氏塑像（转自古灯网）

孟子母亲仉氏为并州人还有一条佐证：孟子在各国游说中经常提到“晋国”，特别是在《孟子·梁惠王》等篇章里，有多处关于“晋国”历史情况的论述，所以古人就曾发出为什么孟子对晋国“知根知底”和“情有所钟”的疑问。

关于“仉”姓来源，南宋史学家郑樵《通志·氏族略·五》记载：“仉氏。音掌，（汉）梁州有仉启。”又清代学者张澍《姓韵》卷六十：“仉。按孟子母仉氏。鲁有党姓，音掌，孟母当是党氏之族。”仉氏一族因避韩、赵、魏三国战乱，从山西并州迁徙鲁国，成为当地名门。

仉姓来源又有一说为《姓氏考略》：鲁有大夫姓党（zhǎng），支孙有以音为姓，故姓掌，后又改为仉。《通志·氏族略》亦有一说：“仉”与“督”原是“仉督”复姓。但今已无此复姓。

其实不管仉氏是哪里人，不管其祖辈多么高贵，当她嫁给孟孙激时也已经是一个平民家的女儿了。我们之所以考证仉氏的家世渊源，是要说明一个女人的教养，良好家风必不可少。可以说，没有孟母仉氏的辛勤培养，就不会有孟子这个伟大的思想家。

励志学有一句引人共鸣的话，叫作“世界上最伟大的爱就是母爱”。当我们知道了孟子母亲仉氏教子的故事，就会对这句话有更深的理解。

据有关史料记载，孟母仉氏因家学渊源，曾受过良好的教育。仉氏自幼丧母，父亲常年在外，继母万氏对她百般刁难、肆意虐待，她却由此磨炼出了坚强好胜的性格。还在身怀六甲之时，孟母仉氏就因知道周文王的母亲太任妊娠时“目不视恶色，耳不听恶声，口不出恶言”；知道周成王的母亲邑姜怀孕期间“立而不跛（bǒ），坐而不差，独处而不倨，虽怒而不詈（lì）”等历史典故，深深体会到“胎教”的重要性。《韩诗外传》就记载有仉氏一段话：“吾怀妊是子，席不正不坐，割不正不食，胎教之也。”

图 11 泰山乘云（《孟子圣迹图》）

周朝以仁德立国，后妃的贤淑起到很重要的作用。太任为挚任氏的二女儿，王季娶以为妃。太任性格端庄真诚，一切按照仁德的原则行事，当她怀有文王之时，眼睛不看不好的颜色，耳朵不听不好的声音，嘴里从不说不好听的话，所以能孕育出一代圣王。太任与太姜（周文王姬昌的祖母）、太姒

（周文王姬昌的正妃）被称为“西周三母”。邑姜是姜太公吕尚的女儿，周武王姬发的王后，她在怀孕之时，站有站的样子，坐有坐的样子，站时不将身体重心倚在一条腿上，坐时身子也不歪斜，独居一处时也不懈怠放任，即使生气的时候也不会厉声责骂，所以能生出周成王姬诵这样的贤王。孟母仉氏就是以太任、邑姜为榜样，在怀育孟子的时候，席子如果没有摆放周正就不会坐在上面，食物切割不方正就不会食用，所以能孕育出孟子这样的一代圣人。由此可见胎教的重要性，由此可见母亲仁德贤淑的重要性。

关于孟子的出生，在孟子家乡有一段神话传说：“孟子生时，其母梦神人乘云自泰山来，将止于峄，母凝视久之，忽片云坠而寤。时闾巷皆见有五色云覆孟氏之居焉。”（明陈耀文《天中记》卷三十九）这段文字尽管是神话传说，却是历史典籍中关于孟子出生的唯一记述。

孟子出生地是在鲁国都城曲阜和邹国都城的中间地带，换句话说，孟子是出生在鲁国、邹国交界的偏远地区。

今天从曲阜到邹城，要走 104 国道，这条国道的中段就是孟子出生地，现为曲阜市小雪街道凫村。凫村古村落已经被列入山东省文物保护范围。村里有孟子故宅、孟子故里牌坊等与孟子有关的文物古迹。

图 12　孟子故里凫村古村落（张瑜/摄）

孟母仉氏对孟子的培育，主要表现在流传甚广、几乎家喻户晓的“孟母三迁”和“子不学，断机杼”的故事上。

“孟母三迁”故事最早见于西汉学者刘向所著《列女传·母仪传·邹孟轲母》：“邹孟轲之母也，号孟母，其舍近墓。孟子之少也，嬉游为墓间之事，踊跃筑埋。孟母曰：‘此非吾所以居处子也。’乃去。舍市傍。其嬉戏为贾人衒（xuàn）卖之事。孟母又曰：‘此非吾所以居处子也。’复徙舍学宫之傍。其嬉游乃设俎豆，揖让进退。孟母曰：‘真可以居吾子矣。’遂居之。及孟子长，学六艺，卒成大儒之名。君子谓孟母善以渐化。诗云：‘彼姝者子，何以予之？’此之谓也。”

“孟母三迁”另一版本：昔孟子少时，父早丧，母仉氏守节。居住之所近于墓，孟子学为丧葬，躄（bì，仆倒）踊（跳跃，捶胸顿足貌）痛哭之事。母曰：“此非所以居子也。”乃去，遂迁居市旁，孟子又嬉为贾人炫卖之事，母曰：“此又非所以居子也。”舍市，近于屠，学为买卖屠杀之事。母又曰：“是亦非所以居子矣。”继而迁于学宫之旁。每月朔（shuò，夏历每月初一日）望（夏历每月十五日），官员入文庙，行礼跪拜，揖（yī，拱手礼）让进退，孟子见了，一一习记。孟母曰：“此真可以居子也。”遂居于此。

图 13　孟母三迁图（佚名/绘）

比较两个版本，第一个版本实际上只是“两迁”，一迁“舍市傍”，两迁“舍学宫之傍”；第二个版本才是真正的“三迁”，一迁“居市旁”，两迁“近于屠”，三迁“学宫之旁”。第二个版本已被收入中小学语文教材，出处均注为汉刘向《列女传·母仪传》，然《列女传·母仪传》中只有第一个版本，题目为《邹孟轲母》，叙述孟母一生故事。第二个版本究竟出于何处，笔者于此存疑待查。

孟子父亲孟孙激去世后，养育儿子的重任全部落在仉氏一人身上。她天天起早贪黑，每日在织布机前辛勤劳作，还要照顾年幼的儿子穿衣吃饭。最让孟子感受母爱温馨的时刻，是在一个个漆黑漫长的夜晚，孟母为了节省，油灯也不舍得点，在床上搂着儿子讲述她出嫁前听过、读过的故事。故事里既有浪漫的神话传说，也有真实的历史事件，特别是晋国的历史，让孟子听得如痴如醉，常常要追根究底，非要问得母亲答不上来为止。正是由于母亲的讲述，孟子对晋国历史特别了解，成年后或教学，或辩论，或劝说诸侯，经常拿晋国的史实作为例证。因此这也成为后世学者们推论孟母仉氏是晋国人的主要例证之一。

孟子当时住在马鞍山西麓的凫村。马鞍山又名天马山，是一座仅有十几丈高的小山，因山体像马鞍而得名。马鞍山的东面隔一条小河，是一座绵延十几里、高度不过几十丈、宽度不过一里的山麓。这座山因山脊有九个形态神似、距离几乎相等的山峰，所以取名为九龙山。孟子稍微大了一些，就经常趁母亲不注意，自己爬到山上、下到河里尽情玩耍。

孟母仉氏为儿子的安全担忧，但更让她担忧的是儿子的举止。凫村附近有一片墓地，经常有发丧出殡的人群从孟子家门前经过。由于耳濡目染，孟子才几岁年龄就学会了殡葬礼节。他几乎天天和一帮孩子到坟地里做游戏：把石块当供桌，把草棍当香火，拿陶片盛来河水作为祭奠的美酒……由于孟子的聪明，他那吹吹打打、跪拜祭奠的一招一式还真像那么一回事。有时玩累了，就在人家坟前的供桌上睡觉；饿了，就拿人家的供果祭品来吃，常常招惹得坟墓主家来找孟母仉氏理论。

有一次，一个小伙伴在柳树林子里发现一具男婴尸体，立即告诉了孟子。孟子召集一帮孩子，挖坑掘土，扯旗打幡，跪拜如仪，一切弄得像模像样，把这个男婴尸体很“体面”地安葬了。不想这个坟墓正好在邻村一家富户新坟的旁边，富户认为这是漏了他家的地气，破了他家的财富，声称要去告官。孟子听说后毫不在意，声辩说这是公墓，要是怕破了财气，为什么不把祖宗埋到自家私田里呢？并说自己不过是个娃娃，官府又能把他们怎么样呢？

孟子小小年纪说得头头是道、条条在理，再加上善良友好的乡亲们从中说和帮衬，总算没有造成大的事端。但孟母仉氏感到这样下去对孩子成长不利，毅然决定搬离凫村，到二十里外一个叫作庙户营的村子租借三间草屋居住。庙户营离邹国都城很近，故址在今邹城市城内西北部。当时庙户营就已经是一处热闹繁华的集镇，集市上商店、饭庄、茶馆、作坊，鳞次栉比，特别是逢一、六大集，行商坐贾，拍卖喧嚷，讨价还价，还经常有江湖骗子，欺蒙行人，招摇过市。孟子受这种风气影响，不仅各种摊贩的叫卖声模仿得惟妙惟肖，而且有时还模仿那些油头滑脑的江湖骗子的行径。这让孟母仉氏十分生气。

还是在刚搬来庙户营不久，孟子第一次听到东院邻居家传来猪的号叫，十分恐怖刺耳，孟子有点害怕地问母亲是怎么一回事。孟母仉氏随口回答说：“东院是在杀猪。”孟子问杀猪做什么？正在织机上忙碌的孟母仉氏看到孟子有些恐惧的表情，带有安慰孩子的心理回答说：“杀猪好给你吃肉。”孟子一听要有肉吃，非常高兴，立马跑到东院看人家杀猪去了。

孟母仉氏这时才回过神来，想起先父讲过的一则“曾参杀猪践诺”的故事：有一次，曾参之妻要去赶集，孩子哭哭啼啼地想要跟着去玩。曾妻信口对孩子说道：“快回家吧，我赶集买肉回来给你吃。”曾妻从集市上根本没有买一点肉回来，孩子因此又哭又闹。曾子弄清事情原委，就要去集上买肉。但天已经太晚了，于是曾子走进猪圈，将自家不足百斤的壳郎猪（未长成的猪）宰杀了。曾妻因此埋怨丈夫，曾子回答说："对孩子要言出必行。因为父母是孩子的第一任老师，孩子专学父母榜样，最听父母教导，你若说谎骗他，他就会说谎骗人。"曾子说服了妻子，杀猪以践妻子对孩子的承诺。想到这里，孟母仉氏走下织机，去集上称了几两肉，让宝贝儿子美美地饱餐了一顿。

孟子自从看见东院杀猪的现场，不仅毫不害怕，而且看得津津有味。一天，孟母仉氏从外面回来，远远听见自家院子里一片喧闹声。她急走了几步，看到儿子和一帮孩子们正在把一头用泥做成的猪放在桌上，自家儿子腰系围裙，手拿用木片做成的屠刀，站在那里给泥猪开膛破肚。孟母仉氏一面惊讶于儿子学啥像啥的天分，一面为自己儿子的未来担忧。由此萌生了再一次搬家的念头。

搬家的计划还没有来得及实施，淘气的儿子又给母亲闯了一次祸。一天，孟子和小伙伴们在一片树丛中看见一只恶狗把一头小猪咬得遍体鳞伤。等他们把恶狗赶跑后，发现这头小猪已经没有救了，于是孟子自作主张，让伙伴们找来一把牛耳尖刀，亲自动手，学着东院屠夫的招式，给猪开膛破肚，除去内脏，用黄泥包裹，架在枯树枝上烧烤，然后大伙儿开怀饱餐了一顿。当天傍晚，这头小猪的主人打听着找上门来，孟母仉氏一番好言好语赔礼道歉，又赔了些钱，才让人家消了气回去。

孟母仉氏由此更加认识到"此非吾所以居处子也"，所以再次下定了搬家的决心。经过一番用心考察，孟母仉氏把家搬到位于今邹城市区南部的因利渠畔。因利渠发源于离邹城市有二十里的四基山，入城前名为小沙河，进城后注入护城河向西流去，这一段护城河就叫因利渠。小沙河与护城河交汇处是一处学宫，据传这所学宫最早是由儒家至圣先师孔子的孙子子思创办，子思曾在此讲学，所以后人称之为子思书院。正因子思有惠于此，所以这段贴城南而过的小河，被取名为因利渠。

图 14　如今修葺一新的子思书院（兖州煤业提供）

孟子新家在学宫的西面，他搬来不久就被学宫里传来的琅琅读书声所吸引。看到学宫里进进出出的谈吐文雅的先生和彬彬有礼的学生，孟子再也不满足于跟母亲在家学读，回家和母亲吵着要进学宫读书。母亲仉氏顺从了儿子的意愿，挑选了一个好日子，把孟子送进学宫读书。学宫里每逢初一、十五或重大活动，官员们都要到场，按周礼举行一套祭祀、朝拜及迎来送往的礼节仪式。在这种气氛的熏陶下，孟子放学后经常和邻居的孩子们做着演习周礼的仪式，古书上叫作“其嬉游乃设俎豆（古代祭祀用的礼器），揖让进退”。孟母仉氏看到儿子的变化，十分欣慰地说：“这里可以安心让我的儿子居住了！”

孟子进入学宫，初学《诗》《书》，佶屈聱牙的文字、深奥的哲理意蕴和枯燥的学习方法，不免让年幼的孟子难以接受。特别是他好玩的活泼天性，使他不能安心待在学宫里，有时甚至逃学到郊野里尽情玩耍一番。孟母仉氏知道这一情况，非常担忧，她费尽心思，想出了一个“断机教子”的办法。刘向《列女传·母仪传》记述为：“孟子之少也，既学而归，孟母方绩，问曰：‘学何所至矣？’孟子曰：‘自若也。’孟母以刀断其织。孟子惧而问其故，孟母曰：‘子之废学，若吾断斯织也。夫君子学以立名，问则广知，是以居则安宁，动则远害。今而废之，是不免于厮役，而无以离于祸患也。何以异于织绩而食，中道废而不为，宁能衣其夫子，而长不乏粮食哉！女则废其所食，男则堕于修德，不为窃盗，则为虏役矣。’孟子惧，旦夕勤学不息，师事子思，遂成天下之名儒。君子谓孟母知为人母之道矣。诗云：‘彼姝者子，何以告之？’此之谓也。”

图 15　孟母断机教子图
（康涛/绘）

故事说这一天，孟子又到郊外游玩，弄得灰尘满身。孟母仉氏和颜悦色地把儿子叫到织布机前，问道：“学习怎么样了？”孟子回答说：“和过去一样。”孟母仉氏突然板起面孔，拿起一把剪刀，把正在织机上织着的经线咔嚓咔嚓全部剪断了。从小就在母亲织布机前玩耍的孟子自然知道这匹布毁了，所以被母亲的举动吓坏了，嗫嚅着问母亲为什么要剪坏这匹布，母亲仉氏回答说：“你现在逃学，就和我剪断织布是一个道理。”（子之废学，若吾断斯织也。）

孟子辩解说自己不到放学时间就回家，是因为有件东西掉在家里了，找到后就回学宫去。孟母仉氏看儿子撒谎，不由悲从中来，哽咽着说：“你父亲去世得早，这些年来我辛辛苦苦劳作不息，抚养你一天天长大，送你到学宫读书，多么不容易啊！你不理解为娘的良苦用心，竟然逃学！你看这织机上的布，是一丝一线织起来的，现在剪断了就成为一匹没有什么用处的废布。你学习和我织布是一样的道理，学问也是靠点点滴滴积累起来的，你经常逃学，怎么能成为有用之才呢?”孟子听了母亲一番语重心长的教诲，幡然醒悟，从此专心向学，日夜苦读，终于在学宫中脱颖而出，成为一名品学兼优的青年学子。

图16 孟母断机处、孟母三迁祠等碑刻（佚名/摄）

除了“孟母三迁”和“断机教子”，孟母仉氏还有“责子出妻”的故事：孟子成年后，娶田氏女为妻。两人婚后相敬相爱，日子过得非常美满。但是有一天，孟子很不高兴地请求母亲把媳妇休掉。孟母仉氏问其理由，孟子回答说妻子“踞”（把两腿伸开，像簸箕似的坐着），十分不雅。孟母仉氏问孟子是怎么知道的，孟子回答说自己亲眼看见的。原来，孟子妻田氏独自在卧室里伸开两腿休息，孟子从外面一头闯了进来，无意中看到了妻子“不雅”的姿态。孟母仉氏了解了事情的原委，教训儿子说：“这是你没有礼貌，而不是你媳妇不讲礼节呀！《礼记》上不是说了吗：‘去别人家里，应该先敲门问一声有没有人在家，得到主人允许后才能进入；将要走进正堂，要听到主人说话声才能进去，没有听见说话就不要进去；进到人家屋里，目光一定要朝下。’这样可以使人在没有防备时，不至于措手不及。今天你到媳妇闲居休息的地方去，进屋前也不说一声，不出一点声音，媳妇伸开两腿无意中被你看到，这是你没有礼貌，不是媳妇不讲礼节呀！”于是孟子自己检讨自己，不敢再说休妻的话。（孟子妻独居，踞。孟子入户，视之，白其母曰：“妇无礼，请去之。”母曰：“何也？”曰：“踞。”其母曰：“何知之？”孟子曰：“我亲见之。”母曰：“乃汝无礼也，非妇无礼。礼不云乎：‘将入门，问孰存；将上堂，声必扬；将入户，视必下。’不掩人不备也。今汝往燕私之处，入户不有声，令人踞而视之，是汝之无礼也，非妇无礼也。”于是孟子自责，不敢去妇。）

孟母仉氏“责子出妻”的故事，见于西汉著名儒学学者韩婴《韩诗外传》卷九。韩婴记述此事后引用了《诗·邶风·谷风》诗句：“采葑采菲，无以下体？”《谷风》是一首被丈夫抛弃的女子写的诉苦诗。全诗六章，引文见于第一章：“习习谷风，以阴以雨。黾勉同心，不宜有怒。采葑采菲，无以下体？德音莫违，及尔同死。”译文：“山谷来风迅又猛，阴云密布大雨倾。夫妻共勉结同心，不该动怒不相容。采摘萝卜和蔓菁，难道要叶不要根？往日良言休抛弃，到死与你不离分。”葑就是芜菁，菲就是萝卜。它们都是根茎植物，叶子并不好看，也不好吃。“采葑采菲，无以下体”这句诗的意思是妻子抱怨丈夫，只看美貌消逝，就抛弃了自己，就像采葑采菲，只考虑叶子好看不好看，而不考虑它的根茎是不是美好。

韩婴之后约100年的西汉学者刘向所著《列女传》，记述孟母仉氏“责子出妻”这件事，文字稍有不同：“孟子既娶，将入私室，其妇袒而在内，孟子不悦，遂去不入。妇辞孟母而求去，曰：‘妾闻夫妇之道，私室不与焉。今者妾窃堕在室，而夫子见妾，勃然不悦，是客妾（把妻子当成客人）也。妇人之义，盖不客宿。请归父母。’于是孟母召孟子而谓之曰：‘夫礼，将入门，问孰存，所以致敬也。将上堂，声必扬，所以戒人也。将入户，视必下，恐见人过也。今子不察于礼，而责礼于人，不亦远乎！’孟子谢，遂留其妇。君子谓孟母知礼，而明于姑母之道。”

刘向所记这段故事与韩婴所记不同有二：其一是孟子入私室见妻“袒”

（袒胸露腹），遂去不入；其二是孟妻向婆母请去，理由是“妇人之义，盖不客宿”。寥寥8个字，一个深明礼仪的女性形象跃然纸上。

孟母三迁，断机教子，责子以礼，成为孟母仉氏教育子女的佳话，千百年来广泛流传，并一直受到人们的称赞，孟母被称为“母教第一人”。正是孟母仉氏这个伟大女性自觉的教子意识，成就了一代圣贤、千古英杰孟子。《三字经》称颂：“昔孟母，择邻处。子不学，断机杼。”由以上故事可见，孟母对儿子的教育，包含学习、生活、事业的各个方面，其影响从幼儿时期直到青年以至中年。孟母仉氏注重家庭教育的精神和教子的方式方法，在现代仍有借鉴意义。

第二章

私淑诸人　人性诚善

孟子作为儒学亚圣，其思想源于孔子，这自不待言。但孟子与孔门弟子乃至再传弟子有什么师承关系，却成为学术界千古难解之谜。

孟子进入子思学宫读书，从孟子入学年龄看，这个学宫也就是小学规模。所谓小学，实际就是古代孩童到少年时代的学堂。再就是从孔子办私学经历看，孔子有教无类，所教弟子门槛就是“自行束修”，而能自己束带修饰者，也就是 15 岁左右的青年才俊。

孟子 15 岁左右的青少年时代，是师从于谁才能成就其不世之才干呢？关于这一问题，史籍中主要有四种说法。

其一，“师事子思”。见西汉刘向《列女传》：孟母断机教子，“孟子惧，旦夕勤学不息，师事子思，遂成天下之名儒”。按子思为孔子孙子孔伋，最晚生于公元前 483 年，最晚卒于公元前 402 年。孟子生年按最早说法为公元前 390 年，此时孔伋已经去世十余年。有学者为证明子思为孟子老师，甚至说孔伋活了 92 岁。即便如此，还是与孟子师从年龄不能相符，故此说不成立。

其二，“受业子思之门人”。见司马迁《史记·孟子荀卿列传》：“孟轲，驺人也。受业子思之门人。”子思之门人，即子思的弟子。虽然这个说法在地点、时间上都比较吻合，但孟子师从的这个“子思之门人”究竟是谁，人们在史籍中难以考证。或者说，人们对孟子“受业子思之门人”这个说法，最多只能是认可，却不是完全相信。

其三，师从子上。子上名孔白，为子思之子，子上为字。这一说法见《孟子外书·性善辩》：曼丘不择问于孟子曰：“夫子焉学？”孟子曰：“鲁有圣人曰孔子，曾子学于孔子，子思学于曾子。子思，孔子之孙，伯鱼之子也。子思之子曰子上，轲尝学焉，是以得圣人之传也。”

曼丘不择是齐国人，他直截了当地问孟子：“先生学问是跟谁学的呢？”

孟子回答说："鲁国有圣人名叫孔子，曾子跟随孔子学习，子思跟随曾子学习。子思是孔子的孙子，是伯鱼的儿子。子思的儿子名叫子上，我曾经跟随子上学习，所以得到孔子的真传。"

东汉学者赵岐所著《孟子题辞》，从文字角度比较《孟子外书》和《孟子》，认为《孟子外书》"其文不能宏深，不与《内篇》相似，似非孟子本真，后世依放而托之者也"。

这里赵岐用了"似非"一词，这说明赵岐对《孟子外书》不是孟子所作持有怀疑态度，我们当然不能因此而认为《孟子外书》真的是伪书。不过将子上与孟子生活年代相比较，子上为孟子之师也是不可能的。再就是从子上学识成就看，子上能成为孟子的老师也是不可能的。从另一个角度说，孔白子上虽然生卒年不详，但也有学者考证，孔白子上享年不过五十，从年龄上推算，子上也难以成为孟子老师。

其实除了《孟子外书》说孟子自认师从子思之子孔白子上的孤证，孟子本人从来没有在其他场合说过自己是子思门人的学生。他曾表白自己"乃所愿，则学孔子也"（《孟子·公孙丑上》）。这句文言文翻译成白话，就是"我的愿望就是向孔子学习"。当然，这也只能是孟子一厢情愿而已。

其四，"私淑诸人"。见《孟子·离娄下》："予未得为孔子徒也，予私淑诸人也。"这是孟子自己说的话，应该是比较可信的。这里的"淑"字，意为拾取、获取。孟子这句话的意思是："我没有能够成为孔子的门徒，我是从别人那里学习到孔子的道德学问的。"

孟子这段话前面文字是："君子之泽五世而斩，小人之泽五世而斩。"这句话直译意思是："君子的遗风，影响五代以后而中断；小人的遗风，流传五代以后而中断。"

完整理解这句话，孟子的意思是感慨一代圣人虽然学问精深，但如果没有继承者，就会"五世而斩"，和"小人之泽"没有什么两样。而孟子没有能够成为孔子的入室弟子，又怎么能成为孔子思想的传承人呢？孟子自己做出的回答就是"私淑诸人"。

孔子去世到孟子出生，为 107 年（公元前 479 年到前 372 年）。古代一世为 30 年，五世为 150 年。孟子称“君子之泽五世而斩”，可以说有两层含义。第一层，孟子私下敬仰孔子，以孔子为榜样，孔子之泽，并未久远，所以完全能够受到孔子之泽的浸润，完全能够承受孔子的衣钵。第二层，孔子作为君子，五世之后其泽“而斩”，孟子以弘扬孔子之泽为己任，把君子之泽继续传承并发扬光大。

孟子这句话所说“诸人”，与“子思之门人”相比，概念内涵外延更为宽泛。孟子这个“诸人”，可以简化为一个字“人”，也可以理解为“之于人”。但无论是“人”，还是“之于人”，都应该不是指某一个人，而是许多贤人的代称。从这个意义上说，孟子“私淑诸人”的说法最为合理。圣人无常师，用之于孟子更为合适。其实不仅孟子没有明确师承，孔子也可以说没有明确师承。

笔者认为，作为一个有志于学的人，寻求名师固然重要，但学无常师则更为重要。一个人要成为真正的学者，绝不能只是拘泥于某一位老师、某一个学派，而是要兼收并蓄，广泛涉猎，不仅从书本上学，还要在实践中学，在此基础上多思多悟，这样才能成为一个有思想的真正的学者。

从这个意义上说，孟子“未得为孔子徒”固不足惜，其能“私淑诸人”，其善于“私淑诸人”，这才是成就其圣人的关键所在。孟子正是努力践行孔子“三人行，必有我师”的理念，在学习孔子、曾子、子思思想的基础上，广泛学习各种典籍，虚心向别人请教，反复研究思考，最终得以成为一代大儒。

我们上段文字对孟子师承关系的几种说法做了全面探讨，但并不就此意味着这一问题能够得到完美的解决，因为两千多年来，学界就这一问题一直争论纷纭。特别是在清末民国之前，学者们更多地相信孟子是子思的弟子。

清代学者崔述在《孟子事实录》卷上对孟子师从子思提出疑问。崔述从孔子、孟子活动史实入手，经过一番详细论证，最后肯定了司马迁关于“受业子思之门人”的说法：“赵岐谓孟子亲师子思，王劭谓《史记》‘人’字为衍。余按：孔子之卒，下至孟子游齐、燕人畔（畔，通‘叛’）时，一

图 17　学有所成（董振中/绘）

百六十有六年矣。伯鱼之卒，在颜渊前，则孔子卒时，子思当不下十岁。而孟子去齐后，居邹，之宋，之薛，之滕，为文公定井田，复游于鲁，而后归老，则孟子在齐时亦不过六十岁耳。即令子思享年八十，距孟子之生，尚三十余年，孟子何由受业于子思乎！孟子云：‘予未得为孔子徒也，予私淑诸人也。’若孟子亲受业于子思，则当明言其人，以见其传之有所自，何得但云‘人’而已乎！由是言之，孟子必无受业于子思之事，《史记》之言是也。”至于孟子所言“予私淑诸人也”，崔述解释说：“孟子之学深远，恐不仅得之于一人，殆如孔子之无常师者然，故但云‘私淑诸人’耳。”

笔者认为，清代以前的学者之所以相信孟子是子思的学生，一个最大原因就是中国古代纪年方法为甲子纪年或帝王年号，这两种纪年方法使人们很难对“年”的连续性有一个清晰的概念。我们现在采取公元纪年，并以此对照甲子纪年和帝王年号，所以对时间的差别一目了然。虽然如此，孟子“师从子思”的说法至今还有人以讹传讹，坚持宋儒所说“尧、舜之道，自孔子传之曾子，曾子传之子思，子思传之孟子”的观点。

山东大学孟祥才先生作《孟子传》，第四章题目为“私淑弟子”。在这一章，作者以严谨的治学态度，对孟子的老师究竟是谁，也做了一番探索。

孟祥才先生首先列举三种记载：《史记·孟子荀卿列传》“受业子思之门人”，《孟子外书·性善辩》“子思之子曰子上，轲尝学焉”，《列女传》“旦夕勤学不息，师事子思”，继而认定“以《史记·孟子荀卿列传》的记载最接近事实”。接着进行具体分析：“上面提到，孟子降生的时候，子思已经去世 30 年，所以《列女传》记载孟子是子思的亲炙弟子显然是讹误。《孟子外书·性善辩》的记载尽管从时间上看似乎能够吻合，但可能性较小。因为如果子上真是孟子的老师，从孟子与子思的思想继承关系来说，这是十分荣耀的事情，孟子应该提及，《史记·孟子荀卿列传》也应该予以记载。孟子压根儿不提此事，《史记·孟子荀卿列传》也没有记载，说明这个师承关系的可能性甚小。”

对于孟子“受业子思之门人”这个说法，孟祥才先生对《孟子》一书没有提及这位子思的门人，给出自己的解释：“或者给孟子受业的这位子思门人在思想和学术上没有任何成就，只是一个极为普通的知识传授者，后来蜚声列国的孟子认为没有必要提及他；或者给孟子受业的子思门人是多位一般化的教师，孟子也认为没有必要提及他们。联系到孟子故里不远处就是子思书院，子思在这里肯定教授过大批邹鲁地区的学生，他们中的不少人都有可能成为孟子的老师。”“孟子所在的邹鲁地区有着重视教育的优良传统，他的母亲又善于引导儿子努力向学，更由于孟子具有超常的智商和刻苦追求的嗜学精神以及正确的学习方法，他在学业上肯定很快成为同龄人中的佼佼者。”

两千多年来，许多学者赞同孟子师从子思或其门人的说法，最大原因在于他们认为孟子学说继承子思并形成一个“思孟学派”。在先秦典籍中，明确把思、孟作为学派看待的应该是战国时期的荀子。他在《非十二子》中将思、孟前后相续，认为二者具有内在的联系：“略法先王而不知其统，犹然而材剧志大，闻见杂博。案往旧造说，谓之‘五行’，甚僻违而无类，幽隐而无说，闭约而无解。案饰其辞而祗敬之曰：‘此真先君子之言也。’子思唱之，孟轲和之，世俗之沟犹瞀（mào）儒，嚾（huān）嚾然不知其所非也，遂受而传之，以为仲尼、子游为兹厚于后世。是则子思、孟轲之罪也。”大略效法古代圣明帝王但不知其要领，然而却自以为才气横溢、志向远大、见闻丰富广博。根据往古旧说来创建新说，把它称为“五行”，非常乖僻悖理而不合礼法，幽深隐微而难以讲说，晦涩缠结而无从解释。粉饰他们的言论而郑重其事地说：“这真正是先师孔子的言论啊。”子思倡导，孟轲附和，社会上那些愚昧无知的儒生七嘴八舌，不知道他们的错误，于是就接受了这种学说而传授它，以为是孔子、子游立此学说来嘉惠于后代。这就是子思、孟轲的罪过了。

荀子这段话固然是对子思、孟轲的批评，但他把子思、孟轲学术思想联系在一起，成为思孟学派说的发端。及至汉代，思、孟一系的说法得到当时学者的确认。

逮至唐代，韩愈崇儒学，批佛老，首倡道统说。道统说，又称道统论，是儒家关于先王之道传承系统的学术理论：“尧以是传之舜，舜以是传之禹，禹以是传之汤，汤以是传之文武周公，文武周公传之孔子，孔子传之孟轲。轲之死，不得其传焉。”（《原道》）韩愈感叹儒学道统孟子之后不传，表白自己有接续道统之愿，“使其道由愈而粗传，虽灭死，万万无恨”。（《与孟尚书书》）

韩愈的道统说得到宋明理学家的普遍认可，北宋学者周敦颐、二程（程颢、程颐兄弟）、张载都对此作了进一步发挥。南宋大儒朱熹明确了道统概念，“盖自上古圣神继天立极，而道统之传有自来矣”。（《四书集注·中庸章句序》）值得指出的是，宋儒虽然倡导道统说，却无视或者说否定韩愈在儒学道统中的地位，“由孟子而后，周、程、张子继其绝，至熹而始著”。（《宋史·朱熹传》）

应当说，即使抛开思孟学派这一说法，仅从历史文化传承的角度看孟子学说，不管孟子是否师从过子思及其弟子，孟子在思想上受到孔子、曾子、子思的深刻影响，是不争的事实。

关于如何看待孟子师从何人这一问题，近代学者胡毓寰在其著作《孟子事迹考略》中认为："推孟子之意，殆以为彼虽未亲受业孔子之门，然心慕其人则效之，间闻其道而私淑之，既不啻为一孔子门徒矣。孔子殆可谓为孟子之理想受业师也。"

笔者认为，胡毓寰先生此论可谓精辟得当。"三人行，必有我师焉"；"予未得为孔子徒也，予私淑诸人也"；"青出于蓝而胜于蓝"；"有状元徒弟，没有状元师父"……苟如此，历代典籍既然没有孟子之师的确切记载，我们又何必在这个问题上斤斤萦系、苦苦以求呢？

从我们对孟子师承关系的分析讨论中，我们完全可以得出一个结论：孟子是自学成才的典型代表。正因为如此，孟子在学习方法上有许多独到见解，值得我们认真学习体会。

第一，学习目标要明确。《周易》蒙卦初六爻辞："发蒙，利用刑人。"学习，第一要有目标，第二要有榜样。孟子所要学习的目标和榜样，无疑就是他心目中的圣贤孔子。孟子对孔子推崇备至，在与公孙丑谈话时借助孔子弟子宰我、子贡、有若之口，称赞孔子"贤于尧舜远矣"（宰我），"自生民以来，未有夫子也"（子贡），"自生民以来，未有盛于孔子也"（有若）。（《孟子·公孙丑上》）孟子说自己"乃所愿，则学孔子也"，意思是"至于我所希望的，则是学习孔子"。孟子一生以孔子为榜样，以一介布衣身份，游说诸侯，推行仁政，言必称尧舜，为世人树立了一个"天下溺，援之以道""乐以天下，忧以天下"的士人君子形象。

第二，学习要专心致志，持之以恒。专心致志，一曝十寒，作为成语，典故就出于《孟子·告子上》："虽有天下易生之物也，一日暴之，十日寒之，未有能生者也。吾见亦罕矣，吾退而寒之者至矣，吾如有萌焉何哉？今夫弈之为数，小数也；不专心致志，则不得也。弈秋，通国之善弈者也。使弈秋诲二人弈，其一人专心致志，惟弈秋之为听。一人虽听之，一心以为有鸿鹄将至，思援弓缴而射之，虽与之俱学，弗若之矣。为是其智弗若与？曰：非然也。"译文："即使有一种天下最容易生长的植物，晒它一天，又冻它十天，没有能够生长的。我和大王相见的时候也太少了。我一离开大王，那些‘冻’他的奸邪之人就去了，即使他有一点善良之心的萌芽也被他们冻杀了，我有什么办法呢？比如下棋作为一种技艺，只是一种小技艺；但如果不专心致志地学习，也是学不会的。弈秋是全国闻名的下棋能手，叫弈秋同时教两个人下棋，其中一个专心致志，只听弈秋的话。另一个虽然也在听，心里面却老是觉得有天鹅要飞来，一心想着如何张弓搭箭去射它。这个人虽然与专心致志的那个人一起学习，却比不上那个人。是因为他的智力不如那个人吗？回答很明确：当然不是。”

孟子在这里讲的是与齐王的关系，但以二人向弈秋学习下棋为例，说明了专心致志的重要性。一个人学习下棋，如果不能专心致志，即使由全国闻名的下棋能手弈秋来教，那也是学不好的。再就是一曝十寒，植物的生长，需要一个适宜的环境和温度，忽冷忽热，就是再容易成长的树木，也无法成活。学习也是这样，贵在持之以恒。“三天打鱼，两天晒网”，努力少，荒废多，做任何事情都难以见到成效。

图 18　松下对弈图（秦涟/绘）

在谈到做事和学习的坚持上，《孟子·尽心上》也有一句蕴含哲理的名言：“有为者辟若掘井，掘井九轫而不及泉，犹为弃井也。”轫为古代量词，九轫，相当于六七丈。打井的目的是挖到水源，如果挖到六七丈深，没有见到泉水就停下来，这就是一口废井。学习也是如此。只有孜孜以求，坚持到底，才能到达成功的彼岸。

第三，学习要循序渐进。孟子认为学习是一个由浅入深逐渐积累的过程，应该按照一定的步骤，循序渐进，才能取得好的效果。孟子以流水做比喻，提出了“盈科而后进”的学习方法。“流水之为物也，不盈科不行。君子之志于道也，不成章不达。”（《孟子·尽心上》）这是说流水这个现象，如果不逐渐地积满地上的坑坑坎坎，不会继续向前流行。君子求道也是如此，虽然有追求正道的志向，但不积累到一定的程度就不能通达。所谓“成章”，就是说充实于内则所积者厚，而光华自然发之于外。君子志道而求学，也必须日积月累，先求充实，然后才能通达。

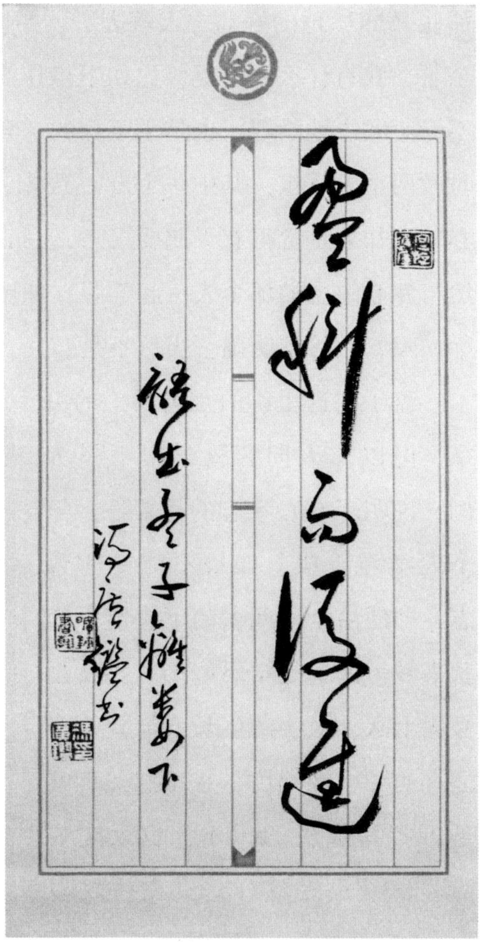

图 19　盈科而后进（冯广鉴/书）

孟子在另一个地方也讲到“盈科而后进”的道理，他说：“原（源）泉混混，不舍昼夜。盈科而后进，放乎四海。”（《孟子·离娄下》）从源头上流出的泉水滚滚而来，不分昼夜地奔流不息，注满低洼的地方后继续向前，一直流到四周的海洋。孟子认为，学习是一个自然发展的过程，一方面应自强不息，不可松懈或间断；另一方面也不应流于急躁。“其进锐者，其退速。”学习进程过于迅疾，势必影响学习效果，致使退步也快。正确的学习过程应当像源源不断的流水那样，注满一个洼坎之后再注进下一个洼坎，未注满时绝不下流，由此渐次流入大海，这就是“不盈科不行”“盈科而后进”的道理。

第四，学习要“知人论世”。《孟子·万章下》：“颂其诗，读其书，不知其人，可乎？是以论其世也。是尚友也。”译文：“吟咏他们的诗，阅读他们的书，不了解他们到底是什么人，（这样）可以吗？所以要研究他们所处的社会时代。这就是上溯历史与古人交朋友。”孟子认为，读古人的书，一定要了解作者，要了解作者的身世，了解作者的时代，与作者交朋友，知其人，识其世，交其友，心灵相通，才能真正了解作品的内涵和意蕴。

要真正做到“知人论世”，最好的办法就是阅读这个人的生平传记。譬如笔者研究儒学，就是从写作史学传记体裁《孟子传》《曾子传》《至圣孔子传》入手，全面了解儒学思想发展脉络，特别是孔子儒学思想发展全貌。正是在这一过程中，笔者真正认识到天命，真正认识到天道，从而在根本上掌握了孔子儒学思想的精髓，体会到了孔子儒学思想的最高境界。

第五，学习要博学返约。《孟子·离娄下》：“博学而详说之，将以反说约也。”译文：“广博地学习，详细地阐述，目的在于融会贯通后返归到简约去。”孟子这段话深刻说明了学习博与约的关系。这段话可以从两个方面来理解：第一，学习要先博后约。一个人从小学到大学，语文、政治、历史、地理、数学、物理、化学、外语，乃至美术、音乐、舞蹈，等等，什么都要学，至少是入门，或者说涉猎，这就叫作“博”；到了上大学，选定一门专业，有的甚至是冷门，譬如南京航空航天大学有个“飞行器设计与工程”专业，这就叫作“约”。再譬如历史学专业学生，大学时代中外通史都要涉猎，这就是“博”；到了研究生，专业只是一个朝代、一个时期、一个课题，譬如太平天国史、近代工业史、近代经济史等；再到读博士，专业更细了，研究对象有的甚至只是一个人、一件事，这就是“约”。从这个方面理解“约”，可以看出学习的深度加深了，可以做到“详说”了。这是一个方面。第二，研究任何事物，都要以博返约。大道至简，万事万物的根本规律都很简单，几乎用一二三就能说明问题。《周易》有“简易”、“变易”和“不易”。简易，可以理解为道理至简，我们为了理解的需要，或者讲述者故作高深，把“简易”弄成了“变易”，繁杂多变，让人摸不着头脑；而作为一个学者要做的，就是从“变易”入手，深入研究思考，最后找出“不易”，即规律性的东西。这就是以博返约的过程。

第六，学习要独立思考。《孟子·尽心下》：“尽信《书》，则不如无《书》。吾于《武成》，取二三策而已矣。”译文：“完全相信《尚书》所记的，那还不如没有《尚书》这本书。我对于《武成》这一篇，只是相信其中的二三编竹简罢了。”书籍是人类进步的阶梯，没有历史典籍记载，我们就不可能知道遥远过去的情景。但书毕竟是人写的，其中不免有作者的主观倾向，或者说很多事件作者也不可能亲临其境。所以，我们对于历史典籍，既要认真学习研读，又不可唯书是真，要有自己的分辨能力。要形成独立思考的习惯，这样才能学到真本事，用于指导我们的工作、事业和生活。从反思的角度看待这个问题，本本主义、教条主义造成的危害，实在是太多太大了。

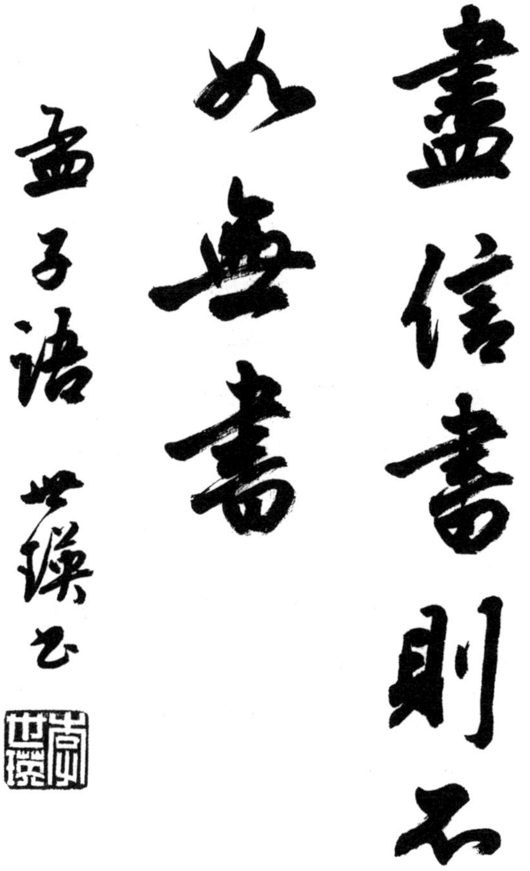

图 20　尽信书则不如无书（李世瑛/书）

孟子正是在学习方法上有独到见解，所以能够“通其道”，成长为一个对儒学具有高深造诣和坚定信仰的青年才俊。三十而立的孟子，面临着是做官还是设教授徒的选择。孟子以孔子为榜样，毅然决定以设教授徒为终身职业，最终成为一个伟大的教育家。

在儒学思想创始人中，孟子第一个明确提出人性善这一观点。这是一个了不起的思想创举，因为承认人性善，或者说认识到人性善，这不仅是从道德上对人进行的本质界定，更是对人（包括每一个人、包括任何人）的最基本的尊重。

人性善是孟子思想中最核心最基础的理论观点。孟子一生以雄辩、好辩闻于世，在这些辩论中，关于人性之辩部分无疑是最为精彩的。而孟子的人性之辩主要是和一个叫“告子”的学者展开的。

图 21　善（马章乘/书）

在中国古代思想史上，告子是“性无善恶论”的代表，和孟子的“性善论”有所不同。《孟子》七篇中有《告子》一篇，但由于告子留下的生平史料极为罕见，大家对告子这个人的身份争议较大。有学者说他和“浩生不害”是同一个人，有人说他是孟子的门生，也有人说他是墨子的弟子。墨子大约出生于周贞定王元年（前 468），卒于周安王二十六年（前 376）。在《墨子·公孟》篇中，告子对墨子说：“我可以治理国家管理政务。”（告子谓子墨子曰：“我治国为政。”）完全是一副初生牛犊不怕虎的劲头，结果被墨子批评一顿：“子不能治子之身，恶能治国政？”由此推论，告子在青年时学于墨子，在老年时与孟子理论，应该是合乎情理的。

告子来会见孟子，先摆出一副长者的架子训诫孟子，说：“人的本性好比杞柳，仁义好比杯盘。要使人性具备仁义，就像把杞柳做成杯盘一样。”

孟子回答说：“先生是顺着杞柳的性状把它做成杯盘呢，还是要伤害了它的性状把它做成杯盘呢？如果是伤害了它的本性而把它做成杯盘，那么也要伤害了人的本性去使它具备仁义吗？带领天下的人给仁义带来灾难的，一定是你这种言论吧！”

告子把人性比作杞柳，被孟子将了一军。然后告子又以流水做比喻说明人性本无善恶：“人性好比湍急的流水，在东边开一个口子，它就往东面流；在西边开一个口子，它就往西面流。人性本来就不分善与不善，就像水流本来不分向东向西一样。”

孟子借用告子的比喻反驳说：“水确实不分向东向西，但是它也不分上下吗？人性的善，就好比水朝下流一样。人性没有不善的，水没有不往下流的。水，拍打它一下叫它飞溅起来，能使它高过人的额头；阻挡住它叫它倒流，可以使它流到山上去。这难道是水的本性吗？是形势导致这样的。人之所以会变得不善，是因为他的本性像这样被强迫改变了。”

告子又从哲学意义上强调“性”的自然属性，说：“天生的禀赋称作天性（生之谓性）。”

孟子反问说：“天生的禀赋称作天性，那么是不是白的东西就称作白呢？”

大概告子还没有领教过孟子的论辩艺术，脑筋没转过弯来，顺口回答说：“是这样的呀！”

孟子顺势向前推进一步，说：“白羽毛的白，就像白雪的白；白雪的白，就像白玉的白一样吗？”

告子没有发现孟子逻辑推论的怪异，依然回答说：“是这样的啊！”

孟子这时展开攻势，凌空直下，说：“那么，狗的天性就像牛的天性，牛的天性就像人的天性吗？”

告子招架不住孟子的凌厉攻势，又败一局。但他不甘服输，又说：“食欲、性欲，都是人的天性。仁是生自内心的，不是外因引起的；义是外因引起的，不是生自内心的。”

孟子采取引蛇出洞战术，以请教的口吻问：“凭什么说仁是生自内心，而义是外因引起的呢？”

告子解释说：“比如一个人比我年长，我便尊敬他，不是预先就有‘尊敬他’的念头在我心里的；又好比他的肤色白，我便认为他白，是由于他的白显露在外，所以说义是外因引起的。”

孟子问：“照您所说，白马的白固然和白人的白没有什么区别。不知道您对老马的尊敬，与对长者的尊敬也没有什么区别吗？再说，您是认为长者那里存在仁义呢，还是尊敬他的人那里存在仁义呢？”

告子败势已明，可是他仍然负隅顽抗，说：“是我的弟弟，我就爱护他；是秦国人的弟弟，我就不爱护他。这是由我来决定爱谁的，所以说仁是生自内心的。尊敬楚国人中的长者，也尊敬我自己的长者，这是由对方年纪决定我尊敬不尊敬他，所以说义是由外因引起的。”

孟子借势又将了告子一军，说：“喜爱吃秦国人的烧肉，同爱吃自己国家的烧肉是没有什么区别的。万事万物也都有这种类似的情况，那么爱吃烧肉的欲望也是由外因引起的吗？”

一个叫孟季子的人，听公都子谈起孟子和告子的这场辩论，感到不太明白，于是问公都子说：“为什么说义是生自内心的呢？”

关于孟季子的身份，朱熹注解：“疑是孟仲子之弟也。”这种解释有其道理。古时老大为伯，老二为仲，老三为叔，老末为季，说季子为仲子之弟固然说得过去，但问题是孟仲子和孟季子究竟是不是亲兄弟，这就无法考证了。近年来也有学者提出新的看法，认为孟季子是任国国君之弟季任，但这个“孟”字从何而来？什么意思？解释不通。所以也有学者认为两者都不是，就是有这么一个叫孟季子的人参与了这次讨论而已。

公都子回答说：“义是表达我的敬意，所以说是生自内心的。”

孟季子问：“有个同乡人比你大哥大一岁，那么你先尊敬谁？”

公都子说：“尊敬大哥。”

孟季子又问：“如果大家在一起喝酒，你会先给谁斟酒？”

公都子说：“先给那个同乡人斟酒。”

孟季子说：“内心要敬重的大哥在这里，实际敬重的同乡人在那里，可见义果然是外因引起的，不是内心自生的。”

公都子这下被孟季子问住了，不能回答，于是把孟季子的话告诉了孟子。

孟子说："你可以反问他，是应该尊敬叔父呢，还是尊敬弟弟呢？他会说：'当然尊敬叔父。'你再问他：'如果弟弟充当了受祭的代理人，那该尊敬谁？'他会说：'尊敬弟弟。'你就再问他：'如果这样，那么尊敬叔父又体现在哪里呢？'他会说：'因为现在弟弟处在受祭代理人的位置。'你就对他说：'我先给同乡人斟酒，就是因为那个同乡人处在应该受尊敬的地位上。平时尊敬的是大哥，这会儿应该尊敬的是同乡人。'"

公都子很快就把孟子的这番话转告给孟季子，孟季子听了不以为然，说："该尊敬叔父时就尊敬叔父，该尊敬弟弟时就尊敬弟弟，可见义果然在于外因，不是生自内心的。"

公都子这次因为已经深刻领会了老师的思想，当即设喻反驳说："冬天要喝热水，夏天要喝凉水，那么，饮食也在于外因吗？"

孟季子听了，无言以对，不再坚持"义是外在"的观点。

再说告子与孟子论辩失败，可是他仍然散布"人性无善恶"的言论，并得到了一些人的赞同。公都子把这些议论转告给孟子说："告子说：'人性没有什么善良不善良的区别。'有人说：'人性可以变得善良，可以变得不善良，所以文王、武王得了天下，百姓就爱好善良；幽王、厉王得了天下，百姓就变得凶暴。'又有人说：'有人性善良的，有人性不善良的，所以以唐尧为君主，却有舜弟象这样的臣民；以瞽瞍为父亲，却有虞舜这样的儿子；以殷纣为侄儿，并且以他为君主，却有微子启、王子比干这样的贤臣。'现在您坚持说'人性善良'，那么他们都说错了吗？"

孟子回答说："从人的天性禀赋来看，那都是可以让他向善的，这就是我说的人性善良。至于有的人变得不善，不能归咎于他的天性禀赋不好。同情之心，人人都有；羞耻之心，人人都有；恭敬之心，人人都有；是非之心，人人都有。同情之心，就是仁；羞耻之心，就是义；恭敬之心，就是礼；是非之心，就是智。仁、义、礼、智，不是由外界传给我的，是我本来就具有的，只是没有意识到这些罢了。所以说：'探求就能得到它们，放弃就会失去它们。’有人（同别人比）相差一倍、五倍甚至无数倍，这是不能充分表现他的天性的缘故。所以，《诗·大雅·烝民》上说：‘上天生养众民，有事物便有法则。众民保持了常性，所以爱好美德。’孔子说：‘作这首诗的人，是懂得道的啊！’有事物便有法则。众民保持了常性，所以爱好美德。”

孟子这段论述是他对“人性善”理论所作的一个比较全面的阐述，特别是他提出的“仁义礼智”四端特别重要，它是孟子思想的一个重要内容，也是孟子对先秦儒学理论的一个重要贡献。孟子的性善论、仁义论、仁政论等，都与“四端”说有关，是围绕“四端”说展开的。可以说“四端”理论的提出，标志着孟子思想的真正成熟并独具特色。

关于“四端”一词，实际上只见于《孟子·公孙丑上》第六章，孟子在这里论述了“人性善”的原因在于人人具有“四端”。他说：“人人都有不忍伤害别人的心。古代帝王有不忍伤害别人的心，才有不忍心伤害别人的政治。用不忍伤害别人的心，施行不忍伤害别人的政治，那么治理天下就会像在手掌中玩物那么容易。”

孟子列举实际例子来论证人之所以皆有不忍人之心，说：“我之所以说人都有不忍伤害别人的心，根据在于，假如现在有人突然看到一个小孩子要掉到井里去了，就会产生惊恐同情的心情。他当然不是想借此同孩子的父母攀结交情，不是要在乡邻朋友中博取名声，也不是讨厌那孩子惊恐的哭声才这么做的。由此看来，没有同情心的，不能算是人；没有羞耻心的，不能算是人；没有谦让心的，不能算是人；没有是非心的，不能算是人。同情心是仁的开端，羞耻心是义的开端，谦让心是礼的开端，是非心是智的开端。”

孟子由此得出结论说：“其实人有这四种开端，就像身体有四肢一样。”

接着孟子批评那些不承认自己有此四端的人：“有这种四端却说自己不行，这是自暴自弃的人；说他的君主不行，这是暴弃君主的人。”接着，孟子讲述了每个人扩充四端的意义：“凡明白自身具备这四种发端的人，都应该把四端扩大充实起来，这样它们就会像火焰刚刚开始燃起，像泉水刚刚开始涌出一样，不可遏止。如果能够推广、扩充它们，就足以安定天下；如果不能够扩充它们，那就连赡养父母的事情都做不到。”

图 22　里仁为美（刘忠/书）

孟子特别重视环境对人培养“四端”的重要性，他曾在《公孙丑》上篇单独用一章、在《告子》上篇中用两章论述这个问题。其一，孟子说：“造箭的人难道比造铠甲的人更不仁德吗？造箭的人唯恐自己造的箭不能射杀人，造盔甲的人唯恐自己造的盔甲不坚硬使人被射伤。求神治病的巫医和做棺材的木匠之间的关系也是这样的。所以谋生的职业不能不慎重选择啊。孔子说：‘住在一个讲仁德的地方最好！经过选择却不住在有仁德的地方，那怎么还能算得上聪明呢？’仁德，是上天赋予人的最尊贵的爵位，是人们最安定的住所。没有任何人去阻拦他实行仁德，他却不去实行，这就叫作不明智。既不讲仁德，又不明智；既不懂礼仪，又不讲道义，这种人只能配做奴仆了。做了人家的奴仆，却又觉得是耻辱，就像造弓的人却又觉得造弓可耻，造箭的人却又觉得造箭是耻辱一样。如果以此为耻辱，不如就实行仁德。实行仁德好像比赛射箭一样，射箭手首先要端正自己的姿势，其次才能发箭。发箭不能命中，也不能怨恨胜过自己的人，应当反过来从自己身上找原因罢了。”

孔子说：“不怨天，不尤人。”孟子所说“反求诸己”，和孔子这句话是一个意思，或者可以说是对孔子思想的继承与发挥。在儒学思想创始人看来，任何事情如果做不好，都要从自己身上找原因。这是人们认识问题、解决问题的一个最重要的思想方法。

图23　行有不得，反求诸己（张作昌/书）

其二，孟子说："在丰收年成，青年子弟大多懒惰；在灾荒年成，青年子弟大多凶暴。这并不是他们天生的性情有这种不同，而是由于影响思想的环境使他们变得这样的。比如种大麦，播了种，耙了地，种的地方相同，种的时间也相同，大麦蓬蓬勃勃地生长，到夏至的时候，便都成熟了。即使收成有所不同，也是因为土地的肥瘦、雨露的滋养、人工的管理不一样。所以凡是同类的，全都是相似的，为什么一说到人，偏偏要怀疑这一点呢？圣人是和我们同类的，所以龙子说：'即使不知道脚的形状而去编鞋，我也不会把它编成草筐的。'草鞋都是相似的，这是因为天下的脚形都是相同的。"

孟子继续说道："嘴巴对于味道来说，有相同的嗜好。厨师易牙是食神，他是最先摸准了我们口味上共同嗜好的人。假如嘴巴对于味道，生来就跟别人不一样，就好像狗、马和我们不同类一样，那么天下的人为什么都随从易牙所选定的味道呢？说到口味，天下的人都期望品尝到易牙烹制的菜肴，这说明天下人的口味都是相似的。"

孟子又以耳朵、眼睛举例："对于耳朵来说，也是一样的。天下人都期望能听到乐师师旷演奏的乐曲，这说明天下人的听觉都是相似的。眼睛也是一样的道理。譬如子都，天下没有不知道他俊美帅气的；不知道子都俊美帅气的，除非是没长眼睛的人。所以说，嘴巴对于味道，有相同的嗜好；耳朵对于声音来说，有相同的听觉；眼睛对于容貌，有相同的美感。说到人心，难道偏偏会没有相同的爱好吗？人心相同的爱好是什么呢？就是理，就是义。圣人最先觉悟到我们人心的相同爱好罢了。所以理和义能使我们心理愉悦，正像牛羊猪肉能使我们享到美味口福一样啊。”

其三，孟子以齐都临淄附近的牛山为例，继续说明环境对人影响的重要性。他说：“牛山上的树木曾经很繁茂，但是由于它处在大都市的近郊，人们经常用刀斧砍伐它。这样还能够保持茂盛吗？当然，山上的树木日日夜夜都在生长，雨水露珠也在滋润着，不是没有新枝嫩芽长出来，只是因为牛羊接着又放牧到这里，所以牛山就成了这样光秃秃的了。人们看见它光秃秃的，便以为牛山从来也不曾有过高大的树木，这难道是山的本性吗？”

图 24　临淄牛山远眺（宋玉顺/摄）

孟子把话题转回到人性本身，说：“就说在人身上吧，难道会没有仁义之心吗？有些人之所以丧失了他的善心，就像用斧头砍伐牛山树木一样，天天砍伐，还能够保持善心的茂盛吗？尽管他日夜有所滋生的善心，接触了天刚亮时的清明之气，而使他的好恶之心与一般人也有了少许的相近。可是到了第二天，他的所作所为，又把它们搅乱而丧失了。反复搅乱丧失的结果，便使他夜晚滋生的那点善心不足以保存下来；夜晚滋生的那点善心不足以保存下来，那他离禽兽也就相差不远了。人们见到他的所作所为和禽兽差不多，还以为他从来就不曾有过善良的天性，这难道是人的实情吗？所以，假如得到好好的滋养与保护，没有什么东西不能生长；假如失去滋养和保护，没有什么东西不会消亡。孔子说过：‘把握住就存在，放弃就会失去；出去进来没有一定的时候，无人知道它去向何方。’这大概就是说的人心吧？”

孟子在这段论述中又提出一个伦理学上的重要名词“良心”。在《孟子》七篇中，“良心”这个词只出现了这么一次，但它在中国思想史上是第一次，并且对后世产生了极为重要的影响。中国民间之所以风俗淳厚，在很大意义上就是“良心”这两个字的信念支撑。譬如“天地良心”“讲良心”“丧尽天良”等词语几乎人人耳熟能详。毫无疑问，“良心”一词与“善”等同，与“诚信”等同。一个人如果讲良心，那他在乡邻之间就是善的化身，就是诚信的化身。

我们讲孟子人性善，强调一个“善”字，笔者本章题目加了一个“诚”字，这是有一定道理的。关于“诚”与人性的关系，子思《中庸》论述得最为明白，最为深刻：“诚者，自成也；而道，自道也。诚者物

图 25　诚者物之终始，不诚无物
（陈士荣/书）

之终始，不诚无物。是故君子诚之为贵。”

《孟子·离娄》上篇对子思这句话进行了阐发：“诚者，天之道也；思诚者，人之道也。”孟子把诚与天道、人道相结合，这就说明在孟子这里，他已经把人性和诚相结合，只是没有更为明确的语言表达罢了。

关于人性诚善的思想，最早见于周文王姬昌所作的《周易》乾卦卦辞“元亨利贞”。这个“元”字寓意春天万物生发，其本性（包括人的本性）就是“诚善”二字。孔子《易传》乾卦《文言传》解读这个“元”字为“元者，善之长也”，子思《中庸》认识到“不诚无物”，孟子则把诚与天道、人道相结合。这就完成了儒家学说创始人对人性的本质界定，这就是“诚善”二字。我们把儒家学说理解到这个层面，才可以说真正把握了孔子儒学思想的精髓。

第三章

仁者无敌　浩然之气

仁者无敌，是孟子对梁惠王说的一句话，也是孟子本人对其仁政思想的一个最精确的描述。在孟子看来，作为一国君主，只要有仁者之心，只要在国内推行仁政，不论其国之大小，就一定能所向无敌，就一定能称王天下，救黎民于水火，解民众于倒悬。

图 26　仁者无敌
（马向阳/书）

孟子在哲学上的性本善，在政治上就表现为推行仁政。孟子认为人人都有仁义，他解释说：“人人都有不忍心干的事，把它推及他所忍心去干的事上，这就是仁德；人人都有不肯做的事，把它推及他肯去做的事上，这就是义行。人们能把不想害人的心理扩展开去，仁德就用之不尽了。一个人能把不愿扒洞翻墙行窃的心理扩展开去，义就用之不尽了。一个人能把不愿受人轻蔑的心理扩展开去，那么无论到哪里，言行都是符合义的了。”孟子这里的“人”，毫无疑问，不仅包括儒家心目中的君子，也包括施行仁政的国君。

孟子说：“有德行的君子，是没有失掉婴儿般纯真天性的人。”而有德行的君子，说话并不一定都兑现，做事也并不一定都要有结果，关键要看所说所行符合不符合“义”这个原则（大人者，不失其赤子之心者也。大人者，言不必信，行不必果，惟义所在）。说任何话，做任何事，都要以“义”为最高原则，这就是孟子对为政者提出的最基本的要求。

孟子认为，仁者爱人，有礼者敬人。爱人者，人恒爱之；敬人者，人恒敬之。假设有一个人以粗暴蛮横的态度对待我，那么作为君子必然会深刻反省自己：我对他一定还有不仁的地方，或者说无礼的地方，要不然他怎么会用这种态度冲着我呢？反省后认为自己做到仁了，做到彬彬有礼了，可那人的粗暴蛮横依然如此，君子必定再反省，我待他一定还没有尽心竭力。经过多次反省，自己确实做到了尽心竭力，可是那人的粗暴蛮横还是这样，君子就会自我安慰说：“这不过是个狂人罢了。像他这样，同禽兽有什么区别呢？对于禽兽又有什么可计较的呢？”所以君子有终身的忧虑，却没有一时的担心。君子所终身忧虑的是什么呢？虞舜是人，我也是人；虞舜给天下的人树立了榜样，影响可以流传后世，而我却仍然是个平庸的人，这是值得忧虑的。忧虑了怎么办？像虞舜那样去做就是了。君子有没有一时所担心的呢？答案是肯定的。不仁的事不干，不合礼的事不做。即使有一时的担心，君子也不认为是值得担心的了。

孟子在这里说的不仅是个人修养问题，所谓“君子”，说的其实就是“民上”，是百姓的统治者。《孝经·诸侯》说：“在上不骄，高而不危；制节谨度，满而不溢。高而不危，所以长守贵也；满而不溢，所以长守富也。富贵不离其身，然后能保其社稷。”意思是统治者不骄纵，即使身处高位也不会危险；节制谨慎，即使水满也不会溢出，这样才能长守富贵，保全社稷。

孟子有句名言，叫作“万物皆备于我矣”。作为正人君子，就要尽自己的善心，觉悟到自己的本性。觉悟到了自己的本性，就是懂得了天命。要保存自己的善心，养护自己的善性，以此来对待天命。一个人不论寿命是长是短都不改变态度，只是修身养性等待天命的安排，这就是安身立命的正确方法。要达到这种境界，就要养浩然之气，而有了浩然之气就可以面对苦其心志、劳其筋骨、饿其体肤、空乏其身、行拂乱其所为的逆境，才能够动心忍性，增益其所不能，有所担当。

孟子承认天命，认为人无不受命运的支配。顺从天命，就是接受正常的命运，因此懂天命的人不会站立在危墙下面。尽力行道而死的人，他所受的是正常的命运；犯罪受刑而死的人，他所受的就不是正常的命运。君子经常反问自己，看到自己具备的道理是实实在在存在的，就会感到莫大的快乐。君子只要努力按照推己及人的恕道去做，求仁的道路就没有比这更近的了。

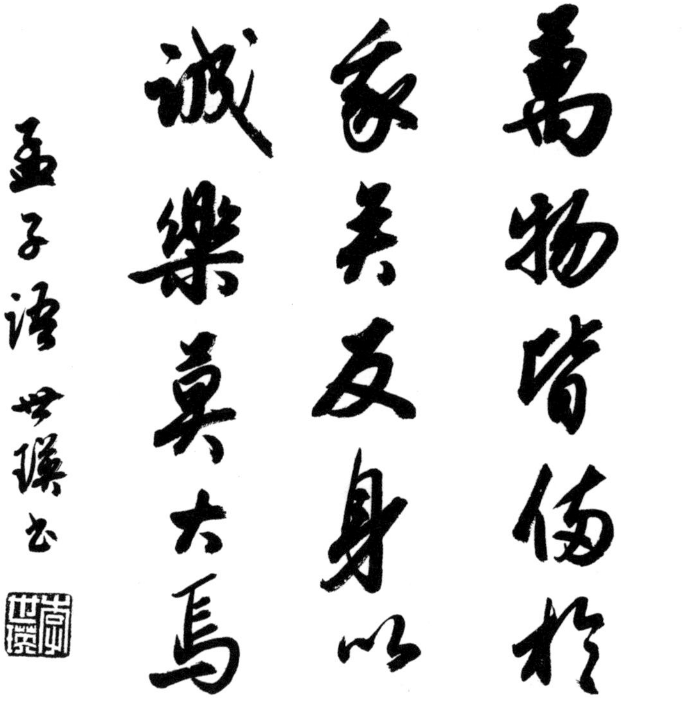

图 27　万物皆备于我矣，反身以诚，乐莫大焉（李世瑛/书）

孟子强调仁和义是人人所固有的“良心”或“本心”，他说：“人不经过学习就能做的，那是良能；不经过思考就能知道的，那是良知。年幼的孩子，没有不知道要爱他们父母的；长大后，没有不知道要敬重他们兄长的。爱父母就是仁，敬兄长就是义。不学而能，不虑而得，原因就在于仁和义是通行于天下的。”

孟子用鱼和熊掌比喻生存和道义，他说：“鱼，我所欲也，熊掌亦我所欲也。二者不可得兼，舍鱼而取熊掌者也。”生存是我需要的，道义也是我喜爱的。两者不能兼顾，那就宁可放弃生存也要选择道义。生存是我所喜爱的，但我所喜爱的有超过死亡的，所以不做苟且偷生的事；死亡是我所憎恶的，但我所憎恶的有超过死亡的，所以面对一些祸患就不能躲避。如果人们所喜爱的东西没有超过生命的，那么凡是能够用来求得生存的手段，有什么不可以使用呢？如果人们所厌恶的事情没有超过死亡的，那么凡是能够用来逃避灾祸的方法哪会不采用呢？凭借这种方法就可以生存，但是有的人却不肯使用；凭借这种方法就可以躲避祸患，但是有的人却不肯使用。这是因为有比生命更想要的，有比死亡更厌恶的。其实不仅仅是贤人有这样的思想，人人都有这样的思想，只是贤人能够不丧失罢了。

孟子举例说明：“一小筐饭，一碗汤，得到就能活下去，得不到就会饿死。但如果吆喝着施舍给人，就是路上的饿汉也不愿接受；如果用脚踢着施舍给人，那就是连乞丐也不屑一顾的。可是有的人见了优厚的俸禄却不分辨是否合乎礼仪就接受了。这样，优厚的俸禄对我有什么好处呢？是为了住宅的华丽、妻妾的侍奉和熟识的穷人感激我吗？本该宁死也不愿意接受的，现在却为了住宅的华丽而接受了；先前宁肯死也不愿接受，现在却为了妻妾的侍奉而接受了；先前宁肯死也不愿接受，现在却为了所认识的贫穷的人感激自己而接受了。这种行径难道不也应该停止了吗？

图 28　不食嗟来之食（夏星/绘）

做出这种行径其实就是丧失了他的本性。”

孟子认为，修养身心必须清心寡欲，他说：“修养善心的方法，没有比减少求利的欲望更好的了。一个人如果求利的欲望少，那么，即使善心有些丧失，也是很少的；一个人求利的欲望如果很多，那么即使善心有所保存，保留的也一定是很少的。”孟子说圣人和盗贼都很勤勉，他们之间的区别只在于行善还是求利。“鸡叫就起床，孜孜不倦地行善，是舜一类的人；鸡叫就起床，一刻不停地求利，是盗跖一类的人。要想知道舜和盗跖的区别，没有别的，只在行善和求利的不同罢了。”

孟子认为仁义对人来说才是最可宝贵的，他说：“想要尊贵，这是人们的共同心愿。人人都有可尊贵的东西，只是不去想它罢了。别人给予的尊贵，不是真正的尊贵。赵孟给予了一个人尊贵，赵孟也能使他低贱。《诗·大雅·既醉》上说：‘既醉以酒，既饱以德。’这是说仁义满足了，就不羡慕别人的美味佳肴了；美好的名声、广泛的赞誉落在自己身上了，就不羡慕别人的锦绣衣裳了。”

孟子还用天爵、人爵来形容道德修养和世俗的富贵，他说：“有天爵，有人爵。仁义忠信，好善不倦，这就是天爵；公卿大夫，这是人爵。古代的人修养他的天爵，而人爵就随天爵来了。现在的人修养天爵，是用它来获取人爵；一旦得到了人爵，就丢弃了他的天爵，那实在是太糊涂了，最终他的人爵也一定会丧失的。”

孟子赞扬周文王施行仁政得到贤者的向往，说：“伯夷躲避纣王，隐居在北海边，听说文王兴盛起来了，便说：‘何不去投奔西伯呢！我听说西伯善于奉养老人。’姜太公为躲避殷纣，隐居在东海之滨，听说文王兴盛起来了，便说：‘何不去投奔他呢！我听说西伯是善于养老的人。’伯夷和姜太公这两位老人，他们都是天下德高望重的老人，他们投奔了文王，就好比天下做父亲的人都投奔了文王。天下做父亲的都投奔了文王，他们的儿子还会跑到哪儿去呢？诸侯中如有施行文王之政的，七年之内，必定能为王于整个天下。”诸侯如果效仿文王施行仁政，七年之内，必能为政于天下。孟子对仁政可谓推崇备至。

孟子最羡慕夏、商、周三代开国时的政治，在三代圣君中，孟子最服膺的还是没有当上君王的周公。他说："大禹讨厌美酒而喜欢善言。商汤掌握中正的原则，选拔贤人没有一成不变的常规。文王对待老百姓，就像对待受伤的人，总是同情抚慰；望见了'道'却像没有看见一样，总是不断追求。武王不轻慢近臣，不遗忘远臣。而周公想要兼有三代圣王的美德，实践禹、汤、文、武事业；如有不合圣德的地方，就仰首思索，夜以继日；幸而想通了，就坐等天亮，好立即去实行。"

孟子讲述《论语》上的一则故事，抨击不行仁政的在位者。孔子弟子冉求当了鲁国季康子家臣，不但不能改善季氏的德行，反而征收田赋比过去增加一倍。孔子非常生气，说："冉求不是我的门徒，弟子们，你们可以大张旗鼓地去声讨他了。"孟子先叙述了这个故事，然后说："从这件事来看，那些不施行仁政，反而去帮助国君聚敛财富的人，都是孔子所鄙弃的。更何况那些为国君卖命打仗的人呢！为争夺一块地方而杀人遍野，为争夺一座城池而杀人盈城，这就是所谓的为了土地而吃人肉，这种人罪大恶极，就是将他处死都嫌不够。所以好战的人应该受最重的刑罚，鼓吹合纵连横唆使诸侯拉帮结伙打仗的人，该受次一等的刑罚，强令百姓垦荒种地而增加赋税的人该受再次一等的惩罚。"

孟子认为施行仁政不仅在其心，更重要的是施行方法。郑国国相子产，孔子曾多次称赞他的惠政，据说他曾用自己乘坐的车子帮助别人渡过溱（zhēn）水和洧（wěi）水。孟子就此事评论说："子产虽然仁惠却不懂治理政事的方法。如果十一月把走人的桥修好，十二月把行车的路修好，百姓就不会为渡河发愁了。在上位的人搞好了政治，出行时让行人回避自己都可以，哪能一个一个地帮人渡河呢？所以治理政事的人，如果让每个人都去喜欢他，那时间也太不够用了。"

孟子认为，作为君子，无论君王、臣子、士人，只是身份地位不同而已，其人格精神、处世态度都是一样的。大禹、后稷处在太平时代，为治水三次路过家门都没有进去，孔子称赞他们。颜回处在乱世，居住在僻陋的小巷子里，用一个小竹筐装饭吃，一个瓢舀水喝，别人忍受不了那种清苦，颜回却不改变他的快乐，孔子称赞他。孟子认为，大禹、后稷、颜回虽然所处时代、地位不同，但他们的处世态度实际上是一样的。

孟子继续分析说："大禹一想到天下的人有淹在水里的，就觉得仿佛是自己使他们淹在水里似的；后稷一想到天下的人还有挨饿的，就觉得仿佛是自己使他们挨了饿似的，所以才那样急迫地去拯救他们。大禹、后稷和颜回如果互换一下处境，也都会这样的。他们之所以行为有所不同，就好比现在有同室的人打架，为了阻止打架，即使匆忙地披散着头发就戴上帽子去阻止，也是可以理解的。但如果乡里邻人有打架的，也披散着头发就戴上帽子去阻止，那就未免太糊涂了。对这种事，即使关起门来不管它也是可以的。"

对于同时代的诸侯，孟子曾评论梁惠王不仁，他说："梁惠王真不仁啊！仁者把给予他所爱的人的恩德推及他所不爱的人，不仁者把带给他所不爱的人的祸害推及他所爱的人。"学生公孙丑问道："先生为什么这么说呢？"孟子回答说："梁惠王为了争夺土地，不惜牺牲百姓的性命，驱使他们走上战场，结果却遭到了失败。他又准备再次打仗，却担心还是不能取胜，所以又驱使他所钟爱的子弟去为他送死。这就叫把带给他所不爱的人的祸害推及他所钟爱的人。"

战国时代，一个诸侯国君主最关心的其实就是两件事，第一件事是自保，第二件事是开疆拓土。孟子认为，要做好这两件事，关键是为政者首先要施行仁政。国君如果施行仁政就能获得尊荣，不施行仁政就会招来耻辱。如今有人厌恶耻辱却又安于不施行仁政的现状，这就像厌恶潮湿却又安于居住在低洼的地方一样。如果君主真的厌恶耻辱，就不如崇尚道德、尊重士人，让贤人在位做官，让能人在职办事。国家太平无事，趁这时候修明政教刑法，这样即使大国也必然会害怕它。《诗·豳风·鸱鸮（chī xiāo）》上说："迨天之未阴雨，彻彼桑土，绸缪牖户。今女下民，或敢侮予？"孔子称赞说："作这首诗的人，真是懂得道啊！能治理好他的国家，谁还敢欺侮他呢？”国家如果闲暇无事，就及时寻欢作乐，怠惰傲慢，这就是自找灾祸啊。灾祸与福佑，没有不是自己找来的。《诗·大雅·文王》上说：“永言配命，自求多福。”《尚书·太甲》上说：“天作孽，犹可违；自作孽，不可活。”就是说的这个道理。

孟子这段话讲了两层意思，第一层意思是“仁则荣，不仁则辱”。君主推行仁政，就能治理好国家，国家治理好了，这本身就是荣光；其他国家不敢侵犯，这就是没有耻辱。如何施行仁政？孟子的回答是“贵德而尊士，贤者在位，能者在职”“明其政刑”。第二层意思是要及时施行仁政，要趁国家闲暇无事，及时明其政刑，这是自求其福；与此相反，如果在国家闲暇无事时追求“般乐怠敖”，这是自求其祸。自求其福，倘若出现变故，还可以求得自保；自求其祸，则是“自作孽，不可活”了。总而言之一句话，君主如果不主动施行仁政，谁也救不了你，只能自取其辱，坐等亡国亡家亡身了。

孟子认为，当天下有道、秩序正常之时，道德低的受道德高的役使，才智少的受才智多的役使；当天下无道、秩序混乱时，力量小的受力量大的役使，势力弱的受势力强的役使。这两种情况，符合天理。顺从天理的就生存，违逆天理的就灭亡。孟子举例说，譬如齐景公哭着把女儿嫁到吴国去时说：“我既不能命令别人，可又不愿听从别人命令，这样就会与别国断绝了关系。”所以不得不把女儿嫁给吴王阖闾。现在也是小国效法大国，却又耻于接受大国命令，这就好比学生耻于接受老师的命令一样，如果小国真的感到耻辱，那就不如效法文王。效法文王，大国不出五年，小国不出七年，一定能在天下掌权。《诗·大雅·文王》上说：“商之孙子，其丽不亿。上帝既命，侯于周服。侯服于周，天命靡常。殷士肤敏，祼（guàn，祭礼）将于京。”所以孔子说：“仁的力量，不在于人多。国君爱好仁德，就能天下无敌。”现在有人想无敌于天下而又不肯施行仁政，这就像热得受不了而又不肯洗澡一样。《诗·大雅·桑柔》上说：“谁能执热，逝不以濯？”用冷水来冲洗，就是施行仁政。

孟子认为，即使有唐尧、虞舜的才能，如果不施行仁政，也不能使天下太平。同样，如果只是有了仁爱之心和仁爱的名声，百姓却没有受到他的恩泽，也不能被后世效法，因为他没有实行先王之道。所以说，光有善心不足以搞好政治，光有好的法度也不会自动实行。《诗·大雅·假乐》上说："不愆不忘，率由旧章。"遵循先王的法度而犯错误，这是从来没有的事情。圣人竭尽目力，接着就用圆规、曲尺、水准器、墨线，来制作圆的、方的、平的、直的东西，这些东西就受用不尽了；圣人竭尽耳力，接着用六律来校正五音，五音就运用无穷了；圣人竭尽心思，接着又施行仁德，仁德就遍布天下了。所以说，筑高一定要凭借山陵，挖深一定要凭借河泽。执掌国政不凭借先王之道，能说得上是聪明吗？因此，只有仁人才应该处在高位。不仁的人处在高位，这会使他把邪恶传播给众人。在上面的不依照义理度量事物，在下面的不用法度约束自己，朝廷不信仰道义，官吏不信仰法度，君子触犯理义，小人触犯刑律，这样国家还能生存的，只是由于侥幸罢了。所以说，城池不坚固，军队不够多，不是国家的灾难；土地没有扩大，财富没有积聚，不是国家的祸害。在上的不讲礼义，在下的不学礼义，作恶的百姓日益增多，国家灭亡就没有几天了。《诗·大雅·板》上说："天之方蹶，无然泄泄。""泄泄"，就是说话放肆随便。侍奉君主不讲义，一举一动不合礼，张口就诋毁先王之道，这就是放肆随便。所以说，责求君王施行仁政，这叫恭敬；向君主陈述好的意见，堵塞他的邪念，这叫尊重；认为君王不能行善而不劝谏，这叫坑害君王。

在《孟子·尽心》篇上，孟子有一段话，表现了儒家学说"爱有差等"的思想："君子对于万物，可以用爱惜的态度，但无须施之于仁爱；对于百姓，施之于仁爱但无须视作亲人。"君子正确的做法是："首先要亲近亲人，进而把仁德施之于百姓；把仁德施之于百姓，进而爱惜万物。"

孟子还要求臣子也要效法尧舜，他说：圆规、曲尺，是圆和方的最高标准；圣人，是做人的最高典范。要想成为好的君主，就要尽到做君主的道；要想成为好的臣子，就要尽到做臣子的道。两者都效法唐尧、虞舜就行了。

不用虞舜侍奉唐尧的态度来侍奉君主，就是不敬重他的君主；不用唐尧治理百姓的方法来治理百姓，就是残害他的百姓。孔子说："治国的方法只有两条，就是仁政和暴政罢了。"对百姓太残暴，就会自身被杀，国家灭亡；即使不太残暴，也会自身危险，国家削弱，死后被加上"幽""厉"这类恶谥，即使他有孝顺的子孙，一百代也无法更改了。《诗·大雅·荡》上说："殷鉴不远，在夏后之世。"说的就是这种情况。

"殷鉴不远，在夏后之世。"前事不忘，后事之师。君主施行仁政，是国家繁荣昌盛、人民安居乐业的保障；君主施行暴政，百姓深受其害，国家必然灭亡，君主自身也会家破人亡。——这就是孟子仁政学说对君主的告诫。

浩然之气，是孟子倡导的君子人格，或者说是孟子倡导的大丈夫人格。孟子承袭和发扬了孔子的理想人格思想，同时吸纳了春秋战国时期其他学术流派的哲学思想，提出了"浩然之气"这一全新的理论。孟子将"浩然之气"作为理想人格的一种表现特征，认为其是君子、大丈夫人格气质的外露。

在儒学创始人孔子那里，理想人格莫过于仁德君子。君子具有智、仁、勇三种品格："知者不惑，仁者不忧，勇者不惧"。君子始终追求仁道，并愿意为仁道而献出生命："朝闻道，夕死可矣。"君子见利思义："富而可求也，虽执鞭之士，吾亦为之。如不可求，从吾所好。""不义而富且贵，于我如浮云。"君子不为贫困担忧，身处贫困能做到贫而乐："饭疏食饮水，曲肱而枕之，乐亦在其中矣。""贤哉，回也！一箪食，一瓢饮，在陋巷，人不堪其忧，回也不改其乐。贤哉，回也。"君子不惧颠沛流离，即使身处困穷险境也能坚持自己的理想，坚持自己的道义，坚持自己的正固："见危授命。""岁寒，然后知松柏之后凋也。""君子固穷，小人穷斯滥矣。""三军可夺帅也，匹夫不可夺志也。"

曾子作为孔子儒学思想的传承人，对君子人格也有自己的思考和阐发："可以托六尺之孤，可以寄百里之命，临大节而不可夺也。君子人与？君子人也。”“富以苟，不如贫以誉；生以辱，不如死以荣。辱可避，避之而已矣；及其不可避也，君子视死若归。”“不得志，不安贵位，不博厚禄；负耜而行道，冻饿而守仁，则君子之义也。”“君子直言直行，不宛言而取富，不屈行而取位。”“君子不假贵而取宠，不比誉而取食。直行而取礼，比说而取友。”

在曾子那里，“士”成为最理想化的人格：“士不可以不弘毅，任重而道远。仁以为己任，不亦重乎？死而后已，不亦远乎？”有志向的士人不可以不心胸开阔博大，不可以不坚强而有毅力，因为他肩负的社会责任十分重大，然而实现自己理想的路途却十分遥远。把实现仁德作为自己的责任，难道不是很重大的事情吗？奋斗到死才罢休，难道实现这个理想的奋斗路程不是很遥远的吗？

曾子中年在卫国居住十年，庄子在其《让王篇》记述了曾子在卫国生活的窘况：“曾子居卫，缊袍无表，颜色肿哙（kuài），手足胼胝（pián zhī，老茧）。三日不举火，十年不制衣，正冠而缨绝，捉衿而肘见，纳屦而踵决。曳縰（yè xǐ，拖着束发的布帛）而歌《商颂》，声满天地，若出金石。天子不得臣，诸侯不得友。”特别是“天子不得臣，诸侯不得友”这十个字，凸显了曾子清冷高傲、不慕权贵的品格。

子思作为曾子的弟子，继承了曾子清冷高傲的品格，其理想化的人格状态更为凸显：“道伸，吾所愿也。今天下王侯，其孰能哉？与屈己以富贵，不若抗志以贫贱。屈己则制于人，抗志则不愧于道。”“夫清高之节，不以私自累，不以利烦意。择天下之至道，行天下之正路。”“大非所病，所病不大也。凡所以求容于世，为行道也；毁道以求容，何行焉？大不见容，命也；毁大而求容，罪也。吾弗改矣。”“体道者逸而不穷，任术者劳而无功。古之笃道君子，生不足以喜之，利何足以动之？死不足以禁之，害何足以惧之？故明于死生之分，通于利害之变，虽以天下易其胫毛，无所概于志矣。”

一部《孟子》七篇，有87处提到孔子（含6处仲尼），有22处提到曾子，16处提到子思，在这些相关章句中，孟子对孔子、曾子、子思的君子人格极为欣赏和推崇。譬如，孟子推崇孔子的志向远大：“孔子登东山而小鲁，登太山而小天下。故观于海者难为水，游于圣人之门者难为言。”孔子登上了东山，觉得鲁国变小了；登上了泰山，觉得天下变小了。所以，看过大海的人，就难以被别处的水吸引了；在圣人门下学习的人，就难以被别人的言论吸引了。

图 29　孔子小天下处（陆育明/摄）

孟子引述曾子之言阐述自己对仁德道义的理解：“晋楚之富，不可及也。彼以其富，我以吾仁；彼以其爵，我以吾义，吾何慊（qiàn）乎哉？”晋国、楚国的财富，没有谁能比得上。不过，他们凭借财富，我凭借我的仁德；他们凭借爵位，我凭借我的道义，我又有什么可以遗憾的呢？

孟子和弟子万章探讨子思的人格志向——千乘之国不可以友士，并揣测子思的想法讲述其中道理：“以位，则子，君也；我，臣也；何敢与君友也？以德，则子事我者也，奚可以与我友？”论地位，那么你是国君，我是臣子，我作为臣子怎么敢跟国君交朋友呢？论道德，那么你即使贵为一国之君主，也应该把我当老师侍奉，这又怎么可以说与我交朋友呢？

孟子曾向齐国大夫景子（景丑氏）讲述君主“必有所不召之臣”的道理：“天下有达尊三：爵一，齿一，德一。朝廷莫如爵，乡党莫如齿，辅世长民莫如德。恶得有其一以慢其二哉？故将大有为之君，必有所不召之臣；欲有谋焉，则就之。其尊德乐道，不如是，不足与有为也。故汤之于伊尹，学焉而后臣之，故不劳而王；桓公之于管仲，学焉而后臣之，故不劳而霸。”

天下普遍看重的东西有三样：爵位，年纪，道德。在朝廷里，没有比爵位更尊贵的；在乡里，没有比年龄更尊贵的；辅助百姓、管理百姓，没有比道德更尊贵的。怎么能有了一种（爵位）而轻视另外两种（年纪、道德）呢？所以想要有大作为的君主，必定有他不能召见的臣子，要有事情商议，那就应该亲自前去请教。如果他不是这样诚心实意地崇尚道德，喜爱仁义，就不值得同他一起做事，就不可能同他一起做成大事。曾子“天子不得臣，诸侯不得友”的君子人格，与孟子“不足与有为也”的大丈夫气概，可以说是一脉相承，如出一辙。

孟子作为一代儒学大师，十分注重君子人格的修养和塑造。孟子认为，世界上最可宝贵的东西是内在于每个人自身的，这就是人的道德品质和精神境界，这些精神财富的价值远远高于人外在的物质财富和权力地位。孟子认为作为一个人就应该立大志，把不能与圣人相比当作“终身之忧”，然后要有坚强的毅力、百折不挠的精神去实现这个志向。依此价值标准，孟子对他所追求的“大丈夫”的理想人格作了精辟的描述：“富贵不能淫，贫贱不能移，威武不能屈，此之谓大丈夫。”孟子这一格言对于塑造中华民族的精神品格起到了不可估量的作用，尤其对中国历代优秀知识分子的性格塑造，更是起到了直接而深远的作用。

孟子认为，“大丈夫”应该有高尚的气节，他们立足于仁义礼智，绝不向权势低头，绝不无原则地顺从。他们自信正义在自己手中，哪怕是万贯资财、高官厚禄，也不能玷污大丈夫的气节；哪怕是贫困潦倒，置身于最低贱的地位，也不会改变自己的志向；哪怕是面对千军万马，泰山压顶，也毫不畏惧，毫不退缩，毫不屈服。

孟子认为，“大丈夫”要有崇高的精神境界——“浩然之气”。学生公孙丑曾当面问孟子什么是“浩然之气”，孟子或许是出于谦虚，或者是自己也感到说不清楚，在回答这个问题之前，用了“难言也”三个字。但他接着对浩然之气作了一番详尽的描述：“其为气也，至大至刚，以直养而无害，则塞于天地之间。其为气也，配义与道；无是，馁也。是集义所生者，非义袭而取之也。行有不慊（qiè）于心，则馁矣。”浩然之气用一句话很难说明白。这么说吧，它作为一种气，应该是极为磅礴而又无比刚强的，如果用正确的方法去培养它，不使它受到损害，那么它将会充盈于天地宇宙之间。同时，它作为一种气，需要有正义和天道相配合。如果没有正义和天道的支撑，它就会疲软下来。这是因为它是凭借正义的日积月累才渐渐产生的，而不是靠偶尔的正义行为就可以获得的。人的行为一旦有一点不符合正义和天道的地方，这种气马上就会疲软无力了。

我们可以把“浩然之气”理解为受理想信念指导的情感和意志相混合的一种心理状态或精神境界，这是一股凛然正气，是对自己行为的正义性的自觉，具有伟大的精神力量。孟子认为，一个人只要有了这种“浩然之气”，就可以称得上是顶天立地的“大丈夫”了。

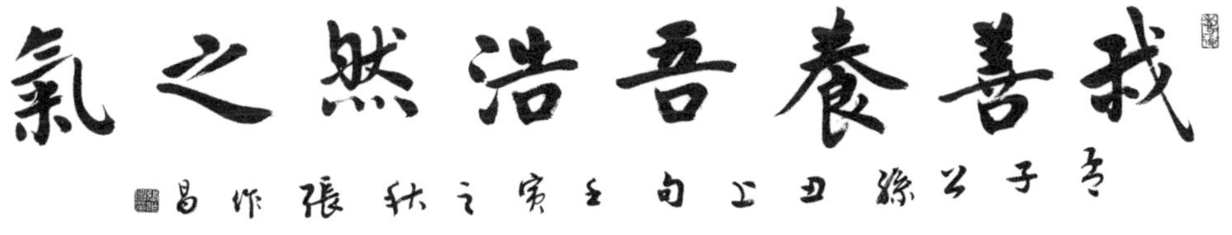

图 30　我善养吾浩然之气（张作昌/书）

孟子当仁不让，说自己“善养吾浩然之气”，慨然以“大丈夫”自居。那么怎么培养自己的浩然之气呢？孟子认为第一要“持志养气”。孟子说：“夫志，气之帅也；气，体之充也。夫志，至焉；气，次焉。故曰：‘持其志，无暴其气。’”志，即人的志向或信念追求，是气的统帅；气，就充塞在人的身体内部。只要意志信念到达的地方，气自然就会跟着到达。所以说，要坚守自己的理想信念，不要凭意气感情用事。所谓持志，就是要坚持崇高的志向。一个人有了志向与追求，他就会有相应的“气”——精神状态。所以孟子要求士人必须“尚志”。

志与气又是密切相连、互为因果的：“志壹则动气，气壹则动志。”心志专一就能调动意气，意气专一也能触动心志。譬如那些跌倒和奔跑的人，看起来只是体气的运动，但这种运动坚持下去反过来就会使他的心志受到触动。孟子把“配义与道”看作“养气”的方法：一方面有志于道，坚定不移；另一方面要行每一件应行之事，也就是“集义”。明道不移，集义既久，浩然之气就自然而生，所以人的精神境界是靠“养”出来的，是靠一件件平平常常的善言善行积累起来的。只要做一件愧对天地良心的事，这种浩然之气就与你无缘了。

培养浩然之气，第二要“动心忍性”。所谓“动心忍性”，就是要坚守自己的理想信念，不顾外界阻力，坚持下去。也就是要加强意志锻炼，尤其是要在逆境中得到磨砺。孟子说：“天将降大任于是人也，必先苦其心志，劳其筋骨，饿其体肤，空乏其身，行拂乱其所为，所以动心忍性，曾（增）益其所不能。”上天将要把重大使命放到这个人的肩上，一定先要磨砺他的心性意志，劳累他的筋骨，饥饿他的肠胃乃至体肤（使其身体受到损害），穷困疲乏他的身体，使他所做的事情总是受到各种干扰搅乱。这是为了撼动他的心志，坚韧他的性格，以增加他原来所不具备的能力。

孟子认为，人的聪明才智得之于艰苦的磨炼，环境越是恶劣，对人的造就就可能越大。孟子列举了历史上“舜发于畎（quǎn）亩之中，傅说举于版筑之间，胶鬲举于鱼盐之中，管夷吾举于士，孙叔敖举于海，百里奚举于市”等事例，来说明这个深刻的哲理。孟子还说：“人之有德慧术知者，恒存乎疢（chèn，热病）疾。独孤臣孽子，其操心也危，其虑患也深，故达。”“人恒过，然后能改；困于心，衡于虑，而后作；征于色，发于声，而后喻。入则无法家拂士，出则无敌国外患者，国恒亡。然后知生于忧患而死于安乐也。”

一些人之所以有德行、聪明、技巧和知识，往往是由于他们处于灾患危难的处境当中。只有那些被君主孤立的臣子和庶出的子女，他们因为地位低下总是提心吊胆，考虑忧患比较长远，所以比较能够通达事理人情。一个人常有过失，才能改正；心志遭困厄，思虑被阻塞，才能发奋有为；表露在脸色上，抒发在言语中，才能让人们了解。一个国家如果国内没有执法的大臣和辅佐君主的士人，国外没有势均力敌的国家和外患的威胁，这个国家就可能会灭亡。了解这些，就能明白忧患中能获得生存，安乐中会招致灭亡的道理了。

培养浩然之气，第三要"存心养性"。所谓"存心养性"，就是要保存赤子之心，修养善良之性。虽然人生来就有仁义礼智的善端，但善端要形成实实在在的善性善行还需要存养和扩充。孟子认为，存心养性的障碍来自人的耳目之欲。这些被他称为"小体"的感官不具备理性，因此易受外物引诱而陷入歧途。所以孟子主张寡欲，"养心莫善于寡欲"。一个人欲望很少，那么善性虽有所丧失，但也很少；反之，如果一个人欲望很多，那么善性虽有所保存，但也不多。要真正做到寡欲，就必须发挥人的"大体"（心之官）——理性思维的作用。

存心养性，应当从细微处入手，以小见大，由近及远，格物致知。孟子认为，礼为一切事物的根本，是生活和行动的准绳；仁是道德的根本，是精神培养的目标，所以"以虚养心，以德养身，以仁养天下万物，以道养天下万世"。心性的存养，应当从性情上培养感化，增强涵养；从思想上提醒振作，经常省察；从气质上熔化锻炼，自我克制。做到这些，就能达到儒家所说的"存养省察"之境界了。

培养浩然之气，第四要"不动心"。"不动心"源于孟子与公孙丑的一次对话。公孙丑问孟子，如果齐君任用孟子为卿相而得行其道，孟子会"动心否乎"？孟子的回答是："我四十不动心。"

公孙丑问孟子，不动心有方法吗？孟子用北宫黝（yǒu）、孟施舍"养勇"说明"不动心"之区别。北宫黝"不肤桡，不目逃，思以一豪挫于人，若挞之于市朝；不受于褐宽博，亦不受于万乘之君；视刺万乘之君，若刺褐夫；无严诸侯，恶声至，必反之”；孟施舍“视不胜犹胜也；量敌而后进，虑胜而后会，是畏三军者也。舍岂能为必胜哉？能无惧而已矣”。然后做出比较：“孟施舍似曾子，北宫黝似子夏。夫二子之勇，未知其孰贤，然而孟施舍守约也。”

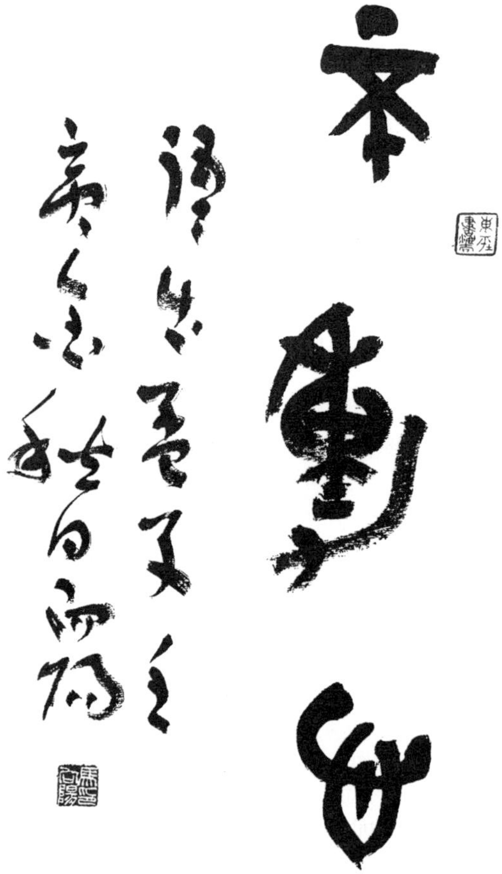

图 31 不动心（马向阳/书）

孟施舍如何“守约”？孟子引用曾子与子襄的对话，说明孟施舍“养勇”实际是“守气”，即凭借一股无所畏惧的勇气，不论对手强弱，都有必胜的信念；而曾子所讲的“好勇”“大勇”，则是“自反而不缩，虽褐宽博，吾不惴焉；自反而缩，虽千万人，吾往矣”。

从孟子的讲述中可以看出，曾子“守约”，守的是“自反”，这个“自反”得之于夫子。由此而言，曾子“守约”，也即孔子“守约”，更是孟子所坚持的“守约”。

由此我们就可以明白孟子的“不动心”之道，那就是遇到任何事情，做任何事情，面对任何人，君子所要做的，就是先看是不是符合道义。如果符合道义，就无所惧怕，就勇敢面对，就坚持前行。这就是“大勇”，这就是“养勇”“守约”的正确途径。

培养浩然之气，第五要“反身而诚”。“反身而诚”，一解为诚心诚意地反躬自问，一解为深刻反省自己，是不是做到诚实无欺。两种解读实际上可以合二为一，即诚心实意地反躬自问，深刻检查自己是不是诚实无欺，或者说自己是不是做到了诚善。

“反身而诚”出自《孟子·尽心上》第四章，原文为“万物皆备于我矣。反身而诚，乐莫大焉。强恕而行，求仁莫近焉”。意思是在我心中，或者说我自身早已具备万事万物的自然法则。如果我能做到诚心诚意反躬自问，那就没有比这更让人快乐的了。如果能按推己及人的恕道去做，那么达到仁德的道路就没有比这再近的了。

“万物皆备于我”，这句话被一些学者机械地理解为世上万事万物都具备在人的身上，这种理解用通俗的话说就是“身外无物”。身外无物，这无疑是唯心主义的东西。也有学者把这句话理解为“万物之理皆在我心”，只要在心中寻求，就可以了解宇宙万物的道理。这仍然属于唯心主义的范畴。

其实，孟子这里所说的万物，就是万物所具有的善性，就是孟子所追求强调的“仁义”。《周易》乾卦卦辞“元亨利贞”，元亨利贞既是天性，也是人性。寻找自身“仁义”天性，其方法就是反身而诚，就是强恕而行。诚心诚意反躬自问，让人感受到的是无比的快乐；修身养德推己及人，这就是达到仁德最快捷的道路。

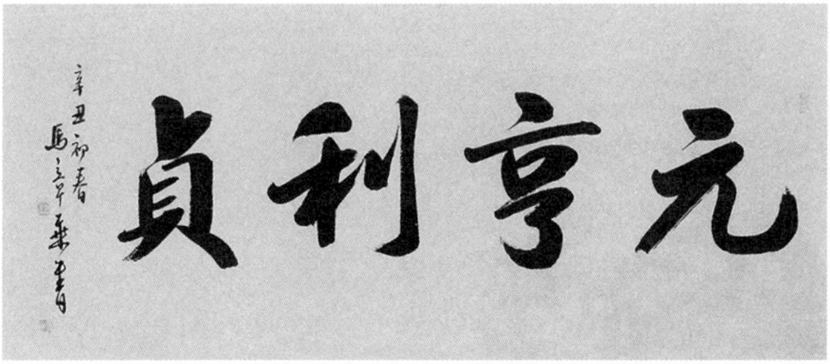

图 32　元亨利贞（马章乘/书）

每一个人自身早已具足万物之诚善，这是天地合一的境界。向内探求至诚之道，就是最大快乐；强恕求仁，是对外，涉及他人与社会。从这个意义上说，孟子这句话体现的就是一种充满主体意识、乐观向上的心态，就是一种君子为人处世的正确方法。

培养浩然之气，第六要“反求诸己”。“反求诸己”与“反身而诚”既有联系又有区别。孟子所谓“反求诸己”，强调的是如果做事达不到预定的目标，不要怨怪别人，要回过头来从自己身上找到问题的症结。反求诸己的根本在于“厚于责己”。孟子说：“爱人不亲，反其仁；治人不治，反其智；礼人不答，反其敬。行有不得者皆反求诸己，其身正而天下归之。”你爱护别人但是人家不和你亲近，就要反省一下自己的仁爱是不是深厚；你管理别人但是人家却不服从你，就要反省一下自己的才智是不是欠缺；你很有礼貌地对待别人，但是人家却没有什么反应，就要反省一下自己的敬意是不是真诚。任何行动如果没有取得应有的结果，都要反过来认真检查一下自己。只要自己本身端正了，天下人民就会归顺你了。所以《诗·大雅·文王》上说：“永言配命，自求多福（永远修德以符合天命，自然就会求得福禄安康）。”

总之，凡事须严于律己，时时反思并且“乐取于人以为善”。做到这些，就会有很高的修养，就达到很高的精神境界了。孟子说：“大舜有大焉，善与人同，舍己从人，乐取于人以为善。自耕稼、陶、渔以至为帝，无非取于人者。取诸人以为善，是与人为善者也，故君子莫大乎与人为善。”大舜愿和别人共有好品德，抛弃缺点，学人长处，乐于吸取别人的优点来修养自己的品德。舜从当农夫、陶工、渔夫，直到成为天子，没有哪一点长处不是从别人那里学来的。吸取众人的长处来修养自己的品德，就是与别人一起修养品德。所以，君子所作所为没有比帮助别人培养好的品德更伟大的了。“与人为善”首先要做到有过改过，无过也乐于学习别人长处；进而要“善与人同”，积极为善，并偕同别人一道为善。这种虚心向别人学习，互相帮助，共同进步的思想，在今天仍不失其借鉴意义。

培养浩然之气，第七要循序渐进，切忌“揠苗助长”。孟子在回答公孙丑“何谓浩然之气”时，还讲述了一个宋国人“揠苗助长”的故事：“必有事焉，而勿正，心勿忘，勿助长也。无若宋人然：宋人有闵其苗之不长而揠之者，芒芒然归，谓其人曰：‘今日病矣！予助苗长矣！’其子趋而往视之，苗则槁矣。天下之不助苗长者寡矣。以为无益而舍之者，不耘苗者也；助之长者，揠苗者也——非徒无益，而又害之。”

培养浩然之气一定要用心去做，但不要总想着结果（是不是正）；一定要把培养浩然之气放在心上，但不要刻意助其快速成长。不要学那个宋国人的样子。宋国有一个担心禾苗生长不快而去把它拔高的人，一天疲倦无神地回到家里，对家人说：“今天真把我累坏了！我去帮助禾苗一下子长高了！”他儿子赶快跑到地里，一看，禾苗都已经枯槁了。孟子讲完这个故事评论说，其实天下不帮助禾苗生长的人是很少的。认为培养浩然之气没好处而放弃不做的，就是种庄稼不锄草的懒汉；违背规律急于“帮助”生长的，就是拔苗助长的人。揠苗助长，对培养浩然之气非但没有好处，反而会对浩然之气造成最大的伤害。

儒学创始人强调才德修身，推崇理想人格，用庄子的话来解释就是“内圣”的过程。入世、进取是孔子儒学思想最突出的特征，用庄子的话来解释就是“外王”的过程。能够做到“内圣外王”，这才是儒家创始人所倡导、所推崇的最完整、最完美的理想人格。

“内圣”是君子自身的才德修炼，无须依赖外部环境；“外王”则要考量外部环境，主要是看“时”“势”两个方面。用孔子的话说就是要看天下有道无道，天下有道则见，天下无道则隐。天下无道，就是《周易》否卦卦象，“天地不交，否”，当此时，君子应“以俭德辟难，不可荣以禄”。

《周易》乾卦初九爻辞为“潜龙勿用”。“潜龙勿用”主要从两个方面理解：第一，一个人在才德不够的时候，就要潜心修炼，不断提升自己；第二，一个人虽然才德具足，但是在外部环境等条件不具备的情况下，要待时而用，待势而用。

孟子对儒家创始人倡导的君子人格和入世进取精神，对周文王姬昌所作的《周易》和孔子所作的《易传》都有深刻的理解，并由此概括出一句精辟的人生格言，这就是“穷则独善其身，达则兼善天下”。

图 33　潜龙勿用（马向阳/书）

孟子这句人生格言可谓石破天惊，正气凛然，内涵丰厚，影响深远。秦汉以降，多少仁人志士用这句话激励自己，在贫困中坚忍不拔，卓尔不群；在显达时不忘民生疾苦，不忘责任担当。

从本章文字叙述我们可以看出，孟子所构建的理想人格是对孔子、曾子、子思理想人格全面的继承和深化。特别是“浩然之气”的提出，反映了孟子对人类精神生活的理解和体会，同时为后世提供了一个能够矢志追求的理想人格模式，并指出了一条通向儒家理想人格的途径。浩然之气在历史上曾对中华民族仁人志士起过巨大的精神激励作用，以至于有人说：“懂得了这个词汇，才可以懂得中国文化和中华民族的精神。”

第四章

设教授徒　初游齐国

自从孔子首倡私学，创立儒家学说以后，设教授徒成为战国时期诸子百家宣传自己思想的重要手段。孟子作为儒家学者，对设教授徒更是情有独钟。他非常重视培养贤才，认为“以天下与人易，为天下得人难”，“尊贤使能，俊杰在位”是国家富强的根本，“不信仁贤，则国空虚”。一个国家，只有尊贤任贤，人才济济，才能兴旺发达，国富民安。

孟子曾说过一句让天下教师都视为知己知音的话，叫作“得天下英才而教育之，三乐也”。这句话的原文是：“君子有三乐，而王天下不与存焉。父母俱存，兄弟无故，一乐也；仰不愧于天，俯不怍（zuò）于人，二乐也；得天下英才而教育之，三乐也。君子有三乐，而王天下不与存焉。”（《孟子·尽心上》）

图 34　得天下英才而教育之，三乐也（李维定/绘）

孟子这句话意思是说：“君子有三种乐趣，但称王治理天下不在其中。

父母都健在，兄弟平安无病无灾，这是第一大快乐；抬头无愧于天，低头无愧于人，这是第二大快乐；得到天下优秀的人才对他们进行教育，这是第三大快乐。君子有这三种乐趣，而称王治理天下不在其中。”

这三种乐趣，简单来说就是一乐家庭平安，二乐心地坦然，三乐教书育人。特别值得提出的是，社会上有学识的士人多热衷于做官从政，而孟子却两次强调“王天下不与存焉”。在孟子这里，称王治理天下尚不在人生快乐之中，那么公卿大夫在孟子这里，根本算不上什么可值得荣耀的。孟子的士人清高由此可见，这种清高，可以说和曾子、子思一脉相承。这种清高，对中国知识分子傲骨的形成，其影响可谓深远。

宋代学者朱熹在《四书集注》中为孟子这句话作注时，分别对三乐做了解释。第一，“父母俱存，兄弟无故”，朱熹解释为“此人所深愿而不可必得者，今既得之，其乐可知”。孟子自己三岁丧父，没有兄弟姐妹，君子“父母俱存，兄弟无故”这一乐，从教条死板的理解看，孟子可以说是无缘。但孟子有教自己成才的母亲，这一乐应该说当之无愧。第二，“仰不愧于天，俯不怍于人”，朱熹引程子的话“人能克己，则仰不愧，俯不怍”。程颐认为，“仰不愧于天，俯不怍于人”的前提是“克己”，克己就是要战胜自己的欲望，坚定自己的志向。孟子作为“富贵不能淫，贫贱不能移，威武不能屈”的大丈夫，这一乐可谓当之莫属。第三，“得天下英才而教育之”，朱熹解释说：“尽得一世明睿之才，而以所乐乎己者教而养之，则斯道之传得之者众，而天下后世将无不被其泽矣。圣人之心所愿欲者，莫大于此。今既得之，其乐为何如哉！”朱熹这句注释给育人君子提出更高的要求，那就是传道，传道必先存道，君子其努力矣！

对于君子三乐，朱熹引用林氏的话说：“此三乐者，一系于天，一系于人，其可以自致者，惟不愧不怍而已。”这就是说，一乐取决于天意，三乐取决于他人，只有第二种快乐才完全取决于自身。因此，我们自身应当努力争取的主要在于这第二种快乐，因为它是属于“求则得之，舍则失之，是求有益于得也，求在我者也”的范围，而不是“求之有道，得之有命，是求无益于得也，求在外者也”（《孟子·尽心上》）的东西。东晋时期的陶渊明以此典故写出“俯仰终宇宙，不乐复何如”的诗句，表现出“俯仰无愧，君子本色；君子之乐，莫过于此”的高尚情怀和博大胸襟。

孟子言行一致，他在学成之后，并没有急于向邹国君主和其他各国诸侯自荐，以求谋得一官半职，而是寻找地方各界支持，在因利渠畔建起了一座新的学堂，广收门徒，目的在于培养一大批能够帮助他实现理想抱负的有为人才。由于孟子的学问高深，所以他和儒学创始人孔子一样，所收学生很大一部分不是需要启蒙教育的儿童，而是有一定文化程度、有一技之长或善于独立思考的青少年。在这个意义上说，孟子的教育方式很像今天的成人教育。

孟子从设帐授徒到出游列国，前后近 20 年的时间，他培养的学生除去中途因学有所成出去做官或其他原因离去者，到他教学最盛时已是“后车数十乘，从者数百人”。在这数百甚至上千名学生中，真正留下姓名和点滴事迹的不过 20 人左右，其中可考者只有 13 人见于《孟子》一书。后世被封谥、享祀于孟庙者共有 18 人。

图 35　孟子课徒图（佚名/绘）

他们分别是：先贤乐正子，复姓乐正，名克，鲁国人，在孟庙亚圣殿陪祀；先贤公孙子，复姓公孙，名丑，齐国人，从祀孟庙，位设东庑之首；先贤万子，姓万，名章，齐国人，从祀孟庙，位设西庑之首；先贤公都子，复姓公都，其名不显，疑为楚人，从祀于孟庙，牌位设在东庑；先贤陈氏，姓陈，名臻，齐国人，从祀于孟庙，牌位供在东庑；先儒陈氏，姓陈，名代，里籍不详，从祀孟庙，牌位供在东庑；先儒屋庐氏，复姓屋庐，名连，任国人，从祀孟庙，牌位供在东庑；先儒高氏，姓高，一名高齐，齐姜太公（吕尚）之后，食采邑于高，因以为姓氏，从祀孟庙，牌位设在东庑；先儒孟仲子，姓孟，名仲子，邹人，从祀孟庙，牌位设在西庑；先儒充氏，姓充，名虞，出自周官充人之后，以官为氏，从祀孟庙，牌位设在西庑；先儒徐氏，姓徐，名辟，邹国人，从祀孟庙，牌位设在西庑；先儒彭氏，姓彭，名更，《广韵》注解称“彭氏，大彭之后”，从祀孟庙，牌位设在西庑；先儒咸丘氏，复姓咸丘，名蒙，齐国人，从祀孟庙，牌位设在西庑；先儒桃氏，姓桃，名应，邹人，从祀孟庙，牌位设在西庑；先儒季孙氏，复姓季孙，名不详，鲁国人，从祀孟庙，牌位设在西庑；先儒子叔氏，复姓子叔，名疑，鲁公族叔孙氏之后，从祀孟庙，牌位设在西庑；先儒浩生氏，复姓浩生，名不害，齐国人，从祀孟庙，牌位设在东庑；先儒盆成氏，复姓盆成，名括，从祀孟庙，牌位设在东庑。除孟子 18 位弟子从祀孟庙，历史上被供奉在孟庙陪享从祀的，还有韩愈、孔道辅、钱唐、孙奭四人。

孟子是中国历史上第一个提出“教育”一词的人。作为一代儒学大师，孟子在教育目的、教育内容、教育方式和教学方法上，都从实践深度与理论高度上进行了深刻的观察和思考，并提出了独到的见解。

孟子总结夏商周三代办学历史，第一次明确地概括出中国古代学校教育的目的在于“明人伦”，同时说明了教育就是通过实现“明人伦”来为政治服务的：“设为庠序学校以教之。庠者，养也；校者，教也；序者，射也。夏曰校，殷曰序，周曰庠；学则三代共之，皆所以明人伦也。人伦明于上，小民亲于下。有王者起，必来取法，是为王者师也。《诗》云：‘周虽旧邦，其命惟新。’文王之谓也。”

孟子劝说统治者要重视教育，设立庠序学校等各级教学机构来教导百姓。所谓“庠”，就是教养的意思；所谓“校”，就是教导的意思；所谓

“序”，就是实物教育的意思。地方政府办的小学教育，夏代称作“校”，商代称作“序”，周代称作“庠”；所谓“学”就是中央办的大学教育，夏商周三代共用这个名称。兴办这些学校都是用来教人懂得伦理关系的。在上位的人明白了伦理关系，百姓在下自然就会相亲相爱。统治者只要这么做了，如果有圣明君主出现，那么他必然会来学习效法的，这样先兴办庠序学校的人，就成了圣明君主的老师了。

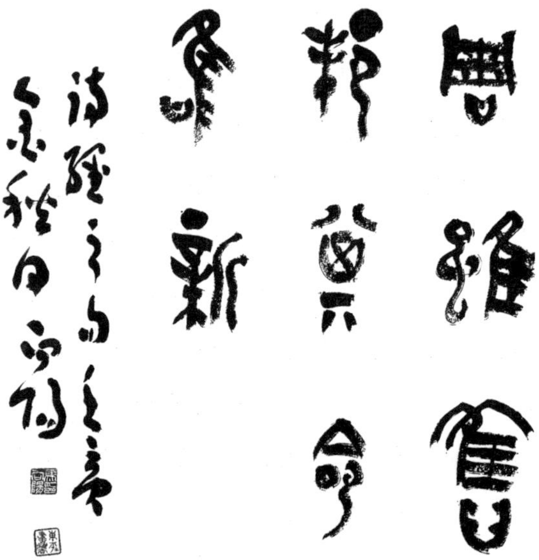

图 36　周虽旧邦，其命惟新（马向阳/书）

孟子在这里讲的所谓“人伦”就是“人道”，通俗解释就是做人的道理。在孟子看来，“人伦”是人类的本质表现，也表现了人类生活所独有的特点。具体说来，“人伦”包含五对关系：“父子有亲，君臣有义，夫妇有别，长幼有叙，朋友有信。”后世把这五种关系概括为“五伦”。“五伦”体现了中国古代社会的宗法伦理关系，为人们所普遍接受。在“五伦”中，孟子尤重父子——孝、兄弟（长幼）——悌这两种关系，并以此为中心，建立了一个道德规范体系“五常”，即仁、义、礼、智、信。仁，事父母；义，从兄长；智，明白以上两者的道理并坚持下去；礼，孝悌在礼节上的表现；信，遵照这四者的道理老老实实地去做。五者都做到了，快乐就产生了。快乐一产生就抑制不住，抑制不住，就会不知不觉地手舞足蹈起来。

孟子之所以重视孝悌，又尤重孝，认为“不得乎亲，不可以为人”，是因为他希望把国家的统一、理想政治的实现，建立在血缘宗法关系的基础之上，而孝道就是固结宗法关系的纽带。他认为，君主如果以孝治国，“老吾老以及人之老，幼吾幼以及人之幼”，那么“天下可运于掌”，否则连家也难保。一些人的糊涂之处就在于，道路就在眼前，却向远处去寻找；事情本来很容易，却找难的去做（道在迩而求诸远，事在易而求诸难）。孟子认为，治国理政其实非常容易，只要做到人人爱父母、敬长辈，天下就会太平。

孟子重视教育对社会安定富强的作用，认为仁德的言辞不如仁德的声望更能深入人心，良好的政治不如良好的教育更能获得民心。“善政，民畏之；善教，民爱之。善政得民财，善教得民心。”政治良好固然能够使社会安定富足，但老百姓感到的是敬畏而不是从内心服从；而良好的教育，老百姓就非常乐于接受它。所以良好的政治虽然能聚敛到百姓的财富，但不如良好的教育更能赢得老百姓真心的拥护。

孟子认为，善政不如善教，即善于法治不如善于德治，这就是“善政不如善教之得民也”。在孟子看来，善政，就是善于制定和执行法度禁令，善于对民众用法令制度进行统治和管理，即施行法治。善教，就是用道德齐礼，以格民心，通过教化提高民众的道德素质，亦即施行德治。孟子还说：“靠善言来使人心服，没有能使人心服的；靠善行来教育感化人，才能使天下的人心服。天下的人不心服却能统治好天下的，是从来不会有的。”

孟子看到历史上春秋时代齐桓公、晋文公、秦穆公、楚庄王等各国诸侯凭借武力称霸一时的历史事实，承认军事力量的重要作用，同时认为即使凭借军事强权称霸，也必须具备其他两个条件：“以力假仁者霸，霸必有大国。”其一是假托仁义，如齐桓公打着“尊王攘夷”的旗号、晋文公护送周襄王回朝夺回王位；其二是必须国家地大物博。而依靠道德教化施行仁义的诸侯却可以以德称王而增加其威望。“以德行仁者王，王不待大”，以德称王就不需要有大国的条件和军事力量。例如商汤仅凭七十里见方的地方，就战胜暴虐的夏桀建立了商朝；文王仅凭百里见方的地方，就打下了消灭商纣王建立周王朝的基础。所以靠武力使人服从，老百姓不是真心服从，只是反抗力量还没有聚积到一定程度罢了；靠道德使人服从，老百姓才会心里高兴，真心服从。就像孔子七十位弟子敬服孔子那样，那才是真正的心服口服。《诗·大雅·文王有声》上说：“自西自东，自南自北，无思不服（无不心悦诚服）”，就是说的这种情况。

在教学方法上，孟子发挥孔子因材施教的思想，结合自身教学实践，总结了五种教育方法：“君子之所以教者五：有如时雨化之者，有成德者，有达财（才）者，有答问者，有私淑艾者。此五者，君子之所以教也。”孟子认为，教学方法不能千篇一律，而应根据学生的具体情况采取多种多样的方法分别施教：天资高的学生要像及时雨对草木一样去灌溉、点化助其成长；天资敦厚的学生要着重帮助他养成优良的品德；有某方面才干的学生要引导他发挥最大的才能；不太有天分的学生学习上悟性不够，对他们要尽量耐心解疑答难；还有的学生因各种主客观原因不能亲自到老师这里来，老师就要通过自身人格力量来感化、影响和改变他们。这五种形式，就是君子教育人的方法。

孟子认为教学应当从学生实际出发，采取多样灵活的方法，他说：“教亦多术矣，予不屑之教诲也者，是亦教诲之而已矣。”教育也有多种方式方法，假使我不屑于教诲他，这本身也是对他的教诲。孟子这里着重谈到的是一种独特的教育方法：不屑之教，是亦教之。这是一种激励发愤的方式。“不屑之教”的奥妙在于，我之所以不屑于教诲他，是让他羞愧而发愤向上。因此，不屑于教诲只是不从正面讲道理而已，是从反面激发他的自尊心和上进心。由此看来，儒家先贤教学很是注意教育心理学原理的运用，虽然他们当时并不一定概括出了这些原理。

孟子也承认有无论用什么教育方法也不见成效的顽劣分子，他说：“自己戕害自己的人，不可能同他有什么话说；自己抛弃自己的人，不可能同他有所作为。说话不合乎礼义，这叫自己戕害自己；自认为不能守仁行义，这叫自己抛弃自己。”孟子语重心长地说：“仁是人们最安全的住所，义是人们最正确的道路。空着安全的住所不住，舍弃正确的道路不走，真是可悲啊！”

孟子批评“人之患在好为人师”，指出一般人的毛病在于喜欢做别人的老师。这里的“师”字，孟子不是指的作为一般职业意义上的老师，而是一种心态。有些人总是觉得自己比别人优越，处处教导别人。其实喜欢教导别人的人，往往自以为是，自以为有学问，自以为正确，一副高高在上的样子。很多人作为别人的老师、众人的模范，却不知自己已经犯了错误，又不以为错，所以不能及时改正过来。还有一些人喜欢教导别人，自然处处留意别人的行事和为人，结果只看到别人的错处，不知道甚至不认为自己犯了错。另一种人，为了顾全作为别人榜样的面子，即使犯了错误也不承认，更莫道改过了。自以为是教导别人，不但失去了自己的本性，也扭曲了别人的本性，成为所谓“屈人从己”。所以我们应该抱着互相学习的精神去提醒别人，而不应一心为顾惜自己的名声去严斥别人。孟子还十分强调教育者自身的素质：“枉己者，未有能直人者也。”一个教育者，必须自身有渊博的知识，能透彻地理解问题，才能教授别人，只有这样，才无愧于为人师表。他说过去圣王时代是“贤者以其昭昭使人昭昭”，而现在不少人却是“以其昏昏使人昭昭”。这话虽有厚古薄今之嫌，却也不无道理。

在教育思想和教育实践中，孟子重视人的价值，相信人的力量，注重人的发展。他继承孔子“修己安人”“为仁由己”的思想，提出了“自得”的重要理念，不仅以“自得”作为体认真理的正途，也以“自得”作为启发学生的教育观念。

所谓“自得”，可以理解为“自觉地有所得”，即指主体不凭借外力，反身体验，默识心通，自然而得。从哲学角度来看，“自得”是不通过普遍性概念逻辑推演，不依赖于教育者的外在传授，而是以主体的独到体验，直接观照世界万物，获得属于自己的亲知。孟子说：“君子深造之以道，欲其自得之也。”意思是说，君子依循正确的方法来提高深造，目的是希望自己自觉地获得学问。

孟子认为读书是必要的，但应求理解，使书本为己所用。据此，孟子尤其主张学习的独立思考和独立见解，他说：“说诗者，不以文害辞，不以辞害志。以意逆志，是为得之。”要求弟子读书不必拘泥于文字和词句，譬如评论一首诗，既不能根据这首诗的个别字词断章取义地曲解词句，也不能用词句的表面意义曲解诗的真实含义，而应该根据作品的全篇立意，来探求作者的心志，去体会其中的深层意蕴。

孟子认为，学习过程中要注重和强调由感性学习到理性思维的转化。从孟子的“自得”理论也可以看出，孟子本人在师从孔子学派上虽然只是“私淑诸人”，但他凭借“自得”不断丰富自己、充实自己，最后终于达到常人不能企及的高峰。

孟子强调在教学中发挥学生的主动精神，依靠学生自求自得。从现代教育理论的视角来看，孟子的“自得”学习理论，强调的是学习者主体性的发挥，轻视或忽视主观能动性，“自得”便会成为一种奢望。

具体而言，孟子的“自得”理论包含了以下一些主体性思想：

首先是强调“自我反省”。依孟子之见，尤其是当“行有不得者”之时，主体就要“反求诸已”，通过自身的省察反思而明理。

其次是重视“亲身体验”。“自得”强调亲身参与，而不能仅仅坐闻静观，依赖他人达之于言。孟子认为教师在教学中只能给学生某些“规矩”，但不能使他们技巧熟练。熟练掌握技巧、灵活运用知识主要靠个人的主观努力，他说：“梓匠轮舆，能与人规矩，不能使人巧。”木工、车匠能把运用圆规和曲尺的方法传给他人，却不能使他们像自己一样灵巧自如。要达到技术上的纯熟精湛，只能以身体之，用心验之。

作为一个正人君子，以高尚的道德来加深造诣，目的就是希望自己取得更深的学问。只有自己探求的道理才能牢固掌握它；牢固掌握了它，就能积蓄很深；积蓄深了，就能左右逢源取之不尽。所以君子必须要靠自己获得真知。

再次是反对“人云亦云”。凡事必须亲历亲思，才能辨别真伪。对前代文献典籍和已有之见，要做到不轻信、不盲从，经过自己的思考而有所弃取。孟子说过一句名言：“尽信《书》，则不如无《书》。吾于《武成》，取二三策而已矣。仁人无敌于天下。以至仁伐至不仁，而何其血之流杵也?”孟子认为，像周武王这样讲仁道的人，讨伐商纣王这样极为不仁的人，怎么会血流成河呢?孟子正是不相信《尚书》中的这条记载，才说了这段话。意思就是提醒人们，读书时应该加以分析批判，不能盲目地迷信书本。

孟子还提倡学生之间要先进带后进，他说："有道德的人要教育、熏陶不合法度的人，有才能的人要教育、熏陶没有才能的人，所以人们都乐于有贤能的父兄。如果道德行为合乎法度的人鄙弃不合法度的人，有才能的人鄙弃没有才能的人，那么贤能的人与不贤能的人之间的距离，就近得不能用寸来度量了。"这就是说，如果先进不能带动后进，那么先进的人也就称不上贤能了。

从认知角度来看，"自得"的核心是"思"，"自得"的实现依赖于"思"。孟子秉承孔子"学而不思则罔"的观点，明确提出"思则得之，不思则不得"的主张，强调"心之官则思"，认为"耳目之官不思，而蔽于物。物交物，则引之而已矣。心之官则思，思则得之，不思则不得也"。孟子主张要熟读精思，苦心探求，追本究源，如此才能深切体悟，彻底明了，心有所得。

从非认知角度来看，为了实现学习中的"自得"，学习者必须专心致志，不能三心二意，必须持之以恒，不能一曝十寒。孟子十分注意培养学生精力集中，专心致志，持之以恒的学习态度。"人有不为也，而后可以有为。"他认为不论智商高低，不论内容难易，能专心致志就能学有所得，心不在焉就会一无所得。"弈之为数，小数也；不专心致志，则不得也。"孟子曾用"学弈"的事例深入浅出地说明，成败得失往往并非智力上的差异使然，关键在于是否专心致志。

求学者要有持之以恒、坚韧不拔的精神，要孜孜以求，如"山径之蹊间，介然用之而成路，为间不用，则茅塞之矣"。倘若一个人在学习上时断时续，没有勤学不辍的恒心，就如山间的小路，经常走才成为路，一旦长时间没有人行走，就会被路边的杂草所掩没。又说："有为者辟若掘井，掘井九轫而不及泉，犹为弃井也。"学习也要避免中途而废，树立不达目的誓不罢休的决心和理念。

"自得"的另一个方面是"求"。孟子非常重视学习者"求"的主观意愿。他说："求则得之，舍则失之。或相倍蓰（xǐ）而无算者，不能尽其才者也。"只要追求就能获得它，一旦放弃就会失去它。人与人之间之所以相差一倍、五倍，甚至更多，是因为他们不能充分发挥自己的才能，坚持自己所追求的目标。

孟子认为，人们所"求"的目标有仁义和功名两种。仁义，寻求就可以得到它，放弃就会失去它。这种寻求对获得仁义是有益处的，因为寻求的东西就在我自己心中。功名，寻求它要有一定的原则，能否得到它要看自己的命运机遇如何。对功名的追求对于个人修养并没有什么好处，因为这种寻求所得到的是身外之物。

孟子把追求内心的"仁义"看作是一种莫大的快乐。"万物皆备于我矣。反身而诚，乐莫大焉。强恕而行，求仁莫近焉。"万事万物的自然法则在我心中早已具备了。如果我能做到诚心诚意反躬自问，那就没有比这更让人快乐的了。如果能按推己及人的恕道去做，那么达到仁德的道路就没有比这再近的了。

"求"要与"思"相结合。孟子批评那些只"求"不"思"的人，"行之而不著焉，习矣而不察焉，终身由之而不知其道者，众也"。按着别人说的去做但不明白其中的道理，习以为常却不知其所以然，一辈子在这条路上奔走，却不知道自己走在什么道路上的人，注定一生只能是一个忙忙碌碌的庸人。

图 37　自得（刘泽/书）

孟子倡导"自得"学习的教育理念，并非轻视或排斥教师在教学中的作用，恰恰相反，学生的"自得"始终离不开教师的主导作用。孟子认为，教师要教给学生的道理，首先自己必须弄懂，应"以其昭昭使人昭昭"，反对"以其昏昏使人昭昭"。他继承了孔子的启发性教学思想，主张在教学中要运用启发式教学方法，以期引导学生积极地自求、自得。“君子引而不发，跃如也”，教人学射箭要引弓而不放矢，摆着跃跃欲试的姿势，以便让学生认真观察体会和仿照。

为了更好地引导学生“自得”，教师在教学中要做到以下两点：一是语言要深入浅出。“言近而指远者，善言也”；“君子之言也，不下带而道存焉”。这是说，教师的讲解要语言浅近而含义深远，要能从眼前身边的近事、新事，讲出意蕴高深的道理来。二是引导学生在学习时，要能抓住精粹，由博反约。“博学而详说之，将以反说约也。”广泛地学习并且详尽地解说这些事物的道理，目的就是要能够简明扼要地来阐述它的本质内核。

“守约而施博者，善道也。”把握住的东西十分简要，而施行时效用广大，这就是善道。“君子之守，修其身而天下平。人病舍其田而芸人之田，所求于人者重，而所以自任者轻。”君子所要把握住的，是修养自己而能使天下太平。有些人的毛病在于荒弃自己的田地，却要去耕耘别人的田地，要求别人的很重，而加给自己的责任却很轻。

孟子认为教学是一个由浅及深逐渐积累的过程，应该按照一定的步骤，循序进行，才能取得好的效果。孟子以流水为喻，生动地阐发了孔子“循循然善诱人”的渐进思想。“流水之为物也，不盈科不行。君子之志于道也，不成章不达。”譬如流水这个东西，如果不逐渐地积满地上的坑坑坎坎，不会继续向前流动。君子虽然立志于大道，但如果不积累到一定的程度就不能通达。所谓“成章”就是说充实于内则所积者厚，而光华自然发之于外。君子志于道而求学，也必须日积月累，先求充实，然后才能通达。

孟子在另一个地方也讲到“盈科后进”的道理。他说：“原泉混混，不舍昼夜。盈科而后进，放乎四海。”从源头上流出的泉水滚滚而来，不分昼夜地奔流不息，注满低洼的地方后继续向前，一直流到四周的海洋。孟子认为学习是一个自然发展的过程，一方面应自强不息，不可松懈或间断；一方面也不应流于急躁。“其进锐者，其退速”，进程过于迅疾，势必影响实际效果，致使退步也快。正确的学习进程应当像源源不断的流水那样，注满一个洼坎之后再注入下一个洼坎，未注满时绝不下流，由此渐次扩展，融入广博浩瀚的知识海洋。这就是“不盈科不行”“盈科而后进”的道理。

孟子作为一介儒士，生当“礼乐崩而仁义坏”的战国乱世，却具有一种“如欲平治天下，当今之世，舍我其谁”而雄视天下的英雄气概。他甚至敢于公开与王公贵族分庭抗礼：“说大人，则藐之，勿视其巍巍然。堂高数仞，榱（cuī，木椽）题数尺，我得志，弗为也。食前方丈，侍妾数百人，我得志，弗为也。般乐饮酒，驱骋田猎，后车千乘，我得志，弗为也。在彼者，皆我所不为也；在我者，皆古之制也，吾何畏彼哉？”

孟子说：“去游说权贵，要藐视他，不要把他那副高高在上的样子放在眼里。殿堂数丈高，屋檐数尺宽，我要得志了，就不这么干。面前摆满美味佳肴，侍从妻妾有数百人，我要得志了，就不这么干。饮酒作乐，驰骋打猎，让成千辆车子跟随着，我要得志了，就不这么干。他们的所作所为，都是我所不愿干的；凡我所愿做的，都是符合古代制度的，我为什么要怕他们呢？”孟子认为教育可造就圣仁俊杰的统治者，“尊贤使能，俊杰在位，则天下之士皆悦”。他立志要说服统治者，尊重有道德的人，使用有能力的人，使教育通过培养人才为“仁政”服务。

经过20年左右的讲学生涯，孟子感到自己已经羽翼丰满，他决定要出去游说诸侯实行“仁政”，以担当上天赋予的重任，拯救黎民百姓于水火之中，实现自己“穷则独善其身，达则兼善天下”的修身格物之志向。

《孟子·告子下》记述了一则故事：“鲁欲使乐正子为政。孟子曰：‘吾闻之，喜而不寐。’公孙丑曰：‘乐正子强乎？’曰：‘否。’‘有知虑乎？’曰：‘否。’‘多闻识乎？’曰：‘否。’‘然则奚为喜而不寐？’曰：‘其为人也好善。’‘好善足乎？’曰：‘好善优于天下，而况鲁国乎？夫苟好善，则四海之内皆将轻千里而来告之以善；夫苟不好善，则人将曰：“訑訑，予既已知之矣。”訑訑之声音颜色，距人于千里之外。士止于千里之外，则谗谄面谀之人至矣。与谗谄面谀之人居，国欲治，可得乎？’”

图 38　孟子闻乐正克为政喜而不寐（李维定/绘）

这则故事是说：鲁国要聘用孟子弟子乐正克做官，孟子听到这个消息，喜形于色，连觉都睡不着了。弟子公孙丑连续发问："乐正子强乎？""有知虑乎？""多闻识乎？"孟子的回答都是否定的。强、知虑、闻识，这三者都是一个人能力的表现，乐正子不具备这三种能力，又怎么能履行执政之责呢？所以公孙丑追问说，既然如此，那有什么值得这么高兴的呢？孟子的回答是"其为人也好善"，作为一个为政者，能够听取善言，能够接纳谏言，这就是最合格的官员。作为一个官员，也不可能什么事情都会，什么能力都有，所以要广纳善言，和天下贤士一起，才能把国家治理好。如果这个官员，刚愎自用，拒绝接纳善言，那么身边就会聚集谄媚阿谀的人，天天与这样的人一起相处，想要治理好国家，那是万万不可能的。

这个故事的背景，应该是孟子 40 岁之后。弟子乐正子被鲁国聘请做官，孟子喜而不寐的原因绝不仅仅是乐正子"为人也好善"，而是因为这标志着孟子设教授徒有了结果。孟子弟子都被授予官职，孟子作为老师，当然也就完全具备了从政能力。所以，孟子决定游说诸侯，实现自己的仁政大业。

正是在这一背景下，周显王三十九年，即公元前 330 年，孟子 43 岁，第一次带学生出游齐国。

学者们关于孟子出游时间的考证，争论比较多。笔者赞成周显王三十九年（前330）说，因为有学者对照《史记·六国年表》《古本竹书纪年》《战国策》等典籍，考证出与孟子同时代的齐国三王在位年代：(1) 齐威王元年在周显王十三年，即公元前356年。(2) 齐宣王元年在周慎靓（jìng）王二年，即公元前319年。(3) 齐湣王元年在周赧（nǎn）王十五年，即公元前300年。根据这一考证，结合史籍记载孟子在齐国的故事，孟子第一次去齐应在齐威王后期比较合理。

孟子第一次出游选定齐国，是有一定理由的。依笔者之见，最为重要的理由就是齐威王在当时有一定的声望。有史实为证，齐威王在位时曾留下很多有名的故事，如“邹忌讽齐王纳谏”等，让后人玩味不已。

图39 齐威王塑像（佚名/作）

齐国本为周朝开国元勋姜太公所受封的诸侯国，史称“姜齐”。齐桓公十四年，陈国公族内乱，公子完为避祸奔逃至齐国。陈公子完，妫姓，至齐国后以田为氏，为齐国田氏之祖。公元前489年，姜姓齐景公死，齐国公族国、高二氏立公子荼，靠收买民心得到百姓拥护的田乞驱逐国、高二氏，另立公子阳生，自立为相。从此田氏掌握齐国国政。

公元前481年，田乞之子田恒（田常，即田成子，又作陈成子）杀齐简公与诸多公族，另立齐平公，进一步把持政权，其后又以“修公行赏”争取民心。公元前391年，田成子四世孙田和废齐康公。公元前386年，田和放逐齐康公于海上，自立为国君，同年被周安王册命为齐侯。公元前379年，齐康公死，姜姓齐国绝祀。田氏仍以“齐”作为国号，史称“田齐”。

田和受封齐侯，两年后病逝，被尊为齐太公，其子田剡继承齐国国君王位，为齐侯剡。齐侯剡在位第十年，弟弟田午弑杀其兄田剡及其侄子孺子喜，自立为君，是为田齐桓公（也称齐后桓公、孝武桓公）。

田午在位前期，“诸侯并伐”，国势衰弱。田午创建稷下学宫，招揽天下贤士，逐渐扭转了被动挨打的局面，为此后齐威王富国强邦打下基础。扁鹊三见桓公的故事，司马迁《史记·扁鹊仓公列传》记为齐桓侯，韩非《喻老》记为蔡桓公。这个齐桓侯、蔡桓公，其实就是齐后桓公田午。

公元前357年，田午病逝，其子田因齐继位，是为齐威王。田因齐即位以后，一度沉溺于酒色，打猎游玩，不理政事，以致韩、魏、鲁、赵等国都来入侵，出现了“诸侯并伐，国人不治”的局面。

一天，谋士淳于髡（kūn）面见齐威王，以请教的方式很委婉地对他说：“都城有只大鸟，停在大王的院子里，三年不飞也不叫，这是为什么?”齐威王明白淳于髡的苦心劝谏，回答说：“这只鸟不飞则已，一飞冲天；不鸣则已，一鸣惊人。”

齐威王铸鼎铭文，立志要王霸天下：“皇考孝武桓公（田午），恭哉，大谟克成（诚）。其唯因齐，扬皇考昭统，高祖黄帝，迩嗣桓文，朝问诸侯，合扬厥德。”在这里，齐威王表示要以黄帝和齐桓公以及晋文公的功业，来发扬其父桓公（田午）的令名令德。从此他奋发图强，把齐国治理得井井有条，强盛一时。也有人说齐威王是故意不问政事，目的是观察群臣，待三年自己羽翼丰满后，突然使出杀手锏，把无能昏庸、鼓唇弄舌、搬弄是非的小人清除贬斥，使得朝政风气为之一振。至于淳于髡隐喻劝谏，不过是一个偶然机缘罢了。

除了前面说过的淳于髡，齐威王时期还有三个能人的事迹载入史册。第一个是相国邹忌。邹忌原本是一个很有才学的琴师，他听说齐威王喜欢听音乐，就抱着一架琴进宫求见齐威王。齐威王听报说来了一个琴师，心中高兴，就赶忙下令让他快进来。邹忌拜见齐威王之后，就坐下调着弦儿好像要弹的样子，可是两只手却搁在琴上不动。齐威王挺纳闷，问他："你调了弦儿，怎么不弹呢?"邹忌却回答说："我不只会弹琴，还知道弹琴的道理。"齐威王很感兴趣，就让邹忌说来听听。邹忌从伏羲氏做琴讲起，一直讲到文王、武王各加一弦，越讲越离谱。齐威王听得有些不耐烦了，没好气地说："你说得挺好，也挺对，可是你为什么不弹给我听听呢?"邹忌正色说道："大王瞧我拿着琴不弹，有点不乐意了吧?怪不得齐国人瞧见大王拿着齐国的大琴，九年来没弹过一回，都有点不乐意呢!"齐威王这才恍然大悟，赶忙站起身来，说："原来先生是拿弹琴来劝我，我明白了。"他叫人把琴拿下去，就和邹忌谈论起国家大事来。邹忌劝他重用有才能的人，增加生产，节省财物，训练兵马，好建立霸业。齐威王听后，大为赞赏，封他为齐相。而当时的淳于髡有点不服气，就用隐语向邹忌提出了关于修身、处世、安民、用贤、治国的五个难题，邹忌都能对答如流。辩论结束后，淳于髡对他的仆人说，看来这个人被破格重用的日子不会远了。时过一年，齐威王果然封邹忌为成侯。《战国策》讽齐王纳谏的主人公，就是这个邹忌。

第二个能人是田忌。田忌，生卒年不详，田氏，名忌，字期，又曰期思，为齐国宗室，封于徐州（今山东省滕州市南），故又称徐州子期，战国初期齐国名将。史书上记载有田忌和齐威王赛马的故事。田忌与齐威王赛马，约定每胜一马得千金，各自出三匹马，按先后顺序捉对较量。第一次比赛，田忌以马力强、中、弱顺序出场，结果三匹马都略逊一筹，因而输金三千。第二天又赛，田忌一改常策，采用兼有以己之长、攻人之短和丢卒保车的混合计谋，还是用原来的三匹马，但以弱、强、中的出场次序分别对齐王的强、中、弱三马，结果以一负两胜赢得千金。

图 40　田忌赛马（常春/绘）

齐威王感到奇怪，便向田忌请教其中缘故。田忌由此向齐威王引荐了一个给他出谋划策的人，这就是第三个能人孙膑。孙膑，真名不详，战国时期杰出的军事理论家和军事指挥家，吴国大将孙武后裔。少年时贫穷孤苦，曾与庞涓一起在深山中跟从自号鬼谷子的王栩学习兵法。庞涓先在魏国被拜为大将，不久，魏惠王又听到孙膑的名声，于是礼聘孙膑来魏国。庞涓心胸狭隘，竟在魏惠王面前诬陷孙膑私通齐国。魏惠王十分恼怒，在孙膑的脸上刺了字，施以膑刑（剜掉两块膝盖骨），“孙膑”之名由此而来。幸好不久齐国有使臣到魏国访问，偷偷地把在大街上装疯的孙膑救了出来，带回齐国，被田忌收留。

齐威王得知事情原委，又经过交谈了解到孙膑的真才实学，便接受了田忌的引荐，封孙膑为军师。当时齐国的主要对手是魏国，公元前 353 年，庞涓率魏国军队围攻赵国都城邯郸，第二年赵国无力支持，求救于齐。齐出兵八万救赵。齐军采用孙膑的建议，没有直接救援邯郸，而是采取“批亢捣虚（撇开敌人充实的地方，冲击敌人空虚的地方。批，用手击。亢，咽喉，比喻要害）”、攻其必救的战法，率军先攻平陵（今山东省菏泽市定陶区东北），示敌以弱，而后直奔魏都大梁，逼使庞涓仓促回救。齐军在魏师回军必经之途桂陵（今河南省长垣市西北）截击，大败魏军。这就是历史上有名的“围魏救赵”，作为攻其必救、以逸待劳的著名战例，它一直受到军事家的推崇。

司马光《资治通鉴》卷二记载了一个魏惠王和齐威王比宝的故事：周显王十四年（前355），齐威王、魏惠王在郊野约会狩猎。魏惠王问：“齐国也有什么宝贝吗？”齐威王说：“没有。”魏惠王说：“我的国家虽小，尚有十颗直径一寸以上大的夜明珠，它的光亮能照见前后各十二辆车的距离。齐国这么大，难道没有宝贝吗？”齐威王说：“我用以衡量宝贝的标准与您不同。我的大臣中有位檀子，派他镇守南城，楚国不敢来犯，泗水流域的十二个诸侯国都来朝贺；我的大臣中还有位盼子，使他守高唐，赵国人怕得不敢向东到黄河边来打鱼；我的官吏中有位黔夫，令他守徐州，燕国人在北门、赵国人在西门对空跪拜求福，来投奔他的多达七千余家；我的大臣中有位种首，让他防备盗贼，便出现路不拾遗的太平景象。这四位大臣，光照千里，岂止是十二辆车子呢！”魏惠王听了，面色十分惭愧。

经过一段时间，齐国恢复了强国地位。但在这时，上层斗争却又加剧起来。原来相国邹忌与司马田忌因一些琐事造成感情不睦，互相猜忌。门客公孙闬（hàn）献计给邹忌说：“阁下何不策动大王，令田忌率兵伐魏。打了胜仗，那是您策划得好，大可居功；如有一日战败，田忌假如不死在战场，回国也必定枉死在军法之下。”邹忌认为他说得有理，于是劝说齐威王派田忌讨伐魏国。不料田忌三战皆胜，邹忌赶紧找公孙闬商量对策。公孙闬就派人带着十斤黄金招摇过市，找人占卜，自我介绍道：“我是田忌将军的臣属，如今将军三战三胜，名震天下，现在欲图大事，麻烦你占卜一下，看看吉凶如何？”卜卦的人刚走，公孙闬就派人逮捕占卜的人，在齐威王面前验证这番话。田忌闻言大恐，于马陵战后的第二年出走避祸，逃到楚国，封于江南。直到齐宣王即位后，才受召回国复职。

孟子在齐威王当政晚期来到齐国，可以说来的不是时候，因为这时齐威王已经有些老迈昏庸，没有了招贤纳士、从谏如流的豪迈气概和宽广胸怀，所有的只是得志后的骄傲与跋扈。有不少学者说孟子这次来齐国已经是“后车数十乘，从者数百人”，招摇过市，很是威风。笔者认为孟子“后车数十乘，从者数百人”，应当是在齐宣王聘孟子为客卿之时，现在他在齐国不过是一个几乎没有名声的普通文人。不管孟子这时候是贫困潦倒还是招摇过市，有志于“说大人”的孟子却是过了好长时间也没有拜见齐威王的行动。

学生万章对老师的这种行为感到很不理解，有一天看孟子心情不错，便把心中的疑虑提了出来：“请问，您来到齐国这么长时间却不去谒见齐侯，这是什么道理呢?”孟子回答说：“没有职位的士人如果住在都城里，叫作市井之臣；如果住在乡村，就叫草莽之臣。这两种情况都称为老百姓（庶人）。老百姓如果不经过宫廷人员向诸侯传达而成为臣属（不传质为臣），就不敢去谒见诸侯，这是符合礼仪的规定。”

万章想了一会儿，又问：“一个老百姓，如果国王召他服役，他就必须要去服役；按您的说法，国工想要召见他，他却可以不去谒见国王，这是为什么呢?”

孟子回答说：“老百姓作为国民，去服役是合乎义，是一种义务；老百姓作为国民，但不是国王的臣属，去见国王就不合乎义，不是一种义务。况且，国王想要见这个老百姓，是因为什么呢?”

万章脱口而出：“是因为他（孟子）见识广博，因为他品德高尚，是个不可多得的贤人。”

孟子明白万章的意思，却不点破，继续以平和的口吻与学生探讨：“如果他像你说的那样见识广博，他就足以为人师长了，那么就是贵为周天子也是不能召见老师的，更何况诸侯呢？如果是因为他品德高尚，那我还没听说过天子、诸侯要见贤人却不讲礼貌而去召唤他来的。鲁缪（一作穆）公曾多次去见子思，对他说：‘古代拥有千辆兵车的国君想要去跟士人交朋友，怎么样呢？’子思听了很不高兴，说：‘古人有句话，认为只能说把士子当老师侍奉他，哪能声称同他交朋友呢？’子思之所以不高兴，难道他心里不是这样想：‘论地位，那你是国君，我是臣，我怎么敢和国君交朋友呢？论道德，那么你应该把我当老师侍奉，怎么可以说与我交朋友呢？’拥有千辆兵车的国君要求同他交朋友尚且办不到，更何况召他来见呢？从前齐景公打猎，用旌旗召唤管理园囿的小吏，小吏不来，齐景公竟想要杀他。孔子听说这件事后赞扬管园小吏说：‘有志之士不怕死后弃尸山沟，有勇之士不怕丢掉脑袋（志士不忘在沟壑，勇士不忘丧其元）。’孔子赞扬管园小吏哪一点呢？就是赞扬他敢于拒绝不合礼仪的召唤。”

万章对此有点疑惑：“请问，召唤管理园囿的小吏该用什么标志呢？”

孟子说：“用一顶皮帽子招呼一下就可以了。按照礼仪，召唤百姓应该用大红绸的曲柄旗（旃，zhān），召唤士人用有铃铛的旗（旂），召唤大夫用饰有羽毛的旗（旌）。齐景公用召唤大夫的旌旗去召唤管理园囿的小吏，小吏是死也不敢去的；用召唤士人的旗子去召唤百姓，百姓难道就敢去吗？小吏、百姓都不接受不合礼仪的召唤，更何况诸侯用不尊重贤人的召唤方式去召唤贤人呢？想要见贤人却不遵循应有的礼节，那就像主人想要请客人进屋里来却又把他关在门外一样。道义，好比是路；礼仪，好比是门。只有品德高尚的君子能沿着这条路走，从这扇门进去。《诗》上说：‘周道如底，其直如矢；君子所履，小人所视。’”

万章一时语塞，想了好大一会儿，又用孔子的事例来反问孟子：“我听说孔子有这样一件事，国君要召见他，他不等车马驾好就动身了。难道这是孔子的行为不合乎礼仪吗？”

孟子笑了说：“那时孔子正在鲁国做官呀，他有一定的职务，国君是按他的官职而不是按他是否有学问、有品德来召见他的。”

针对万章不了解孔子当时的情况，而提出上面在他看起来有点幼稚的问题，孟子循循善诱，耐心解说道："一个乡中的优秀人物（善士），就和这一个乡的优秀人物交朋友；一个国家中的优秀人物，就和这一个国家的优秀人物交朋友；作为一个天下的优秀人物，就和同时代天下的优秀人物交朋友。认为与同时代天下的优秀人物交朋友还不够，就又上溯历史，评论古代的人物。吟诵他们的诗歌，研读他们的著作，但是却不去了解他们的为人，这样行吗？所以还要研究探讨他们在那个时代的所作所为。这样做就是与古人交朋友。"

万章听了老师一番高谈阔论，更加佩服老师的才学。但是过了不一会儿，又有一个问题浮现在他的脑海："请问，应该用什么样的态度交结朋友呢？"

孟子非常喜欢万章这种"打破砂锅璺（问）到底"的求知精神，所以回答十分耐心："不要倚仗自己年龄大，不要倚仗自己地位高，不要倚仗自己兄弟的富贵去和别人交朋友。所谓交友，是与他的品德交朋友，这是不可以有所倚仗的。"说到这里，孟子看万章若有所思，稍微停顿了一下，又举例说："孟献子是鲁国一位拥有百辆车马的世家（百乘之家），他有五个很好的朋友，一个叫乐正裘，一个叫牧仲，其他三个人的名字我现在忘记了。瞧我这记性！"孟子拍了拍自己的脑袋，继续说道："孟献子同这五个人交友，从来不抱有我孟献子是拥有百乘车马的世家子弟的想法；这五个人，要是在心里有孟献子是百乘车马世家子弟的想法，也就不会同他交朋友了。不仅是孟献子这位拥有百辆车马的卿大夫是这样做的，就是一些小国的君主也有这样做的。费惠公就曾说过：'我对于子思，是把他当作老师；对于颜般，就把他当作朋友了；至于王顺（顺一作须）、长息这些大臣，只不过是一些侍奉我的人罢了。'"

看万章听得入神，孟子很高兴，继续高谈阔论，说："不仅小国的君主是这样，就是大国的君主也有这样的。晋平公对于隐居在穷巷的贤人亥唐非常尊敬，他去看望亥唐，亥唐叫他进去就进去，叫他坐下就坐下，叫他吃饭就吃饭。即使是粗饭菜汤，也没有不吃饱的，因为他不敢不吃饱，否则就是对亥唐的不尊重呀！然而晋平公最终也就做到这一步罢了。他没有给亥唐官位，没有给亥唐职务，没有给亥唐俸禄，这就如同士人的尊贤，而不是王公的尊贤。我们再来看看尧舜的故事。当初大舜去见尧帝，尧帝把这位未来的女婿安排在副宫居住，并且设宴款待他；大舜有时也宴请尧帝，两人轮流充当宾主，这就是天子同平民百姓交朋友的典范。地位低的尊敬地位高的，叫作尊敬有地位的；地位高的尊敬地位低的，叫作尊敬贤人。尊敬有地位的人和尊敬贤人，其中的道理是一样的。”

万章看老师谈得高兴，自己也很受启发，接着又问了一个更深入的问题：“请问，和别人交朋友应该抱着怎样一个正确的心态呢？”

孟子仅用了两个字很简短地回答：“恭也！”就是说要对朋友抱有恭敬的心情。

万章又问：“常言说：‘对别人的礼物拒绝了再拒绝，就是不恭。’这句话是什么意思呢？”

孟子回答说：“这要看具体情况。有地位的人送给你礼物，你却在心里想：‘他获取这些东西的手段是符合道义，还是不符合道义呢？’想明白了然后再接受。你这时会认为自己刚才的想法有点多虑了，这是对尊者的不恭敬，所以就不能拒绝了。”

万章说：“我当然不会用言语来拒绝接受他的礼物，但我会从心里拒绝他，心想：‘他这是从老百姓那里得来的不义之财呀！’然后用别的借口拒绝这份礼物，这样做也不可以吗？”

孟子回答说：“他用正道和我交往，用礼义和我交往，然后给我送礼，我想即便是孔子也会接受的。”

万章想了想，又问：“假如有一个人在都城门外拦路抢劫，这个人用正道和我交往，用礼节和我接近，并且是按礼节送给我礼物，这样我也可以接受他抢来的东西吗？”

孟子感到万章简直是有点钻牛角尖了，所以斩钉截铁地回答说：“不可！”接着孟子引经据典来说明这个问题：“《尚书·康诰》上说：‘杀越人于货，闵不畏死，凡民罔不譈（duì，怨恨）。’这种人是不必等候教化就可以处死的。这种规定，殷朝从夏朝继承过来，周朝从殷朝继承过来，都没有过更改的例子；到现在这种现象更严重了。既然这样，我们怎么还能接受他的东西呢？”

万章深有同感，赞成老师的观点说：“现在各国诸侯从百姓那里掠取财物，就像拦路抢劫一样。不过如果他们按照礼节交往，这样君子就可以接受他们的礼物，请问这又怎么说呢？”

孟子笑了笑说：“我同意你对现在各国诸侯的看法。但是，如果现在有圣王出现，你认为他将会把各国的诸侯统统杀掉呢？还是用道德教育他们，然后把经过教育仍不悔改的诸侯杀掉呢？我们通常所说，那些把不是自己应有的东西拿到自己手里的人就是抢劫，这不过是把‘抢劫’的含义范围引申扩大到最广泛、最极端的一种说法罢了。孔子在鲁国做官时，鲁国人有打猎时争夺猎物的习俗（鲁人猎较），孔子也去争夺了。争夺猎物尚且可以，更何况只是接受别人赠送的礼物呢？”

这里孟子在回答时有意或无意地把万章提出问题的中心论点给予分解，前者是把万章提出的君子如何对待掠取百姓财物的诸侯的礼物，变换成掠取百姓财物的诸侯该不该统统杀尽（以小换大），后者是把万章提出的君子接受诸侯的礼物和鲁人猎较相类比（以大换小）。所以万章并不满意老师的说法，继续问道：“那么孔子在鲁国做官，难道不是为了推行道义吗？”

孟子对这个看起来不是问题的问题回答得很干脆：“就是为了推行道义呀！”

万章认为这一下自己占住了理：“既然孔子做官是为了推行道义，为什么还要去参与争夺猎物呢？”

孟子解释说："孔子参加这种活动有自己的想法，他首先用文书规定祭器的数量，又规定不准用外地的珍奇猎物充作祭品。所以要用打猎争夺来的猎物作为祭品，以避免出现祭品短缺的现象（孔子先簿正祭器，不以四方之食供簿正）。"

万章显然还是不能理解孔子参与争夺猎物和做官推行道义的关系，又问道："孔子既然做官不能推行道义，为什么不辞去官职离开鲁国呢？"

孟子耐心解答说："孔子做官是为了尝试一下自己的主张。试行的结果证明可以行得通，君主却不推行，这才离开那里。所以孔子不曾有过在一个国君那里任职满三年的。孔子或者看到有推行道义的可能而去做官，或者因为君主对他以礼相待而去做官，或者因为君主能供养贤士而去做官。例如他在季桓子那里，是因为看到有推行道义的可能而去做官；在卫灵公那里，是因为卫灵公对他以礼相待而去做官；在卫孝公那里，是因为卫孝公能拿出俸禄敬养贤士而去做官。"

孟子在这里谈到三种孔子为官的前提条件，最后一条是为了解决自己衣食问题。万章于是又有了做官是不是由于生活所迫的问题。孟子回答说："当官当然不是以摆脱贫困为目的，但有时候也的确是因为生计所迫（仕非为贫也，而有时乎为贫）；正像娶妻不是为了奉养父母，但有时却也的确是为了奉养父母。不过如果是为了解决贫穷问题而做官，就该不做大官而做小官，不要高薪只求薄禄。不做大官做小官，不要高薪只求薄禄糊口，干哪样工作最适宜呢？守门打更就行了。孔子年轻时就曾经做过管仓库的小吏，他说：'账目对头就行了。'又曾经做过管理牲畜的小吏，他说：'牛羊长得肥壮就行了。'在孔子看来，为人地位低下而议论国家朝政（位卑而言高），这是一种罪过；在君主的朝廷上做官，而政治主张却不能推行，这是耻辱。"

过了几天，孟子师徒们的生活因一时供给不足再次出现困难，万章又来向老师请教一个关于士子在别国如何解决生计的问题："请问，士人不能寄居到别国诸侯那里靠禄米生活，这是为什么呢？"

“用不符合礼的方式供养他，这能说是喜爱贤士吗?”说到这里，孟子联想到自己目前的处境，真的有些气愤了。

万章为老师添了茶水，端到老师面前，小心翼翼地问道：“请问，国君真心实意地想要关照君子的生活，应该怎样做才算是符合礼制的供养呢?”

图 41　孔子职司乘田（《孔子圣迹图》）

孟子喝了一口茶，平静一下心情，然后回答说：“第一次送东西应该以国君的名义送去，君子便拱手拜两拜，跪下磕头后再接受下来。以后就让粮仓的小吏不断给他送粮去，让厨师不断给他送肉去（廪人继粟，庖人继肉），但是不必再以国君的名义去送了。因为这样可以免掉那些繁琐的礼节。子思认为，为了那点儿锅里的肉食，就用国君的名义，让自己一次接一次地跪拜行礼，这不是国君供养君子的恰当做法。从前尧帝对于大舜，派自己的九个儿子去侍奉他，把两个女儿嫁给他，百官以及牛羊、粮食、仓库都准备齐全，使大舜在田野中也能够很好地生活，然后提拔他，让他居于很高的职位。所以说，这才是天子诸侯尊敬贤人的典范呀（王公之尊贤者也）!”

孟子这一次在齐国待了好长时间，每天只是在稷下学宫和弟子们坐而论道，却很久没能见到齐威王。至于孟子这次在齐国的其他一些活动，我们留待下一章再讲。

第五章

拥楹而叹　归鲁葬母

尽管有不少学者，包括写过《先秦诸子系年》的钱穆，写过《孟子评传》的杨泽波等著名学者，都认为孟子在齐威王时就在齐国做过官，但他们也不得不承认这样一个现实，即在《孟子》一书里没有一章（一条）孟子与齐威王会面对话的记载。正因为如此，作为中国古代史专家的山东大学孟祥才教授，在他所著《孟子传》中记述说：孟子从26岁、齐威王十年（前347）“一路颠簸地来到齐国”，“在齐威王当国的20多年间，没有这位君王与孟子直接接触的记录，可见，终威王之世，孟子可能都没有直接进入‘资政’者的行列”。

笔者在研读《孟子》一书时发现，孟子应该是在齐威王时做过官，根据有两点，第一是孟子和淳于髡的对话，第二是孟子曾作为齐国官员“吊丧于滕”。

淳于髡出身卑贱，其貌不扬，但因其学识受到齐国几代君主的尊宠和器重。齐桓公田午创办稷下学宫，淳于髡就成为稷下先生，特别是齐威王时期，被尊为“上卿”，有很大的权势。《孟子》中关于孟子与淳于髡的对话见于《离娄上》篇和《告子下》篇。

《孟子·离娄上》第十四章：淳于髡曰：“男女授受不亲，礼与?”孟子曰：“礼也。”曰：“嫂溺，则援之以手乎?”曰：“嫂溺不援，是豺狼也。男女授受不亲，礼也；嫂溺，援之以手者，权也。”曰：“今天下溺矣，夫子之不援，何也?”曰：“天下溺，援之以道；嫂溺，援之以手。子欲手援天下乎?”

淳于髡不愧是齐国辩士，他向孟子问话先从孟子认可的事情开始，这样孟子的回答必然符合问者的意思。换句话说，淳于髡向孟子问男女授受不亲是不是礼的规定，回答当然是肯定的。淳于髡由此进一步设问：嫂子落水了怎么办？可不可以“援之以手”呢？

图 42　稷下先生淳于髡（佚名/绘）

孟子当然不是死搬书本的书呆子，当即回答可以"援之以手"，因为这就是"权"。权变思想，是孟子哲学思想的重要组成部分，也是孟子对孔子儒学思想的发展与贡献。具体问题具体分析，具体做法也不尽相同。原则的普遍性固然需要坚守，但在特殊情况下也需要变通。能够掌握其中的度，这就是中庸，这就是辩证法。

淳于髡却认为自己抓住了孟子自相矛盾之处，接着提出一个更加尖锐的问题，"今天下溺"，先生为什么不伸手援助呢？淳于髡这句问话的意思是讽刺孟子空谈而不务实际。

孟子的回答更为坚定：要救"天下溺"，就要有一定的方法，这个方法就是"援之以道"，用现在的话理解，就是要有救援"天下溺"的方略。说到这里，孟子以人之矛刺人之盾，"子欲手援天下乎"？用一己之手援天下之溺者，这当然是无法做到的。淳于髡在孟子面前败下阵来。

淳于髡虽然在与孟子舌战中落了下风，但他佩服孟子的辩才，把孟子推荐给齐威王。于是就有了"齐王瞷（jiàn，窥视，偷看）夫子"的故事，见《孟子·离娄下》："储子曰：'王使人瞷夫子，果有以异于人乎？'孟子曰：

‘何以异于人哉？尧舜与人同耳。’”

储子曾做过齐相，现在地位应该低一些，而且和孟子之前曾有所交往，所以能把“王使人瞷夫子”的事情告诉孟子，并给孟子说了齐王派人窥探孟子的目的，是观察孟子“果有以异于人乎”。

孟子的回答是不仅自己与常人没有不同，即使唐尧、虞舜这样的圣人，也和常人没有什么不同。“人皆可以为尧舜”，这也是孟子一直所坚持的理念。

和孟子同时期齐国有两个王，一个是齐威王，一个是齐宣王，这里的王应该是齐威王还是齐宣王？笔者认为是齐威王，这是因为，孟子当年离开齐国时，齐王曾送给孟子百镒黄金，从孟子行迹分析，这个齐王应该是齐威王。而齐宣王即位之前，孟子到过宋国、魏国，并在滕国指导滕文公施行仁政，应该有较高的威望，齐宣王这时已经没有必要再“使人瞷夫子”了。

齐威王“使人瞷夫子”的结果是发现孟子果然有才华，这才破例聘请孟子为客卿。孟子这个客卿地位相当高，这在淳于髡与孟子的对话中可以看出端倪。

孟子与淳于髡这次对话见《孟子·告子下》。淳于髡曰：“先名实者，为人也；后名实者，自为也。夫子在三卿之中，名实未加于上下而去之，仁者固如此乎？”孟子曰：“居下位，不以贤事不肖者，伯夷也。五就汤，五就桀者，伊尹也。不恶污君，不辞小官者，柳下惠也。三子者不同道，其趋一也。一者何也？曰：仁也。君子亦仁而已矣。何必同？”曰：“鲁缪公之时，公仪子为政，子柳、子思为臣，鲁之削也滋甚。若是乎，贤者之无益于国也！”曰：“虞不用百里奚而亡，秦穆公用之而霸。不用贤则亡，削何可得与？”曰：“昔者王豹处于淇，而河西善讴。绵驹处于高唐，而齐右善歌。华周、杞梁之妻善哭其夫，而变国俗。有诸内，必形诸外。为其事而无其功者，髡未尝睹之也。是故无贤者也，有则髡必识之。”曰：“孔子为鲁司寇，不用，从而祭，燔肉不至，不税（脱）冕而行。不知者以为为肉也，其知者以为为无礼也。乃孔子则欲以微罪行，不欲为苟去。君子之所为，众人固不识也。”

孟子与淳于髡这段对话，可以说是关于贤人的一场论战。孟子尽管位列

三卿，却不能让齐威王施行仁政，所以有了离开齐国的心思。淳于髡听说此事，专门来拜访孟子，并直接批评孟子作为仁者，不应没有建立声誉功业就离开齐国。换句话说，淳于髡这是讥讽孟子算不上仁者。

孟子列举伯夷、伊尹、柳下惠三位贤人，指出他们的做法虽然不同，但在仁德上却是一致的。由此说明自己的做法实际上并不违逆仁德。

淳于髡又列举鲁穆公重用公仪子、泄柳、子思等贤人，国势却削弱滋甚，由此说明贤人无益于国。孟子则举秦穆公用百里奚而霸、虞国不用百里奚而亡的史实，证明贤人对一国兴亡的重要性。

淳于髡在与孟子的论战中没有得到便宜，于是改变战术，用王豹、绵驹和华周、杞梁妻子改变居住地甚至一个国家习俗的事例，从正面说明贤人的作用。而现在没有见到起到这种作用的人，说明现在应该是没有贤者。淳于髡说这段话，其实是在讥讽孟子算不上贤者。

针对淳于髡这段话，孟子针锋相对，讲了孔子离开鲁国的故事。孔子身为鲁国司寇，早就因不受重用而想离开，但他因为礼节，不想让鲁君背上不能用贤的恶名，于是借没有得到祭肉而离开。在一般人看来，这是孔子的小心眼。而孟子却看出孔子以此为借口离开鲁国的真实目的，就是宁愿让自己背上“微罪”，也不能让国君被人指责。

这就是孔子作为臣子对国君所应有的礼节。而孔子作为君子，作为贤者，其所作所为，当然不是一般人所能理解的。孟子由此讥讽淳于髡，作为齐国名士，也不过是“众人”而已。

淳于髡与孟子这场论战，为什么说是孟子在齐威王时为客卿的证据呢？这要从齐威王在位时间、淳于髡生卒年及孟子生年来分析。齐威王在位时间是公元前 356 年到公元前 320 年，淳于髡生卒年为公元前 386 年至公元前 310 年。如果这段对话是在齐宣王时期，齐宣王即位时淳于髡已经 67 岁高龄，再加上孟子在齐宣王为客卿的时间，淳于髡年龄至少已经 70 岁以上，不可能再与孟子有这么一场论战。由此可见，淳于髡所言“夫子在三卿之中”，应该是在齐威王在位之时。

现在说第二个证据，《孟子·公孙丑下》："孟子为卿于齐，出吊于滕。"这里孟子为谁吊丧？学者一说是滕定公，一说是滕文公。按滕定公去世时间为公元前 324 年，滕文公去世时间为公元前 318 年。如果说孟子吊滕定公，孟子必须在齐威王时"为卿于齐"，但《孟子·滕文公上》所记滕定公薨，滕世子派然友"之邹，问于孟子"又作何解释？如果说孟子吊滕文公，齐国吊滕副使王驩怎么解释？王驩吊滕时身份只是盖邑大夫，而在《孟子·离娄下》王驩已经官为人人恭维的右师。这只能说明王驩在齐威王时任职盖大夫，而在齐宣王时任职右师。由此而言，孟子所吊者，既不可能是滕文公，也不可能是滕定公。

或者，孟子"出吊于滕"，本身就是一则寓言。但这个寓言的背景，孟子"为卿于齐"的时间，应该是在齐威王时期。

孟子这次在齐国，有文献记载的，还有他与"通国皆称不孝"的匡章的交游故事。

匡章，又称匡子、章子。陈姓，田氏，名章，匡为其谥号。生卒年不详，战国时齐国名将。齐威王时，匡章曾率军击退秦国的进攻。

齐宣王六年（前 314），匡章乘燕国内乱，率兵 10 万，从渤海进发，仅仅 50 天便直破燕都。两年后，匡章率军在濮水之上抵御秦军的进攻，被秦军击败。

齐宣王十九年（前 301），齐宣王命令齐将匡章与魏将公孙喜、韩将暴鸢率领三国联军进攻楚国的方城，楚国派唐昧率军迎击，双方军队在泚（bǐ）水对峙 6 个月而未交战。后来，匡章巧遇河边喂牲口的老乡，从老乡口里得知河道水深水浅的重要标志。于是，匡章挑选精兵，乘夜色从楚军防守最严密也是河水最浅的地方渡过泚水，在垂沙（今河南省南阳市唐河县境）大败楚军。楚将唐昧因为联军 6 个多月没有多大动静而放松戒备，等获知联军渡河上岸后才仓促调兵应战。结果楚军大败，2 万多人被杀，楚将唐昧战死。

之后，韩、魏取得宛（今河南省南阳市）、叶（今河南省平顶山市叶县南 15 千米）以北的大片土地。楚国被迫以太子横为质，向齐求和。

匡章虽然是齐国一代名将，但其事迹在历史上记载并不多。在《吕氏春秋·爱类》里有惠施（即《庄子·秋水》中记载“庄子与惠子游于濠梁之上”的惠子）与匡章接触的一段记述。

图 43　匡章像（佚名/绘）

匡章谓惠子曰：“公之学去尊，今又王齐王，何其到也?”惠子曰：“今有人于此，欲必击其爱子之头，石可以代之——”匡章曰：“公取之代乎？其不与?”“施取代之。子头，所重也；石，所轻也。击其所轻以免其所重，岂不可哉!”匡章曰：“齐王之所以用兵而不休，攻击人而不止者，其故何也?”惠子曰：“大者可以王，其次可以霸也。今可以王齐王而寿黔首之命，免民之死，是以石代爱子头也，何为不为？民寒则欲火，暑则欲冰，燥则欲湿，湿则欲燥。寒暑燥湿相反，其于利民一也。利民岂一道哉？当其时而已矣。”

这里的惠子就是惠施。在《庄子》里，惠施是梁国相，而在《吕氏春秋》这篇文章里，惠施成为“王齐王”的齐国相。

匡章向惠子提出一个尖锐的问题：齐王为什么要无休止地动用武力征伐别人呢？惠子作为“去尊”学说的倡导者，为什么要“王齐王”呢？

惠子用一个比喻回答了匡章的提问，这就是用石头取代爱子的头颅。惠子的意思是与其让其他国君王天下，还不如让齐王王天下，因为相对来说，齐王对百姓要比其他诸侯对百姓好一些。这样也是利民的事业。最后惠子以设问反驳的语气得出结论："利民岂一道哉？当其时而已矣。"

匡章作为一代名将，对齐王用兵不休、攻人不止提出尖锐批评，的确让人惊讶并感慨多端。这甚至让人怀疑惠子与匡章这段对话的真实性。

现在看匡章与孟子的一段对话。这段对话见于《孟子·滕文公下》："匡章曰：'陈仲子岂不诚廉士哉！居於（wū）陵，三日不食，耳无闻，目无见也。井上有李，螬食实者过半矣，匍匐往，将食之，三咽，然后耳有闻，目有见。'孟子曰：'于齐国之士，吾必以仲子为巨擘焉。虽然，仲子恶能廉？充仲子之操，则蚓而后可者也。夫蚓，上食槁壤，下饮黄泉。仲子所居之室，伯夷之所筑与？抑亦盗跖（zhí）之所筑与？所食之粟，伯夷之所树与？抑亦盗跖之所树与？是未可知也。'曰：'是何伤哉？彼身织屦（jù，麻鞋），妻辟纑（bì lú，绩麻，练麻），以易之也。'曰：'仲子，齐之世家也；兄戴，盖（gě，盖邑，陈戴之封邑）禄万钟；以兄之禄为不义之禄而不食也，以兄之室为不义之室而不居也，辟兄离母，处于於陵。他日归，则有馈其兄生鹅者。己频顣曰："恶用是鶃鶃（yì yì，鹅叫声）者为哉？"他日，其母杀是鹅也，与之食之。其兄自外至，曰："是鶃鶃之肉也！"出而哇之。以母则不食，以妻则食之；以兄之室则弗居，以於陵则居之，是尚为能充其类也乎？若仲子者，蚓而后充其操者也。'"

这段记述从匡章第一句话，就带有反问的语气，这说明孟子已经表明自己的观点，认为陈仲子算不上是一个廉洁之士。匡章不同意孟子的看法，当即引用陈仲子廉洁到三天没有吃东西的事迹，目的是想用这一事例说服孟子。

孟子在说理时表达了三层意思：第一层，承认陈仲子是齐国士人的"巨擘"；第二层，陈仲子所谓廉洁操守是人们学不来的，所谓过犹不及，陈仲子的操守只有变成蚯蚓才能做得到；第三层，按照陈仲子的做法，就是房子是谁造的，粮食是谁种的，也要考究清楚，不然就算不上所谓廉洁。当然，这一层意思，孟子是用反话，或者说是用推论的方式表现出来的。

匡章仍然坚持自己的观点，认为陈仲子所居房屋无须考虑是谁所造、所吃粮食无须考虑是谁所种。继而又陈述事实：陈仲子自己编麻鞋，妻子搓麻织布，然后用自己的劳动果实到市场上交换生活必需品，这怎么算不上是一个廉洁之士呢？

孟子没有直接反驳匡章，而是详细讲述了陈仲子的故事：陈仲子本是齐国世家大族，就是因为哥哥陈戴所得禄米和所居房屋不仁不义而远离母亲，自己跑到於陵居住。母亲把别人送的鹅烧熟了给陈仲子吃，当哥哥说明鹅的来源时，陈仲子就把吃进去的东西哇哇吐了出来。

陈仲子这种拒绝一切与邪恶有关的人和物的做法，在孟子看来，的确是有些过分了。所以孟子在最后再次强调，陈仲子这种做法，无法扩充到别人身上；这种所谓的廉洁，也只有蚯蚓才能做得到了。《周易》第六十卦节卦卦辞“苦节不可”，就是孟子所要表示的意思。“苦节不可”，过分节约节制，节约节制到用“苦”来形容，除非遇到极端时期或条件艰苦，否则不可以这样做。陈仲子“三日不食，耳无闻，目无见”，的确是“廉洁”太过了。

图 44　陈仲子塑像（宁治春/作）

有学者根据《孟子·滕文公下》这段记载，断定匡章是孟子的学生。应该说这种说法不符合实际情况。也有人说，是因为孟子推荐，齐威王才任用匡章为将。

孟子作为一个正直文人，和匡章交游甚密，也引起了一些人的议论。原来，匡章在齐国人眼里是一个不孝之人。事情的原委是这样的：匡章的父母因为一件家务琐事而争吵，父亲一怒之下失去理智，失手杀死了匡章的母亲，并把她的尸体埋在院子里的马厩里。匡章多次规劝父亲安葬母亲，父亲恼怒之下又把他赶了出去。父亲去世后，有人劝匡章让母亲和父亲合葬在一起，他又怕违背父亲的意愿，不敢把母亲的尸体移出来与父亲合葬。不仅如此，匡章还把贤惠的妻子给休掉了，并且把儿子也撵出家门。所以，齐国人都认为匡章是个不孝顺的人。孟子却毫不计较，不顾人们的议论，照常与匡章往来。

一天，学生公都子实在看不下去了，为了老师的名誉，郑重其事地问老师："匡章，通国皆称不孝焉。夫子与之游，又从而礼貌之，敢问何也？"(《孟子·离娄下》)

孟子回答说："我不认为匡章是不孝之人。世俗一般人所说的不孝，大概有这么五种情况：为人懒惰，不照顾父母的生活，这是第一种不孝；喜欢赌博又好酗酒，不照顾父母的生活，这是第二种不孝；贪图钱财，偏爱老婆孩子，不照顾父母的生活，这是第三种不孝；放纵于声色，寻欢作乐，使父母蒙受羞辱，这是第四种不孝；逞一时之勇，好打架斗殴，危害到父母，这是第五种不孝。你看匡章先生在这五种不孝中犯有哪一种情况呢？匡章先生是因为父子之间相互责求善行而导致关系恶化。以善相责，本是交友之道；父子间以善相责，是大伤感情的事。匡章先生难道不想有夫妻母子的团聚吗？只是因为得罪了父亲，被疏远而不能亲近，不得已才把妻子儿女赶出家门，终身不要他们侍奉。他在心里是这样想的，要是不这么做，就是更大的罪过。匡章先生不过就是这个样子罢了。"

儒家文化创始人孔子非常重视孝悌，把孝悌作为实行"仁"的根本，提出"三年无改于父之道""父母在，不远游"等一系列孝悌主张。

孟子也把孝悌视为基本的道德规范，对孝从伦理层面上多次进行阐释，他说："不孝有三，无后为大。"赵岐对其作注说："不孝的事有三件，第一件是对父母的过错'阿意曲从'，使父母陷于'不义'；第二件是家境贫困，父母年老，却不愿当官求俸禄以供养父母；第三件是不娶妻子，没有儿子，断绝了后代。其中没有子孙后代就是最大的不孝。大舜没有禀告父母就娶了妻子，就是因为怕告诉了父母，父母不同意他娶妻，这样就没有了后代。所以君子认为他为了传宗接代而没有告诉父母娶妻这件事，就如同禀告了一样。”

“不孝有三”，加上“不孝者五”，孟子在这里已经是“不孝有八”了。孟子还谈到仁、义、礼、智、乐和孝悌的关系：“仁爱的实质内容就是侍奉父母；道义的实质内容就是顺从兄长；智慧的实质内容就是明白这两方面的道理而不背离；礼仪的实质内容就是在这两方面的道理上不失礼节，态度恭敬；快乐的实质内容就是乐于表现这两方面的道理，这样一来快乐就产生了；快乐一旦产生就会抑制不住，抑制不住，就会不知不觉地手舞足蹈起来。”

为了形象化说明这个问题，孟子又用虞舜的思想行为做例子：“天下的人都十分悦服要来归附自己，这当然是很令人高兴的事情。然而能把天下人民十分悦服地归顺自己这种情景看得如同草芥一般，只有虞舜能够做得到。一个人不能得到父母的欢心，那他就难以在社会上成为人；一个人不能顺从父母的心意，那他就不配做父母的儿子。虞舜竭尽全力按照侍奉父母的道理去做，终于使他的父亲瞽瞍高兴起来了；瞽瞍高兴起来了，天下人由此受到了教化；瞽瞍高兴起来了，天下父子之间应有的伦常关系就确立起来了。虞舜的这种做法就叫作大孝。”

《孟子·公孙丑下》还记述了孟子在齐国与蚳鼃的一段交往。

蚳鼃原先是灵丘宰，为了接近齐王，他辞去灵丘宰，在朝堂做了司法的士师。在这个可以“谏刑罚不中”（朱熹语）的位置上，蚳鼃好像也没有什么建树。

孟子拜访了蚳鼃，对他说：“您辞去灵丘长官要求做士师，这似乎有些道理，因为可以向齐王进言。可是现在您做士师也已经好几个月了，难道还不能向齐王进言吗？”

蚳鼃听了孟子的话，于是向齐王进谏，齐王没有接纳。蚳鼃因此辞官而去。

齐国人都以为蚳鼃辞去官职，是因为听了孟子的话，所以议论说：“孟子为蚳鼃考虑得倒是有道理，但是他如果这样替自己考虑呢？我们就不知道了。”

孟子弟子公都子把国人的议论告诉给孟子，孟子回答说：“我听说，有官位的人，如果无法尽其职责就应该辞官不干；有进言责任的人，如果言不听，计不从，就应该辞职不干。至于我，既无官位，又无进言的责任，那我的进退去留，岂不是非常宽松而有回旋余地的吗？”

在其职，谋其事；不在其位，不谋其政。这是儒家对仕与不仕的态度。蚳鼃作为士师，不能谏言，则没有尽到为臣者的责任；谏言不为君主所用，就主动挂冠而去，作为一个君子，这应该无可指责。然而，齐国一些好事者却认为蚳鼃是受了孟子挑唆，才做出这样的选择，并由此讽刺孟子劝说蚳鼃谏言，谁知道他自己是怎么想的呢？

孟子对此回答是：我没有官职，也就没有谏言的责任。处于这种地位，那么我的进退去留，不就有很宽裕的回旋余地吗！

有学者解释这件事，认为：第一，齐王，为齐宣王；第二，孟子此时已为齐国客卿。笔者认为，这两者应该不成立。第一，齐宣王相对齐威王，还是有纳谏之胸怀的，至少不会强硬拒绝。如果说是蚳鼃因劝谏齐宣王不听而辞官，倒显得蚳鼃有些小家子气了。第二，孟子初见齐宣王即被聘为客卿，这时再说自己“无官守”“无言责”，这如果不是抱怨自己有职无权，就是大发牢骚了。孟子作为大丈夫，如此言不符实，必不为矣。

孟子尽管在齐威王时被聘为客卿，但其“名实未加于上下”也是事实。正如《孟子·告子下》淳于髡所言，孟子的确在齐威王时就已经有了离开齐国之意。孟子这一想法在与母亲的对话中有所流露，并得到母亲的支持。

孟母教子是天下为人之母的榜样，而孟子本人则是天下遵守孝道的模范。我们虽然在《孟子》七篇里无法看出孟子这次出游齐国，是不是携家带眷，但是在《孟子外书·性善辩》和西汉刘向《列女传·母仪传》却记载了一个孟子“拥楹而叹”的故事，让人们又一次领略到孟母教子和孟子遵守孝道的典范。

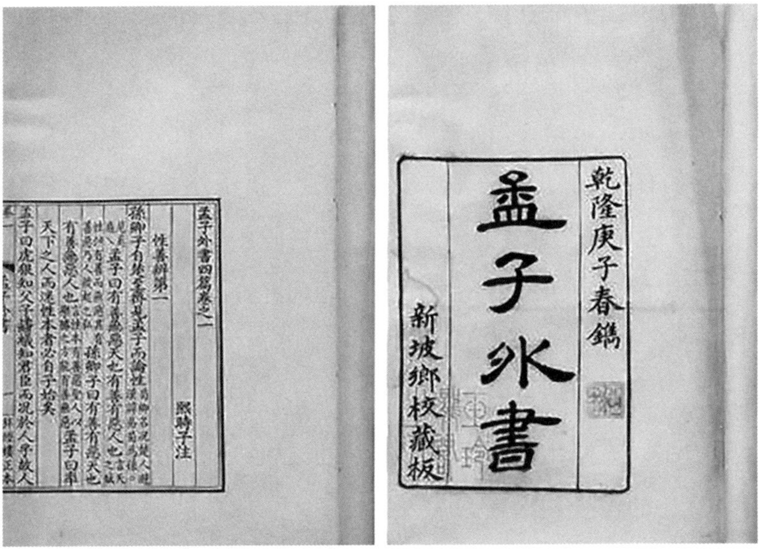

图 45　《孟子外书》乾隆庚子春镌刻本书影

《孟子外书·性善辩》：孟子处齐为客卿，居常有忧色，拥楹而叹。孟母见曰："子拥楹而叹，若有忧色，何也？"对曰："轲闻之：'君子称身而正位，不为苟得而受赏，不贪荣禄。'今道不用于齐，愿行而母老，是以忧也。"孟母曰："妇人之礼，精五饭，幂酒浆，缝衣裳而已。故有阃内之修，而无境外之志。易曰：'无攸遂，在中馈。'诗曰：'无非无仪，惟酒食是议。'以言妇人无擅制之义，而有三从之道也。故幼则从乎父母，嫁则从乎夫，夫死则从乎子，礼也。今子成人也，而我老矣。子行乎子义，吾行乎吾礼。子何忧也。"

《列女传·母仪传》：孟子处齐，而有忧色。孟母见之曰："子若有忧色，何也？"孟子曰："不敏。"异日闲居，拥楹而叹。孟母见之曰："乡见子有忧色，曰不也，今拥楹而叹，何也？"孟子对曰："轲闻之：'君子称身而就位，不为苟得而受赏，不贪荣禄。诸侯不听，则不达其上。听而不用，则不践其朝。'今道不用于齐，愿行而母老，是以忧也。"孟母曰："夫妇人之礼，精五饭，幂酒浆，养舅姑，缝衣裳而已矣。故有闺内之修，而无境外之志。易曰：'在中馈，无攸遂。'诗曰：'无非无仪，惟酒食是议。'以言妇人无擅制之义，而有三从之道也。故年少则从乎父母，出嫁则从乎夫，夫死则从乎子，礼也。今子成人也，而我老矣。子行乎子义，吾行乎吾礼。”君子谓孟母知妇道。诗云：“载色载笑，匪怒匪教。”此之谓也。

两书文字稍有不同，但意思基本没有差别。《孟子外书》中还有“孟子处齐为客卿”文字，也可以作为孟子在齐威王时曾任职客卿的证据之一。

这段故事说的是孟子在齐国虽然被礼聘为客卿，但不能实现自己的“仁政”理想。每念及此，心中总是产生一种难以言说的惆怅。但他是个孝子，所以从来不在母亲面前把自己的愁绪表现出来。但有一次，细心的孟母还是发现了儿子眉宇间流露出的一丝忧色，便关心地问道：“儿子啊，我看你脸上好像有点忧愁的样子，这是为什么呢？”

孟子急忙强笑掩饰：“母亲，孩儿哪儿会有什么忧愁呀！”

孟母自然相信自己的眼力，所以留了点儿心。果然过了没几天，孟母在自己房里发现儿子闲暇无事，竟然在院子里扶着一根柱子唉声叹气，便立即走出屋来，看着儿子说：“几天前我就看你面有忧色，你还硬说没有。现在你为什么扶着柱子愁眉不展，唉声叹气呢？”

孟子见自己的心思瞒不过母亲的眼睛，便正色回答道：“儿子我听说过这样的话：‘作为一个君子，能够实现自己的理想就出任官职，不能为了一点赏赐就苟且求取，不能贪图荣华富贵和高官厚禄。诸侯不接受你的规劝，就不要做他的卿士；接受你的规劝却不付诸实践，就不要走进他的朝堂。’现在孩儿的仁政理想不能在齐国实现，想要离开齐国吧，又担心您老人家这么大年纪了，所以在这里忧愁叹息。”

孟母深明大义，引经据典规劝儿子说：“妇女的礼节德行在于家务的操持，不过是精于做好稻（水稻）、黍（黄米）、稷（高粱）、麦（小麦）、菽（大豆）这五种饭食，用布帛盖上做好的酒浆，奉养公公婆婆，缝补缝补衣裳罢了。所以只有庭院内的修为，而无管理庭院之外的志向。《易》这部书上说：‘无攸遂，在中馈。’《诗·小雅·斯干》上说：‘无非无仪，惟酒食是议。’这是说妇女没有擅自做出决定的道理，而有三从的道义。所以说妇女年幼时就要听从父母，出嫁后就要听从丈夫，丈夫死了就要听从儿子，这是符合礼仪的。现在儿子你已经成为大人了，而我已经老了。你不但已经是一家之主，而且你走的是顶天立地大丈夫应当走的仁义之路，我当然会跟着你、赞同你。即使在生活上清苦一点，也是我的分内之事。你不必为了我而迟疑不决，果断地决定你要做的事情吧！”

孟母仉氏提到的这些上古名言，都是说妇人不该弄权，不要对外务擅作主张。孟母教子总能从《周易》《礼记》《诗经》等古代典籍中找到依据，并且信手拈来，恰到好处，说明她家学底蕴深厚，不愧为女界典范。

《列女传·母仪传·邹孟轲母》为孟母作赞曰：

孟子之母，教化列分，处子择艺，使从大伦。

子学不进，断机示焉，子遂成德，为当世冠。

孟子听了母亲一番深明大义、支持自己闯荡一番事业的话语，十分感动，立即收拾行装，准备离开齐国。然而就在这时，孟母病倒了，孟子因此未能成行。

孟子和母亲谈明了自己的心志，得到母亲的教诲和鼓励，遂决定放弃稷下学宫给予的优惠待遇，到其他诸侯国再闯一闯。如果这时孟子已在齐国为客卿，“夫子在三卿之中”，孟子决心离开齐国的勇气则更为可嘉。

然而人算不如天算。就在孟子紧锣密鼓、全力以赴地做出发前的准备工作时，不料母亲偶感风寒，躺在床上起不来了。母亲的病是儿子最大的牵挂。正如前面章节所说，孟子最讲“孝”道，他本人就是一个大孝子。现在母亲病了，他赶忙放下手头事情，请大夫抓药，忙里忙外，想方设法为母亲治病。

孟母仉氏看在眼里，疼在心上，特别是因为自己的病耽误了儿子的行程，更让她心神不安。哪知病这个东西最怕心病，心里越不清净，病情越难调养将息。再加上孟母仉氏已经是年近 70 的老人，更加经不起折腾，那病竟是一日日越发严重了。

这样过了不长一段时间，孟母仉氏即辞世西去，时在周显王四十二年，公元前327年。孟母仉氏享年69岁，按民间说法享年70岁（虚岁）。其时孟子周岁45岁，按民间说法虚岁为46岁。如果按孟子生于公元前390年计算，其时孟子已经63岁，虚岁为64岁，孟母享年86岁，虚岁87岁。

认为孟子生于公元前390年的学者，一般并不否认孟子此时丧母。我们可以想想看，自视甚高，以推行仁政、改造社会为己任，怀有救民于水火之大志的孟子，如果现在年已63岁，却还没有弄得个一官半职，想去实现自己的志向抱负与仁政理想，希望何其渺茫？要知道，就是周游列国、志在匡国济时的孔子，在64岁时也已安顿下来，在卫国做了基本上不问政事的寓公。所以，基于这个理由，再加上孟子后来奔走各国游说诸侯的现实，笔者认为孟子生于公元前372年，是更能立得住脚的。

再者，孟子曾多次引用孔子的话，赞扬“舜其至孝矣，五十而慕”，意思是称赞虞舜大孝，到了50岁还思慕父母。父母之恩，终身不忘。这里的“慕”显然是父母还健在的意思。如果孟母去世于孟子50岁乃至60岁之后，那孟子就不用赞扬虞舜，而要赞扬自己“至孝矣，六十而慕”了。

“昔孟母，择邻处。子不学，断机杼。”母亲仙逝，孟子内心的悲痛是极其巨大，无可言状的。“母亲”这一个词，两个字，看起来平平常常，但它却包含了天空宇宙般的深厚情谊！孟子回想起母亲为了自己的成长，一个柔弱的妇道人家，就靠纺纱织布，日夜操劳，日子过得何其艰难！就是这样，母亲依然三次搬家，买肉履诺，断机教子，自己已经长大成人了，还要让母亲为自己的莽撞任性，为自己不明大义而费尽心血……

母亲，人间第一亲；母爱，人间第一情。现在母亲就要远行，在巨大的痛苦面前，孟子还要面对一个极为重要的现实问题，那就是如何安葬自己的母亲，才能对得起母亲，才能让母亲的灵魂得到安息。思考再三，他做出了常人不能理解的几个决定：第一，要厚葬自己的母亲；第二，要用卿大夫的礼仪规格布置灵堂，安排祭奠；第三，要为母亲守丧三年。

主意已定，孟子立即安排扶柩回乡，在马鞍山下孟氏家族墓地把母亲与父亲孟孙激合葬，并一改过去行事谨慎的习惯，大摆场面，把母亲的葬礼办得极为隆重。

孟子安葬母亲的第一个决定，从文献中可以很容易考证出来。《孟子·公孙丑下》就记载了一段学生充虞和老师的对话，原文是：“孟子自齐葬于鲁，反于齐，止于嬴。充虞请曰：‘前日不知虞之不肖，使虞敦匠事。严，虞不敢请。今愿窃有请也：木若以美然。’曰：‘古者棺椁无度，中古棺七寸，椁称之。自天子达于庶人，非直为观美也，然后尽于人心。不得，不可以为悦；无财，不可以为悦。得之为有财，古之人皆用之，吾何为独不然？且比化者无使土亲肤，于人心独无恔乎？吾闻之也：君子不以天下俭其亲。’”

图 46　返鲁葬母（《孟子圣迹图》）

这段话的意思是说：孟子从齐国扶柩回到祖辈所在的鲁国（其实，鲁国和邹国相邻，鲁国国都即今天的曲阜，邹国的国都在现在邹城东南的峄山脚下，两国都城相距不到 70 里。孟子出生地凫村离曲阜只有 20 多里——作者注），守丧三年期满，率学生复返于齐，途中在嬴地（嬴是齐国南部邑名，在今山东省济南市莱芜区西北）住宿休息。晚上，学生充虞到孟子房间里，很婉转地向老师提出一个他自己想了好久也没有想清楚的问题：“前些日子您不知道我缺乏能力，派我监督打造老太太棺椁的事，当时因为事情匆忙，我也没有敢向您请教。现在我想冒昧地问一下：老太太那棺椁似乎也太华美了吧？”孟子耐心向充虞解释说：“上古时候，不管丧主身份地位如何，对制作棺椁并没有规定的厚度；中古时候，规定内棺厚度为七寸，外椁的厚度同内棺基本相当。从天子到平民百姓都是这样，讲究棺椁的大小不仅仅是为了外观上好看，更重要的是只有这样才算是对先人尽了孝心。如果依据礼法限制，不能使用好的棺椁，心里就会不愉快；如果是因为没有钱财，不能使用好的棺椁，心里也会不痛快。既然礼法允许，而财力又能办得到，古人就都会使用好的棺椁，为什么偏偏我不能这样做呢？况且使用好的棺椁是为了避免泥土挨近死者的肌肤，这样做对于孝子之心难道不是一件感到慰藉的事吗？我曾听说过这样的话：懂得孝道的君子是不会因为爱惜天下财物而从俭办理父母丧事的。”

孟子安葬母亲的第二个决定，即要用卿大夫的礼仪规格布置灵堂，安排祭奠。孟母葬礼的规格主要从《孟子·梁惠王下》第十六章“鲁平公将出”反映出来。原文是：鲁平公将出，嬖人臧仓者请曰：“他日君出，则必命有司所之。今乘舆已驾矣，有司未知所之，敢请。”公曰：“将见孟子。”曰：“何哉，君所为轻身以先于匹夫者？以为贤乎？礼义由贤者出，而孟子之后丧逾前丧。君无见焉！”公曰：“诺。”乐正子入见，曰：“君奚为不见孟轲也？”曰：“或告寡人曰‘孟子之后丧逾前丧’，是以不往见也。”曰：“何哉，君所谓逾者？前以士，后以大夫；前以三鼎，而后以五鼎与？”曰：“否，谓棺椁衣衾之美也。”曰：“非所谓逾也，贫富不同也。”

这段话是说，鲁平公接受大夫乐正子的引荐，正准备外出拜访孟子。这时，鲁平公平日所宠幸的近臣臧仓进殿请示，说道：“往日您外出，总是告诉有关人员要去的地方。现在车马都已准备好了，随从人员还不知道您要去哪儿，因此冒昧特来请示。”鲁平公说：“我想去见见孟子。”臧仓说：“主公您降低自己的身份主动去拜访一个普通人，这是为什么呢？是您认为他是个贤人吗？贤人讲求礼义并向世人做出表率，然而孟子为母亲办丧事的礼节，超过了先前为父亲办丧事的礼节。您还是别去见他了吧！”鲁平公见臧仓言之有理，说：“好吧。我不去了。”乐正子闻听鲁平公改变了主意，立即入朝进见，问道：“您为什么又突然不去见孟轲了呢？”鲁平公说：“有人告诉我说‘孟子为母亲办丧事的礼节超过了为父亲办丧事的礼节’，所以我不打算去见他了。”乐正子说：“您所说的超过，是指什么呢？是指先前为父亲办丧事用士礼，后来为母亲办丧事用大夫之礼；先前祭奠父亲用三个鼎，后来祭奠母亲用五个鼎吗？”鲁平公说：“我不是说这个，我是说他安葬母亲用的棺椁衣物也太华美奢侈了。”乐正子辩解说：“这就不能说是超越了呀，这是孟子前后贫富不同的缘故呀。”

图 47　嬖人沮见（《孟子圣迹图》）

乐正子对鲁平公说的话里牵涉到周朝葬礼的规格，《春秋公羊传》桓公二年何休注说：“礼，祭，天子九鼎，诸侯七，卿大夫五，元士三也。”而孟子“以大夫”“以五鼎”行母亲葬礼，许多学者都以这段根据，说孟子在此前已经取得“卿大夫”的官职。笔者认为，主张孟子在葬母时已经是卿大夫的论据并不充足，理由如下：第一，此前我们找不到孟子在齐国（包括邹国）已经为卿大夫的任何有力证据。第二，论者总是有意无意地忽视了这样一个问题，臧仓阻止鲁平公会见孟子的第一个理由，就是孟子在此时不过是一个“匹夫”，鲁平公如果见他就是“轻身”，说白了就是自己作践自己。如果这时孟子已经取得卿大夫的官职，就没有接下来的“以为贤乎”之问了。在臧仓眼里，孟子既是个没有地位的“匹夫”，又因“后丧逾前丧”而算不上贤人，所以，主公完全不必与他会面。而鲁平公也正是因为这两个理由同意了臧仓的看法。第三，我们来分析一下鲁平公和乐正子的对话。鲁平公出于礼貌，没有说出臧仓关于主公见孟子这个“匹夫”就是“轻身”的说法，只是强调了“后丧逾前丧”这个理由。看来孟子越制用五鼎祭奠母亲这件事已经传得沸沸扬扬，事情过去了好长时间人们还没有忘记。所以乐正子首先想到“后丧逾前丧”是指孟子越制，于是脱口而问是不是“前以士，后以大夫；前以三鼎，而后以五鼎与”。如果孟子当时身为卿大夫，用五鼎就不算越制，那也就没有乐正子自己的疑惑了。鲁平公却否定了乐正子的问题，而只用“谓棺椁衣衾之美也”回答。这说明在礼崩乐坏的战国时代，在鲁平公眼里，在葬礼问题上已经没有因无政治地位而越制的观念了。乐正子看到鲁平公不是把问题提到礼制的高度，也就松了一口气，说（棺椁衣衾的差别）“非所谓逾也，贫富不同也”。

也有学者从鲁平公未见孟子这段话里推论孟子不是三岁丧父，而是成年之后，不然孟子也就不必背上“前以士，后以大夫；前以三鼎，而后以五鼎”“后丧逾前丧”的不贤罪名了。此论以清代学者周广业论之最详：“《礼》曰：‘丧从死者，祭从生者。’祭以三鼎，则在孟子为士之后明矣。时年盖已四十余。《题辞》所谓夙丧者，特以父先母死耳，非幼孤也。薛应旂《四书人物考》《四书直解》《集语》《续文献通考》《阙里志》《三迁志》遂云：‘孟子三岁丧父。’考《韩诗》《列女》俱无此说。且《列女》载孟母断机事云：‘织绩而食，中道废而不为，宁能衣其夫子而长不乏粮食哉？’此必非嫠（lí，寡妇）恤之言。夫士及三鼎，固非襁褓间事。且去丧母五六十年，鲁人亦何从知其前后丰俭悬绝，而臧仓得以行其毁鬲耶？王复礼曰：‘若前丧在三岁，则丰啬非所自主，仓安得谮（zèn）之？平公安得信之？乐正又安得不辨之？盖公宜实未尝卒，其三迁断机，或者公宜出游，慈母代严父耳。’广业案，元仁宗延祐三年七月，追封孟子父母制，只言其父夙丧，张须墓碑亦然。则三岁丧父之说，妄也。”

周广业这段分析论证严谨，的确有一些问题不好解释，姑且存疑之外，就笔者所见所思，列出几条供读者参考：其一，“祭以三鼎，则在孟子为士之后明矣”。正如《礼》所说，祭从生者，而祭以三鼎为“元士”之礼。按

《礼记》："天子置三公、九卿、二十七大夫、八十一元士，合为一百二十。是以置一百二十柱。"所谓元士，即为上士，是比大夫还要低的一种官职。我们找不到孟子当过元士的记载，则孟子对其父孟孙激"祭以三鼎"，恐怕就存在着越制的问题。不过即使孟子当了元士，也可仅用三鼎祭奠父亲而非丧葬父亲，所以采用这种祭奠方式并不能说明孟父死在"孟子为士之后"。

其二，"《题辞》所谓夙丧者，特以父先母死耳，非幼孤也"。这句话既可以理解为上一句的结论，也可以看作是对赵岐《题辞》中"夙丧"的解释。但赵岐《孟子题辞》原文为"孟子生有淑质，夙丧其父，幼被慈母三迁之教"。这里"夙丧其父"实为早丧其父，且下面紧跟"幼被慈母三迁之教"，说明"夙丧"应在三迁之前，而非其后。如果孟子四十以后父死再说其"夙丧其父"，岂不让人笑掉大牙？这里我们可以举一个旁证：南北朝时期的文学家和教育家颜之推作《颜氏家训》，卷第四《文章第九》有云："凡代人为文，皆作彼语，理宜然矣。至于哀伤凶祸之辞，不可辄代。蔡邕为胡金盈作《母灵表颂》曰：'悲母氏之不永，然委我而夙丧。'又为胡颢作其父铭曰：'葬我考议郎君。'"可见，父亲或母亲在儿女未成年前有一个早逝称"夙丧"，如果成年之后父母其中一个先逝再称"夙丧"，那么绝大多数成年人都可用"夙丧"一词了。

其三，"《列女》载孟母断机事云：'织绩而食，中道废而不为，宁能衣其夫子而长不乏粮食哉？'此必非嫠恤之言"。诚如周氏所言，这句话关键在对于"衣其夫子"的理解。让我们先看看《列女传·母仪传·邹孟轲母》原文："子之废学，若吾断斯织也。夫君子学以立名，问则广知，是以居则安宁，动则远害。今而废之，是不免于厮役，而无以离于祸患也。何以异于织绩而食，中道废而不为，宁能衣其夫子，而长不乏粮食哉！女则废其所食，男则堕于修德，不为窃盗，则为虏役矣。"孟母这段话自"夫君子"之下，通篇都是假设虚拟口气，由此可见，"衣其夫子"中的"其"字并非实指孟母本人，而是泛指靠"织绩而食"让丈夫、儿子都有衣裳穿的女人。所以凭"衣其夫子"四字即证而得出"此必非嫠恤之言"结论，未免有些牵强，难以服人。

其四，“夫士及三鼎，固非襁褓间事。且去丧母五六十年，鲁人亦何从知其前后丰俭悬绝，而臧仓得以行其毁鬲耶”。前面说过，孟子用三鼎祭父而非葬父，固可以“非襁褓间事”。难道孟子成年后就从不祭奠自己的父亲？这于理于情恐怕都难以说得过去。后面一句如果孟父“去丧母五六十年”之后，“鲁人亦何从知其前后丰俭悬绝”。笔者认为这件事很好解释，我们从充虞和孟子问话可知，孟母后丧与孟父前丧丰俭差别主要在于“棺椁”厚薄，而孟母下葬是和孟父合葬，打开坟墓，二人丧葬丰俭，旁人一看便知，何须用事隔“五六十年”问人？走笔至此，笔者想起伯父家丧事。伯母丧于1978年，伯父丧于1998年，二十年过去了，笔者在伯父下葬时，就看到了伯母的棺材。笔者籍贯为孔子做宰之中都，即今山东汶上。以笔者亲历而言，孟子葬母，众人见其父棺，应该不是问题。

孟子特别重视父母之丧，他曾说过这样的话：“奉养父母还算不上大事，只有给他们送终才算得上大事（养生者不足以当大事，惟送死可以当大事）。”如果是孟子四十岁后亲自主持葬父，按孟子所言“中古棺七寸，椁称之。自天子达于庶人”之礼制，其必然亦会因“比化者无使土亲肤，于人心独无恔乎”而用七寸棺椁葬父。当时孟子已经有那么多学生，想来不会穷得连“七寸棺椁”也置办不起吧？

最后，“盖公宜实未尝卒，其三迁断机，或者公宜出游，慈母代严父耳”之句，本是王复礼假设，不辩也罢。以上诸条，不知读者认为笔者言之有理，分析有据；抑或认为笔者强词夺理，颠倒黑白？愿读者明鉴！

只是孟子为何其身非当国卿之位，而敢违周礼用五鼎之礼祭母，笔者也实实不能理解，所以只能妄言是亚圣孟子对母亲仉氏所尽的一片孝心了。孝心感天，天何谴哉！天何谴哉！不知诸君亦有同感否？

笔者在这里还想举出一点，来证明孟子为了安葬母亲，不仅敢于违抗周礼，甚至敢于违抗他一生敬爱尊崇的孔子。孔子对用俑来殉葬深恶痛绝，曾说过：“始作俑者，其无后乎？”孟子在和梁惠王谈话时曾引用过这段话，并解释说这是“为其象人而用之也”。然而孟子在葬母时为了报答母亲的养育教诲之恩，就自刻了一尊石像，为母亲殉葬。到宋代，孔子四十五代孙孔道辅修孟母墓，发现了这尊石像。当时有人认为孟子只刻一尊石像为母亲殉葬而不为父亲殉葬是不对的，于是请石匠仿照孟子的自刻像，又雕刻了同样的一尊，将两尊石像分别放在孟庙的启圣殿和孟母殿里。

孟子虽然不见用于鲁国，但《孟子》中记载了一则他与慎子议论鲁国政治的故事。当时鲁国国君想任用慎子担任将军。孟子对慎子说：“不先训练百姓就用他们打仗，这叫坑害百姓。坑害百姓的人，在唐尧、虞舜时代是不容许存身的。即使现在鲁国一仗就打赢了齐国，收回了南阳，但你还是不能（做将军）。”

图 48　孟子自刻为母殉葬石像（佚名/摄）

慎子听了勃然发怒，很不高兴地说：“这真是我慎滑（gǔ）釐所不明白的了。”

孟子说：“我来明白地告诉你吧。天子的土地千里见方；不到千里见方，就不够条件接待诸侯。诸侯的土地百里见方；不足百里见方，就不够条件奉守宗庙里的典章册籍。当年周公分封在鲁地，是百里见方的一块；土地不是不够，但也只不过百里见方。姜太公分封在齐地，也是百里见方的一块；也不是土地不够，却只不过百里见方。现在鲁国的土地有五个百里见方那么大，你认为如果有圣王出现的话，那么鲁国土地是在应该削减之列呢，还是在应该增加之列呢？不费力就把那里的土地取来并入这里，这样的事仁人尚且不干，何况用杀人来求取土地呢？君子侍奉君主，只应该专心引导君主走正道，使他立志于仁德罢了。”

“现在那些侍奉君主的人都说：‘我能为君主开辟土地，增加财富。’现在所说的良臣，正是古代所说的残害百姓的人。如果君主不向往道德，不立志行仁，做臣子的又谋求让他富足，这好比是让夏桀富足。这些人又说：‘我能替君主邀集盟国，每战必胜。’现在所说的良臣，正是古代所说的残害百姓的人。君主不向往道德，不立志行仁，做臣子的还为他拼命打仗，这好比是帮夏桀打仗。沿着现在这条路走，不改变当今这种风气，即使把天下给了他，也是一天都坐不安稳的。”

关于孟子安葬母亲的第二个决定，因为有孟子葬母时是不是卿大夫和孟父去世时间两个重要问题需要讨论考证，行文未免显得长了一些。现在我们再看孟子安葬母亲的第三个决定，即为母亲守丧三年。做出这样一个决定，我们从《孟子》等古代典籍里，只见其事实，不见其缘由。依笔者妄自揣度，理由有三：

其一，出于对母亲的尊重和深厚的情感。现在人们常说每一个成功的男人背后都有一个伟大的女性。这句话未必是真理，却很适合孟子。我们知道，孟子之所以能够成为亚圣，离不开他母亲对他的教育。提起孟母，人们自然而然地会想到“孟母三迁”和“断机教子”等耳熟能详的故事，但是，人们可曾想到，孟子成长的日日夜夜，会有多少个感人的故事被历史遗忘。而这些，亲历其境的孟子是永远不会忘记的。孟母对儿子的要求是什么呢？就是希望儿子“免于厮役”“离于祸患”，希望儿子“学以立名，问则广知”“居则安宁，动则远害”。正是由于孟子“夙丧其父”，孟母仉氏柔弱的肩上才承担了更多的抚养教育子女的责任和义务，正是由于孟母仉氏博大无私的爱沐浴了孟子，才造就了这一代鸿儒。

曾记得看过一则墨子的故事，说是战国时期的墨子一次见到纯白无染的丝线后，禁不住流下眼泪来，因为这纯白无染的丝线可以染成黄色，也可以染成黑色。儿童的心灵晶莹透彻，就像这纯白无染的丝线一样，可以成长为有仁爱心肠的有用之才，也可能变为十恶不赦的罪人。我们知道，孟子和墨子在“爱”这个问题上有着根本的分歧，但就这个故事而言，两位思想家的心又是息息相通的。难道不是吗？“人之初，性本善。性相近，习相远。苟不教，性乃迁。教之道，贵以专。”孟子一生所追求的，不就是想要把每一个人善良洁白的心灵都染上美丽的光环和绚丽的色彩吗？不就是想要把人们遭受熏染的心灵重新找回本色吗？而给孟子这位伟大的思想家、教育家染上第一道光环和色彩的正是他的母亲，为孟子曾经遭受熏染的心灵找回本色的正是他的母亲。

毫无疑问，在孟子的心里，一定会为有这样一位伟大的母亲而感到自豪，就像孟母也一定会为自己用心血养育出一个优秀杰出的儿子而感到无比的自豪。有这样的母亲，有这样的儿子，对母子二人都是一种幸福，都是一种欣慰，都是一种骄傲。行文至此，我们还要为孟子为母亲守丧三年寻找情感上的理由吗？

其二，居丧三年是孔子特别强调的“孝”道。华夏民族在上古时期就有为父母守丧的习俗，但当时对守丧时间没有具体的规定，即所谓“《易》曰‘上古之代，丧期无数’”。尧王驾崩，虞舜为之守丧（谅闇）三年，《虞书》称之为“三载，四海遏密八音”。这是新王为旧王居丧。最早明确记载为父母守丧三年的是《尚书·说命上》：“王宅忧，亮阴三祀。既免丧，其惟弗言。”意思是说殷高宗武丁为父王小乙守丧，为时三年。居丧三年期满之后，他仍然沉默寡言，不问政事。但这似乎是个孤例，其后几乎很少有帝王、诸侯为父母守丧三年。以至于孔子弟子子张对商王武丁为父守丧三年这条记载表示怀疑，向老师问道：“《尚书》上说：‘殷高宗武丁守孝时，三年之间不谈政事。’这是什么意思呢？”孔子肯定了这条记载的真实性，说：“不光是高宗这样做呀，古代人们都是这样做的。国君死了，新君即位，因为要为父亲守丧不谈政事。于是朝廷百官都各管自己的职事，听命于冢宰（宰相）三年。”孔子强调，只要“在上位的人喜好礼，那么老百姓就容易服从命令了”。

孟子作为儒学传承者，特别强调三年之丧，他说：“聪明人本该无所不知，但总应急于知道眼前该做的事情；仁人本该无所不爱，但总应急于先爱亲人和贤人。尧、舜的智慧不能遍知所有事物，是因为急于去做眼前的大事；尧、舜的仁德不能遍爱所有的人，是因为急于先爱亲人和贤人（尧舜之知而不遍物，急先务也；尧舜之仁不遍爱人，急亲贤也）。如果有人不重视三年的丧礼，却讲究缌麻、小功这类三五个月丧礼的细节；在尊长面前放肆用餐，大吃大喝，却讲究不用牙齿咬断干肉这类小礼节，这就叫不懂轻重缓急。”作为以继承和发展由孔子创立的儒家学说为己任的孟子，做出为母亲守丧三年的决定，应该说是完全可以理解的。

图 49　孟母林（佚名/摄）

第三，身体力行为“孝”之道，为世人做出榜样。尽管我们在前面讲了那么多守丧三年的道理，但是如果我们考虑到孟子在母亲辞世前的拥楹而叹，考虑到已经 46 岁的孟子这时尚是一介白丁，居丧三年，对于要立志于说服诸侯施行仁政以拯救天下百姓于水火的孟子，的确是太漫长了。但孟子为了挽回失去的礼仪，向天下示以儒家孝道之所在，仍决心身体力行，为世人做出“孝”的榜样。这一信念，应该是孟子为母亲居三年之丧的力量所在。

第六章

颠沛流离　滕国善政

公元前324年，孟子为母亲守丧三年毕，决定再去齐国碰碰运气。

前面说过，孟子曾因不被齐威王看重拥楹而叹，决心离开齐国到他国去游说诸侯。为什么在守丧三年后孟子又改变主意，要再去齐国呢？这里面一个最主要的原因是孟子的朋友匡章在齐威王面前得了势，孟子因此看到了接近并说服齐威王的一线希望。

匡章得势的缘由是这样的，自大将田忌被邹忌排挤出逃楚国后，齐国军事一度出现空虚状态。这时秦国却因商鞅变法而国力强盛，当位的秦惠王见有机可乘，遂借道韩、魏来进攻齐国。齐威王早就听说匡章名声，情急之下拜匡章为将，命他率兵迎击秦军。

匡章不负使命，大获全胜，秦军大败溃退，秦惠王不得已自称“西藩之臣”，并派特使向齐国谢罪请和。从此，匡章成为齐威王晚期乃至齐宣王时期最重要的一位军事将领。

孟子一行刚到齐国平陆不久，齐相储子就派人送来钱币，孟子却对储子连个问候的话也没有，毫不客气地收下礼物，就让来人空着手回去了。

孟子在平陆经过一番实地考察，然后会见了平陆大夫孔距心，对他说：“如果你的卫士一天三次擅离职守，你开除不开除他呢？”

孔距心说：“不必等三次，我就把他给开除了。”

孟子正色批评说：“那么您失职的地方也够多的了。荒年饥岁，您的百姓，年老体弱抛尸露骨在山沟的，年轻力壮逃荒到四方的，将近有一千人了。”

孔距心回答说：“这个问题不是我这个地方官能够解决的。”

孟子转换口气说：“假如现在有个人，接受了别人的牛羊而替他放牧，那么必定要为牛羊寻找牧场和草料了。如果找不到牧场和草料，那么是把牛羊还给那个人呢，还是就站在那儿眼看着牛羊饿死呢？”

图 50 子之失伍，亦多矣（董振中/绘）

孔距心听了汗颜，说：“这的确是我的罪过呀。”

后来孟子到齐都城见到齐威王，对他说：“大王的地方长官我最了解的有五个人，能认识自己罪过的，只有孔距心。”然后给齐威王复述了一遍他与孔距心的谈话。齐威王说：“这都是我的罪过啊。”

学生公孙丑感到这次老师一定会被齐威王重用，于是和老师探讨了这样一个问题：“如果先生在齐国掌权，那么您能把当年管仲、晏子那样的功业，再次建立起来吗？”

孟子感到这个问题很有趣，不由笑了，说：“你真是个地道的齐国人啊，心里只知道齐相管仲、晏子罢了。过去，有人问过曾西：‘先生您和子路相比，谁贤？’曾西听了不安地说：‘子路是我的父亲所敬畏的人。’那人又问：‘那么您和管仲相比谁贤呢？’曾西顿时很不高兴地说：‘你怎么能拿我和那个管仲相比？管仲得到齐桓公的信任是那样的专一，执掌国政是那样的长久，可是他建立的功业却是那样的卑微渺小。你怎么能拿我同这个人相比呢？’”

说到这里，孟子稍微停顿了一下，接着说：“管仲是连曾西都不愿与他做比较的人，你认为我愿意跟他比吗？”

公孙丑很不服气，辩解说：“管仲辅佐齐桓公使其称霸天下，晏婴辅佐齐景公使其名扬天下，管仲、晏婴这些成就难道还不值得效仿吗？”

孟子说：“凭当时齐国的条件称王天下，真是易如反掌呀！管仲、晏婴作为相国所做的成就与其机会相比真是太不相称了。”

公孙丑说：“如果是这样，那么我这个学生就更糊涂了。凭文王的德行，寿近百岁才去世，尚且没能使仁政遍及天下；武王、周公继承他的事业，这才使仁政遍及天下。现在您说起称王天下，似乎是很容易的样子，那么文王也不值得效法了吗？”

孟子说：“文王怎么能轻易敌得过殷商呢？从商汤到武丁，贤德圣明的君主出了六七个，天下人民归顺殷朝已经很久了，时间越久就越难以改变。武丁使诸侯来朝拜，统治天下，就像在他的手掌中拿着东西转动一样容易。商纣距武丁的时代不算长，武丁时代勋旧世家遗留的习俗、良好风气和仁惠的政教措施，影响依然存在，又有微子、微仲、王子比干、箕子、胶鬲这样一大批贤德的大臣辅佐他，所以过了很长的时间才被推翻。那时，没有一尺土地不是商纣的疆土，没有一个人不是商纣的臣民。然而当时周文王却只有百里见方的地方，所以他要兴起取得天下是很困难的。齐国人有俗谚说：‘虽然有智慧，也得趁形势；虽然有锄头，也得等农时。’我看当今形势，齐国要实行仁政称王天下却是很容易的。夏、商、周三朝最兴盛的年代里，哪一朝土地也没有超过纵横一千里的，而现在齐国有那么大的地方了；鸡鸣狗叫都能听得到，一直传到四周的国境，齐国已经有那么多的百姓了。土地不必再扩大了，百姓不必再招聚了，齐国只要施行仁政来称王天下，就没有人能阻挡得了。况且，仁德的君王久久不出现，没有比现在隔得更长的了；百姓受暴政折磨的痛苦，没有比现在更厉害的了。饥饿的人什么都吃，不会挑拣食物；干渴的人什么都喝，不会挑拣水源（饥者易为食，渴者易为饮）。正像孔子所说：‘德政的流行，比驿站传递政令还要快。’在今天这个时候，如果一个拥有万辆兵车的大国施行仁政，百姓对此感到的喜悦，就像在倒悬着时被解救下来一样。所以，现在事情只要做到古人的一半，功效必定是古人的一倍，现在这个时候才是最好的机会呀。”

孟子和公孙丑这一大段对话充分显示了他的理想抱负，即不屑于做相国帮助诸侯称霸天下，而志在说服帮助拥有千里之地的齐威王行仁政以王天下。

孟子就是这样抱着劝说齐威王施行仁政匡救天下的理想来到齐都临淄，却没想到迎头被泼了一盆冷水。首先是他的朋友匡章这时位高权重，根本没有把他这个过去未得志时的朋友放在眼里。他不但没有向齐威王举荐孟子，就是他本人府第的大门对孟子也是紧紧关闭的。

依照孟子孤傲的性格，依然是你不来我不往，因此就与匡章断绝了交情。公孙丑见孟子这次到齐国只是流连稷下学宫讲学论道，丝毫没有想去求见齐威王的意思，不禁问道：“先生您不去求见诸侯，有什么道理吗？”

孟子回答说：“古时候，如果不是诸侯的臣下，就不去谒见诸侯。过去段干木越墙躲避魏文侯的来访，泄柳关门不接待鲁穆公，这么做都太过分了。如果诸侯主动来见，这样也是可以见见的。阳货想和孔子见面，又怕被说成不懂礼数。因为当时按礼节规定，大夫赐礼物给士，士因故没有在家接受礼物，事后就应该前往大夫家拜谢。所以阳货探听到孔子不在家时，给孔子送去一只烤熟的小猪；孔子也探听到阳货不在家时，才上门拜谢。如果当初阳货先主动拜访孔子，他怎么可能跟孔子见不到面呢？曾子说：‘耸起肩膀，装出笑脸，去巴结人，真比大热天在地里干活还难受。’子路说：‘明明合不来还要交谈，那种脸色羞惭得通红的样子，这不是我所能理解的。’由此可见，君子要培养自己的道德操守，到底应该怎么做。”

弟子陈代也不满意先生的做法，一次闲谈中规劝孟子说：“您不谒见诸侯，看起来是一件很小的事；如果您现在谒见一下诸侯，大可凭借他们推行王政，小可凭借他们称霸天下。何况《志》书上说‘弯曲一尺却能伸长八尺（枉尺而直寻）’，好像是值得去做一做的。”

孟子引用一则曾经给学生万章讲过的故事说：“昔齐景公田，招虞人以旌，不至，将杀之。志士不忘在沟壑，勇士不忘丧其元。孔子奚取焉？取非其招不往也。如果我不待诸侯以其应有的礼节召唤就主动去谒见，那我算是怎么一回事呢？而且你所说的枉尺而直寻，是根据利益来说的。如果只讲利益，那么假使折弯了八尺能伸直一尺也算获利，难道可以去做吗？从前赵简子派驭手王良给自己宠幸小臣奚驾车去打猎，结果跑了一整天也没打到一只鸟。奚回来报告说：'王良是天下最无能的驾车人（天下之贱工也）。'有人把这话告诉了王良，王良说：'请让我再驾一次。'请求好几次，奚才勉强同意，结果王良一个早晨就猎获了十只鸟。奚回来报告说：'王良是天下最能干的驾车人。'赵简子说：'那我就叫他专门给你驾车吧。'谁知告诉王良，王良却坚决不肯，说：'我为他按规矩驾车，整天打不到一只鸟；不按规矩驾车，一个早上就打到了十只鸟。《诗·小雅·车攻》上说："不失其驰，舍矢如破。"我不习惯给小人驾车，请同意我辞掉这份差使。'一个驾车的人尚且耻于同不守规矩的射手合作，即使这样的合作能猎获堆积如山的禽兽，也不愿去干。如果背离正道去屈从他们那些诸侯，那我算什么人呢？而且你的看法也错了：使自己变得不正直的人，是不能够使别人正直的。"

尽管孟子不愿"枉道而从彼"，但他也实在无法忍受齐威王的冷漠，于是决定再次离开齐国。不过齐威王听说孟子要离开齐国，还是派人送来一百镒（两千四百两）上好的黄金（当时黄金实为黄铜）作为盘缠，但被高傲的孟子断然拒绝了。一些弟子不免为之惋惜，却也难以改变老师的决定。

除去三年回邹为母守丧时间，孟子在齐国前后待了接近五年。他对齐威王的幻想终于破灭了。已经到了五十岁知天命之年的孟子，下一步要到哪里去游说诸侯呢？施行仁政以拯救天下的理想还有可能实现吗？人们不禁为本书传主落拓多舛的命运深深担忧，并扼腕叹息。

孟子这次离开齐国，选定的下一个目标是宋国。孟子为什么选中宋国？这与宋君偃有关。

宋国为子姓，为殷商后裔。周初分封，把商纣王的儿子禄父（武庚）封为商侯，继续留在商都，以此来安抚其他商朝的贵族和诸侯。与此同时，周武王将三个弟弟分封，建立管国、蔡国、霍国，其国君分别是管叔、蔡叔、霍叔，负有监督武庚和商朝逸民及异姓诸侯国的责任，史称“三监”。周武王去世过早，其儿子姬诵只有十三岁，是为成王，由叔父周公旦摄政。武庚利用这一时机，散布谣言，鼓动管叔、蔡叔叛乱。

周公旦率兵东征三年，才全部平息乱局。平定叛乱后，因殷商纣王之庶兄微子启没有参与叛乱，周公遵守“兴灭继绝”（兴灭国，继绝世。《论语·尧曰》）的传统，封其为诸侯，国号为宋，定都商丘。商丘原名亳，为成汤建商所立都城。至仲丁元年，因水患都城西迁。周公旦把微子启封于此地，有对前朝尊重的意思。

宋国国君为公爵，这在周朝爵位公侯伯子男中可以说是最高的。不仅如此，宋国还被周朝视为客国，可以用天子之礼祭祀商朝历代君王。在封商汤后代之外，周朝又封虞舜、夏禹后代为诸侯，国号分别为陈国、杞国。这三个诸侯国，都有客国的意思，历史上称陈、杞、宋为“三恪”。恪字，意为示敬，同时还有恪守的意思。周朝这种分封虞舜、夏禹、成汤后代的做法被称作“三恪之制”。三恪之制作为帝王之制，多被后世帝王所效仿。三恪，一说为黄帝、唐尧、虞舜后代所封之国，分别为蓟国、祝国、陈国。按这种说法，杞国、宋国则为“二王”之后。

微子启作为宋国第一代国君，去世时儿子已经亡故（启子早亡），故遵守“兄终弟及”礼制，“舍其孙腯而立衍”。衍，是微子启的弟弟，名仲思衍。东汉学者郑玄为此解释说：“微子嫡子死，立其弟衍，殷礼也。”仲思衍因继承兄长微子之位，故号微仲。微仲传君位给儿子子稽，是为宋公稽。

宋国共传三十四君，历七百五十三年。宋君偃得到宋国君位，并不是正常的父子承嗣，也不是殷礼兄终弟及，而是通过武力上位的。宋君偃是宋国执政司城子罕的弟弟。司城子罕名叫皇喜，一作剔成，子姓，戴氏，子罕为字。皇喜一作“剔成肝”，有学者认为可能是“司城罕”的误写。子罕在宋桓侯时为司城。宋桓侯为宋休公之子，子姓，名辟兵，在位七年（公元前

362年至前356年），非常昏庸，奢侈荒唐，大兴土木，建筑苏宫。司城子罕因此废宋桓侯而自立。宋国历史上有宋桓公子御说，为宋庄公之子、宋闵公之弟，所以宋桓侯又称宋后桓公、宋辟公。司马迁《史记》记载，剔成为宋辟公之子，“辟公三年卒，子剔成立”。应该说司马迁这里记载有误，剔成取代宋桓侯，实际上是“戴氏取宋”的一场宫廷政变。其实剔成也是仲思衍后人，因祖上为宋国第十一任国君宋戴公，故称戴氏。

剔成下场也不好，《史记·宋微子世家》记载为：“剔成四十一年，剔成弟偃攻袭剔成，剔成败奔齐，偃自立为宋君。”这里“剔成四十一年”也值得怀疑，剔成废宋桓侯为公元前356年，按此计算，剔成四十一年为公元前315年；即使按宋桓侯在位三年计算，剔成四十一年为公元前319年，这不仅与历史不符，也与孟子生平年谱不符。

这里宋辟公、宋桓侯、剔成在位时间我们不作考证，在此叙述只是存疑而已。子偃驱逐兄长剔成时间为公元前329年，按照惯例，年号元年为公元前328年。子偃相貌堂堂，史载为“面有神光，力能屈伸铁钩”。夺得君位之后，子偃迁都于彭城（今江苏省徐州市），宣称要“修王政”，由此引起孟子的关注。

孟子想去宋国的打算受到学生万章的质疑。他说：“宋国只是一个小国，就算宋君现在打算施行王政，如果引起齐、楚两国嫉恨，并出兵讨伐它，那该怎么办呢？”

孟子对此很不以为然，于是耐心给万章讲了一段商汤和周文王的故事：从前成汤居住在亳地，与葛国是邻国。成汤在国内行天道，祭祀天地；近邻葛国却从来不祭祀天地，成汤就派人询问是怎么一回事，葛国国君以没有牛羊做牺牲搪塞。成汤派人送去了牛羊，不想葛国国君把牛羊宰杀吃了，并不举行祭祀。成汤再派人去询问：“为什么不祭祀？”葛国国君又声称没有谷物可以放在祭器里。成汤派亳地百姓帮葛国百姓耕种土地，老人孩子则忙着给在地里劳作的人送饭。葛国国君竟然派人抢夺饭食，送饭的人不给他们就被杀掉。其中一个小孩子就因此死于非命。成汤这才出兵征讨葛国，民众对这场正义之战大加赞赏，认为成汤不是想占有天下，而是为普通百姓报仇雪恨。成汤占据了道义制高点，因而师出有名。再加上大军所到之处，商人继续买卖，农民照样耕耘，成汤的仁义之师诛杀暴君，抚慰民众，以至于人们就像天旱时盼望甘霖一般，盼望成汤能快一点率大军来解救他们的疾苦。

孟子讲完商汤灭夏的故事，意犹未尽，又对万章讲了《尚书》中所记载的周王率领诸侯灭商的故事："《尚书》上说：'东方有个攸国，不肯服从周朝，周王就向东征讨它，安抚那里的人们。攸国的人们用竹筐装着彩色的绸带迎接，希望见到周王，愿意侍奉周王而享受他的恩泽，称臣归附于大周国。'那里的官吏用筐装满彩色的绢帛迎接周王的官吏，那里的百姓抬着饭筐提着酒壶迎接周王的士兵。就是因为周王把那里的人民从水深火热中拯救出来，除掉他们的暴君罢了。宋君不施行仁政也就罢了，如果实行仁政，普天下的人都将仰望他，要拥护他做自己的君王。齐、楚两国虽然强大，又有什么可怕的呢？"

读者在这里请注意，宋君所要施行的是"王政"而非"仁政"，孟子所要劝宋君施行的是"仁政"而非"王政"。弄懂弄通这个概念，才能明白《孟子》原文中同样是"王政"，笔者在叙述和译文中却在不同地方分别用了"王政"和"仁政"两个词语。

"国君好仁，天下无敌。""诸侯有行文王之政者，七年之内，必为政于天下矣。"诸侯国无论大小，只要国君施行仁政，就一定能称王于天下。这是孟子坚定不移的信念。正是基于这种信念，孟子带弟子们走了几百里，来到宋国都城彭城。

刚到彭城，宋国一个叫戴盈之的大夫慕名拜访孟子，并与孟子探讨施行新政的具体措施："按照十分抽一的税率，并免去关卡和市场上对商品的征税，看来今年还做不到。请让我们慢慢来吧，等到明年，我们就会彻底实行什一税，彻底废止现行的税制，您看怎么样呢？"

孟子很不满意戴盈之的这种做法，举例批评说："现在有个人，天天偷邻居家的鸡。有人严肃告诉他：'你这不是君子的行为。'那人却说：'请允许我少偷一些，每月偷一只鸡，等到明年再停止偷鸡，好吗？’既然已经知道那件事是不应该做的，就要赶快停止，为什么要等到明年呢？”

戴盈之应该明白要施行仁政，就要减少税率，减轻民众的负担，同时要免去关税，以促进商品流通。但他说“轻之”，说明他没有认识到施行仁政的迫切性和重要性。孟子用一则寓言，间接斥责宋国采取高税率不是君子之道。同时严正指出，如果知道一件事情不符合道义，就要坚决废止，就要快速废止，任何拖延或不彻底改正的做法，都是错误的。为政者于此应当警醒，只要发现任何措施不符合民众利益，不符合“君子之道”，就要快速废止，坚决废止。任何搪塞敷衍的态度，都是错误的。

另一个宋国大夫名叫戴不胜，也来拜访孟子。（清代学者赵佑《四书温故录》：“戴不胜疑即戴盈之，一名一字也。”此处存备一说。）他向孟子介绍了隐士薛居州的贤德，认为如果能请薛居州出山做官，宋国国君一定会有新起色。孟子直截了当回答说：“您是真的希望您的君王做个贤明的君主吗？我明白地告诉你。假设有个楚国大夫在这里，想让他的儿子学齐国话，那么是请齐国人教他呢，还是请楚国人教他呢？”

戴不胜回答说：“当然是要请齐国人来教他呀！”

孟子说：“如果一个齐国人教他，可是有许多楚国人哇啦哇啦干扰他，即使天天鞭打他，逼他学齐国话，也是不可能学会的。如果带他到齐国都城的闹市区庄街岳里住上几年，即使天天鞭打他，要他讲出楚国话，也是不可能的。你说薛居州是个好人，让他住在王宫里。如果在王宫里的人，不论年龄大小、地位高低，都是薛居州那样的人，宋王还能同谁一起干坏事呢？如果在王宫里的人，不论年龄大小、地位高低，都不是薛居州那样的人，宋王又能同谁一起做好事呢？仅仅一个薛居州，能对宋王起到什么作用呢？”

孟子与戴不胜的对话，可以从两点理解。第一点，宋君施行王政，需要一大批善士辅佐，仅仅寄希望于薛居州一个善士，这只能是杯水车薪，无济于事。第二点，宋君施行王政，需要营造一个良好的变革环境，这样才能真正为善于国，为善于民。

孟子在宋国逗留期间，曾有一个叫宋勾践的人，来和孟子探讨游说之道。孟子对他说：“先生不是喜欢游说各国吗？我来给您谈谈游说的态度吧。人家理解我，我快快乐乐；人家不理解我，我也快快乐乐。”

宋勾践问道：“要怎样才能做到快快乐乐呢？”

孟子回答说：“崇尚道德，爱好正义，就能做到快快乐乐了。所以士人在穷困时不失掉道义，得志时不背离原则。穷困时能不失掉道义，所以士人能保持自己的操守；得志时不背离原则，所以不会使百姓失望。古代的人，得志的时候，施给人民恩泽；不得志的时候，修养品德立身在世。穷困时，要独自保持自己的善性；显达时，则要把善性推及天下人，让天下的人民都走善道（穷则独善其身，达则兼善天下）。”

孟子在宋国石丘（今地未详）地方，曾遇到一个叫宋牼（kēng，牛胫骨）的人，孟子问他：“先生准备到哪儿去？”宋牼回答说：“我听说秦国和楚国在交战，我想去见楚王，劝说他停战；如果楚王不高兴听，我再去见秦王，劝说他停战。两位君王之中，我总会遇到能说得通的吧？”

孟子说：“我不想询问详细情况，只想了解你的主要想法。你打算怎样去劝说呢？”宋牼回答说：“我将向他们陈述双方交战的不利之处。”

孟子笑了，说：“先生您的出发点诚然是好极了，先生的提法却不甚妥当。先生用利去劝说秦王、楚王，秦王、楚王如果喜欢利而让军队休战，这样也就是使三军官兵因为喜欢利而乐于休战。要都是这样，做臣子的怀着求利的念头侍奉国君，做儿子的怀着求利的念头侍奉父亲，做弟弟的怀着求利的念头侍奉哥哥，这会使君臣、父子、兄弟最终背离仁义，怀着求利的念头相互对待。这样的国家不灭亡，是从来没有的。先生如果用仁义去劝说秦王、楚王，秦王、楚王因喜爱仁义而让军队休战，这就会使三军官兵因为喜爱仁义而乐于停战。要都是这样，做臣子的心怀仁义侍奉国君，做儿子的心怀仁义侍奉父亲，做弟弟的心怀仁义侍奉哥哥，这样就会使君臣、父子、兄弟去掉求利的念头，而怀着仁义之心相互对待了。这样的国家还不能称王天下的，是从来没有的。何必要说利呢？”

孟子与宋牼这段对话，重点在倡导仁义。在孟子看来，诸侯国国君只要施行仁政，倡导仁义，三军将士、臣子、父子、兄弟，都会按仁义原则做事，如果举国上下都以仁义为做事标准，这个诸侯国国君不仅会是本国的王，而且会是天下的王。本处文字明处是建议宋牼以仁义劝说秦楚之王休战，实际上是孟子游说诸侯国君所坚持的原则。“学者所当深察而明辨之也。”（朱熹《四书集注》）

有学者考证这段文字，认为按当时秦国实力，秦国尚没有实力敢于与楚国交战，故孟子见宋牼应当在公元前312年孟子离齐之后。笔者认为，孟子在公元前312年第三次离开齐国，已经61岁，钱穆先生考证为71岁，其后主要在邹讲学著述，而邹在宋之北，宋牼由宋到楚不可能经过邹国或者附近地方，所以把这段故事放在这里记述。

孟子这次在宋国都城，还有一个重要的事件，就是与滕国世子的两次会面。这两次会面引发了滕国世子在即位之后的仁政实践。关于孟子与滕国世子这次会面，我们留待下文叙述。

孟子在宋国逗留大约几个月时间，但一直没有能与宋国国君戴偃见上一面，他的仁政理想也没有任何实现的可能，不免大失所望，于是做出了离开宋国的决定。

孟子要离开宋国的消息传到宋国宫中，宋王偃为向世人表示爱才敬贤之意，派人送上黄金（先秦时期黄金一般为黄铜——作者注）七十镒，说是作为孟子师徒旅途盘缠之用。出乎弟子们的预料，老师这次却没有像对待齐威王送黄金一百镒那样拒绝收礼，而是毫无愧色地把这七十镒黄金全部收下了。

孟子离开宋国后，路过薛地，薛邑宰馈赠黄金五十镒，孟子也接受了。有学者认为孟子所经薛地，应该是薛国。笔者之所以说是薛邑宰，是因为薛国在这个时候可能已经亡国了。

先秦史籍关于孟子过薛这件事，在《孟子》一书记载以外，没有任何蛛丝马迹。《孟子·公孙丑下》在孟子弟子陈臻与孟子的对话中提及此事：

图 51　孟子辞宋归邹图（李维定/绘）

“陈臻问曰：‘前日于齐，王馈兼金一百而不受；于宋，馈七十镒而受；于薛，馈五十镒而受。前日之不受是，则今日之受非也。今日之受是，则前日之不受非也。夫子必居一于此矣。’孟子曰：‘皆是也。当在宋也，予将有远行，行者必以赆；辞曰：“馈赆。”予何为不受？当在薛也，予有戒心；辞曰：“闻戒，故为兵馈之。”予何为不受？若于齐，则未有处也。无处而馈之，是货之也；焉有君子而可以货取乎？’”

《孟子》这段话是说孟子接受薛邑宰馈赠五十镒黄金的事，让弟子们感到迷惑不解。学生陈臻忍不住把心中的疑惑直接向老师提了出来：“以前在齐国，齐王送您一百镒上好黄金您不接受；在宋国，宋国国君送您黄金七十镒，您却接受了；现在在薛地，薛邑宰送您黄金五十镒，您又接受了。如果以前不接受是对的，那么现在接受就是不对的；现在接受如果是对的，那么以前不接受就是不对的。先生在这两种做法中，一定有一个是对的，有一个是不对的。”

孟子笑了，回答说：“这两种做法都是对的。”看着学生们迷惑不解的眼神，孟子耐心解释说：“当在宋国的时候，我将要远行，远行的人必然需要一些盘缠，宋国国君说：‘送点盘缠给你。’我为什么不接受？当在薛地的时候，我有防备在路上遇害的打算，主人说：‘听说您需要有所防备，所以送点钱给您购置兵器。’我为什么不接受？至于在齐国，齐威王根本就没有说明赠送钱财的理由。没有理由而赠送我钱财，这是想收买我啊。哪有君子可以用钱财收买的呢？”

从《孟子》这段记述看，孟子在薛地收受馈金，是在齐国、宋国受赠馈金之后，可以说是确定无疑的。至于薛邑馈金究竟是在离宋回邹途中，还是在从滕国去魏国途中，这个问题，还真的难以考证确切。尽管如此，孟子这时离开宋国回到邹国，也是无可置疑的。

孟子这次在邹国，有几则故事记载在史籍中，我们在此一并叙述。

孟子居住在邹国，任国国君的弟弟季任正在任国代理国政，派人送礼物来结交孟子，孟子收了礼物却不回谢。过了些日子，孟子从邹国到了任国，专门拜访了季子。先前，齐相储子曾派人到平陆赠送孟子礼物，孟子到了齐国都城却没有拜会储子。学生屋庐子因此得意地说："我发现老师的差错了（连得间矣）。"然后跑去问老师说："老师到了任国，拜访了季子；到了齐国，却不拜访储子，这是因为储子仅仅是个国相吗？"

孟子回答说："不是这样的。《尚书》上说：'进献礼品首先要看重礼仪，礼仪配不上礼品，只能称作没有进献，因为进献的人心不在进献上。'我之所以不去拜访储子，是因为储子没有诚心。"

屋庐子听了老师的解释很高兴。有人却不明白其中道理，便向屋庐子问起这件事，屋庐子回答说："季子因为正在代理国政，所以不能亲自到邹国去送礼物；而储子作为齐国卿相，是能亲自到平陆去送礼物的。"

任国有个人听说了这件事，认为屋庐子很有学问，就跑来请教屋庐子："礼节和吃饭哪样重要？"

屋庐子回答说："当然是礼节重要。"

那人又问："娶妻和礼节哪样重要？"屋庐子回答说："还是礼节重要。"

那人又问："如果按照礼节去求饭吃，就会因吃不上饭而饿死；如果不按照礼节去求饭吃，就会吃得上饭，那么是不是一定要按照礼节行事呢？按照亲迎的礼节娶亲，就娶不到妻子；不按照亲迎礼节，却能娶到妻子，那么也一定要行亲迎礼吗？"

屋庐子不能做出回答，第二天就到邹国去，把问题告诉给孟子。孟子说："回答这个问题有什么困难呢？不度量物体原来基础的高低是否一致，却只比较它们的顶端，那么尺把长的木块也能使它高过尖顶的高楼。我们说黄金比羽毛重，难道是就一只金带钩和一车子羽毛相比来说的吗？拿吃饭的重要问题同礼节的细小方面相比，岂止是吃饭问题重要？拿娶妻的重要问题同礼节的细小方面相比，岂止是娶妻重要？你去这样回答他：‘扭住哥哥的胳膊夺他的饭吃，就能得到饭吃；不扭就得不到饭吃，那么就该扭他吗？翻过东邻人家的墙头，搂抱那家的闺女，就能得到妻子；不去搂抱，就得不到妻子，那么就该去搂抱吗？’”

屋庐子把孟子的话给任国人说了，任国人很佩服孟子的回答。

有个叫曹交的人专程来请教孟子：“我听有人说您说过‘人皆可以为尧舜’，有这种说法吗？”

孟子回答说：“有啊。”

曹交又问：“我听说周文王身长十尺，商汤身长九尺，我曹交也有九尺四寸多高，却只知道吃饭罢了，请问我怎样做才可以成为唐尧、虞舜呢？”

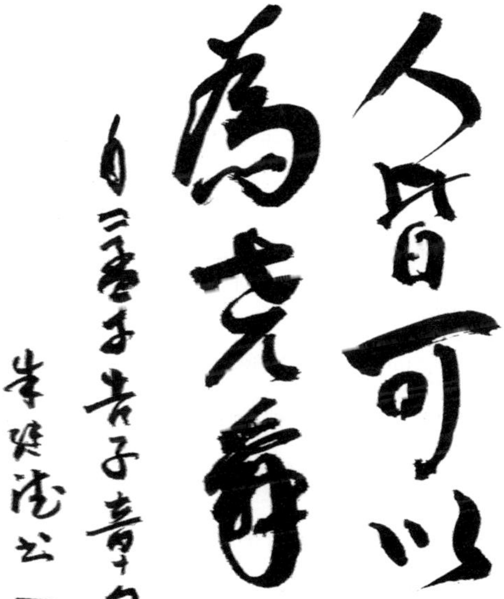

图 52　人皆可以为尧舜（朱继德/书）

孟子回答说：“这有什么难的呢？只要去做就行了。假设这里有一个人，力气提不起一只小鸡，那他就是个没有力气的人了；如果他能举起三千斤的东西，那他就是个很有力气的人了。既然这样，那么一个人只要能举起乌获举过的重量，这样他也就成为乌获了。一个人应该担心的，难道在于不能胜任吗？在于不去做罢了。慢慢地跟在长者后面走，叫作悌；快步抢在长者前面走，叫作不悌。慢慢地走，难道是一个人不能做到的吗？不去做罢了。尧、舜之道，无外乎孝和悌而已。如果你穿唐尧所穿的衣服，说唐尧所说的话，做唐尧所做的事，这样你也就成为唐尧了。如果你穿夏桀所穿的衣服，说夏桀所说的话，做夏桀所做的事，这样你也就变成夏桀了。”

曹交说：“我要去拜见邹君，向他借一处馆舍居住，我愿意留下来在您门下学习。”

孟子说：“尧舜之道就像大路一样，哪里是难懂的呢？就怕人们不去寻求罢了。你回去寻求吧，自然会有很多老师的。”

送走曹交不久，邹穆公听国人皆言孟子的才智，因为曾遇到过一件让他头疼的事，所以不惜屈驾来看望孟子。此前不久，邹国和鲁国发生了一场军事冲突。鲁国军队闯进邹国都城，邹国百姓却对此无动于衷，结果邹国官员被杀死达 33 人之多，据说连邹穆公的儿子也在其中。邹穆公因此向孟子请教说：“我国官员在这场冲突中死了 33 人，然而百姓没有一个肯为长官效死的。我想杀了他们吧，杀不了这么多；不杀他们吧，又实在恨他们眼睁睁看着自己的长官死难而不去救助。您说究竟应该怎么办才好呢？”

孟子不客气地回答说：“您还是先反省一下您自己的做法吧！饥荒年头，您的百姓，年迈体弱的辗转饿死在山沟荒野，年轻力壮的则逃往四方，差不多都快有上千人了。然而您的粮仓里堆满粮食，库房里财物富足，官员们没有一个向您报告这些情况，这就是对上怠慢国君，对下残害百姓啊。曾子说过：‘警惕啊，警惕啊！你怎样对待别人，别人也会怎样对待你。’百姓如今得到机会便反过来这样对待他们的长官了。所以您就不要责怪他们了。如果您能施行仁政，百姓自然就会亲近他们的长官，愿意为他们的长官牺牲了。”

这则故事，学者一般都放在孟子出游齐国甚至梁国之后。但考诸邹穆公在位时间约为公元前 382 年到前 330 年，对照孟子年谱，孟子见邹穆公最晚应在出游齐国之前。根据西汉贾谊《新书》和刘向《新序》记载，邹穆公还是个不错的君侯。所以笔者推论，此处穆公应该有误，但此时向孟子请教的究竟是邹国哪位君主，我们已经无从考证了。

孟子回到邹国不久，滕国世子姬蘣派老师然友来向孟子请教如何操办父亲的丧礼。周代滕国为 53 个姬姓诸侯国之一，其职责是监视东夷诸部，始封于公元前 1046 年，文献《世本》有明确记载：“错叔绣（即叔绣，为文王第十四子，武王异母弟，初来滕时居住在‘错’这个地方，后世文献因此称他为错叔绣——作者注），文王子。”《春秋释例 · 世族谱》：“滕，姬姓。文王子错叔绣之后也，武王封之居滕。今沛郡公丘县是也。”滕国疆域据《孟子》记载，称其“绝长补短，将五十里”。《孟子 · 梁惠王下》：“滕，小国也，间于齐楚。”

战国时期，滕国“传三十一世”至滕文公。《古纪》《世本》录文公是定公子，本是元公弘。弘为世子，定公薨，世子立，以元公行文德，故谓之“文公”。此处“弘”一作“宏”，学者据此认为姬宏为滕文公，但据笔者考证，姬宏应该是滕定公，滕定公之父为滕考公姬麋，滕定公之子为滕文公姬銮。

滕文公做世子时曾与孟子有过两次交往：当时滕世子姬銮有事去楚国，路过宋国时拜见了孟子。孟子给他讲人性天生善良的道理，句句都要提到尧、舜。世子姬銮从楚国返回，又来看望孟子，言谈中对孟子“言必称尧舜”的一些观点流露出质疑的态度。孟子说：“世子怀疑我的话吗？天底下真理就只有这么一个罢了。成覵（jiàn）对齐景公说：‘他是个大丈夫，我也是个大丈夫，我怕他什么呢？’颜渊说：‘舜是什么样的人？我是什么样的人？只要是有作为的人都应当像他这样。’曾参弟子公明仪说：‘文王，是我的老师，说这话的周公难道会欺骗我吗？’现在滕国的土地，截长补短，将近五十里见方，仍然可以治理成一个好国家。《尚书》上说：‘如果药力不能使病人头晕目眩，那病是治不好的。’”

滕定公去世后，姬銮以世子身份执政，他对老师然友说：“前些时候孟子曾经与我在宋国交谈过，我心里始终没有忘记。孟子真乃当世高人，我现在不幸遇到了这样的大变故，丧事该怎么办，一定要听听他的意见！我想麻烦您去请教一下孟子，然后再治办父亲的丧事。”

然友因此到邹国去请教孟子。孟子称赞说：“世子这样做不是很好吗？

父母的丧事，本来就应该尽到自己的心意去办的。曾子说过：‘父母在世时，以礼节去侍奉；父母去世了，以礼节安葬，以礼节祭祀，就可以说是尽孝了。’关于诸侯的丧礼，我没有专门学习过；虽然这样，但我曾听说过一些。首先，孝子要守三年的丧期，还要穿缝了边的粗麻布丧服，只能喝稀粥，上从天子下到百姓，夏、商、周三代都是这样做的。”

然友回滕国向世子复命，世子姬銮决定实行三年丧礼。滕国宗室百官都不同意，说：“我们的宗国鲁国的历代君主，没有谁实行过这种丧礼；我们的前代君主也没有谁实行过，到了你身上却要违反传统，这样不行。况且《志》书上有记载说：‘丧礼、祭礼要遵从先祖的规矩。’又说：‘我们的做法都是有所继承的。’”

世子姬銮一时没有了主意，对老师然友说：“我以前不曾讲求学问礼节，只是喜欢骑马驰骋，比试剑法。现在宗室百官都不满意我，担心我不能竭尽孝道办好丧事，请您替我再去向孟子请教。”

然友因此再次到邹国向孟子请教。孟子说：“是呀，这事是不能求助于别人的。孔子说：‘国君死了，太子把政事托付给冢宰处理，喝稀粥，面色黯黑，走到孝子的位置上就哀哭。这样，大小官员没有敢不哀伤的，因为太子给他们带了头。’在上位的人爱好什么，下面的人必定对此更加爱好。‘君子之德，风也；小人之德，草也。草尚之风，必偃。’这件事就取决于太子了。”

然友返国后向世子姬銮转述了孟子的话，世子姬銮拿定主意说：“对啊，这件事的确取决于我自己。”于是一连五个月都住在丧庐里，没有发布过一道政令诫示（五月居庐，未有命戒）。朝中百官和同族亲属都表示满意，认为太子知礼。到了安葬那天，各地的人都来观看葬礼。太子面容悲戚，哭声哀伤，使吊丧的人非常欣慰。

办完丧事，滕文公亲政，专门派大夫毕战到邹国向孟子请教周朝井田制度。孟子说：“您的国君打算施行仁政，选派你到我这里来，你一定要努力啊！施行仁政，一定要从划分、确定田界开始。田界不正，井田的面积就不平均，粮食、俸禄就不公平，因此暴君污吏必定要搞乱田地的界限。田界划分正确了，那么分配井田，制定俸禄标准，就可以轻而易举地做起来了。滕国虽然地方狭小，但也要有人来做官，也要有人做农夫。没有做官的君子，就没有人来治理农夫；没有农夫治理土地，就没有人来供养君子。建议你们在农村实行九分抽一的助法，在都城实行自行交纳十分抽一的赋税。卿以下的官吏一定要有可供祭祀的五十亩圭田，家中还有其他劳动力的，再给二十五亩。百姓丧葬迁居都不离乡。乡里土地在同一井田的各家，出入相互结伴，守卫防盗相互帮助，有病相互照顾，那么百姓之间就亲近和睦。一里见方的土地定为一方井田，每一井田九百亩地，中间一块是公田。八家都有一百亩私田，他们首先共同耕作公田；公田农事完毕，才敢忙私田上的农活，这就是使君子和农夫有所区别的办法。这只是井田制的大概情况，至于如何改进完善，那就在于你的国君和你的努力了。”

孟子在这里明确表明了自己的政治主张和具体措施，概括起来就是要保证民有“恒产”，设立学校以明人伦，划定经界，采用井田制，都城赋税十分抽一，乡里实行助法九分抽一。

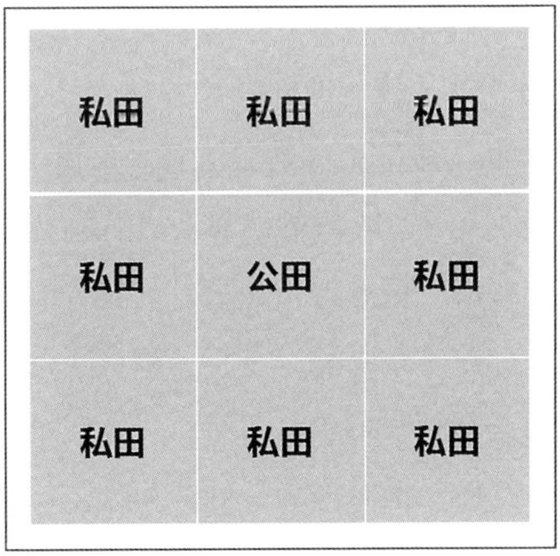

图 53　井田制示意图

毕战大夫回到滕国复命，滕文公认为施行仁政有许多事情要经常当面向孟子请教，于是派人请孟子来滕国。孟子很高兴，很快便带弟子们来到滕国。孟子被安排住在上宫，一面讲学，一面为滕文公实行仁政提供一些好的建议。

没想到刚住上宫不久，孟子就遇上了一件尴尬事。原来，宾舍里有一双还没织好的草鞋放在窗台上，草鞋的主人来找却没有找到。有人当面问孟子：“这是不是跟随你来的人乱藏人家东西呢？”

孟子为自己弟子无端遭到猜疑十分恼火，反问说：“你以为我们这些人是为了偷鞋子而来这里的吗？”

那人缓和了语气说道：“大概不是吧。”

孟子也平静了一下自己，解释说：“我开设课程、定下规章条例接收学生学习，对于学生自己离开的不追问，有前来求学的也不拒绝。只要他们是抱着向学愿望来的，我就接收他们罢了。”

滕文公很快就来拜访孟子，寒暄了几句就直奔主题，向孟子讨教怎样治理国家。孟子也不客气，早已胸有成竹，讲出一番治国安邦的大道理：“与百姓有关的事是刻不容缓、不能松劲的（民事不可缓也）。《诗》说：‘昼尔于茅，宵尔索绹；亟其乘屋，其始播百谷。’老百姓的特点是：有固定产业的人会有稳定不变的思想，没有固定产业的人就不会有稳定不变的思想。一个人如果没有稳定不变的思想，那么违礼犯法、为非作歹的事，就没有不去干的了。等到他们陷入犯罪的泥坑，然后便用刑罚处置他们，这就像是布下罗网陷害百姓。哪有仁人做了君主却干出陷害百姓的事呢？所以贤明的君主必定要认真勤俭，以礼对待臣下，向百姓征收赋税有一定的标准。阳虎曾说：‘要发财就顾不上仁爱，要仁爱就不能发财。’夏朝赋税为每五十亩地采用‘贡’法，商朝赋税为每七十亩地采用‘助’法，周朝赋税每一百亩地采用‘彻’法。其实这些赋税税率都是十分抽一。‘彻’是‘通’的意思，‘助’是‘借’的意思。古代贤人龙子说：‘管理土地的税法，没有比助法更好的，没有比贡法更差的。’贡法是比较若干年的收成，取平均数作为常数，按常数收税。丰年，粮食多得吃不完，多征收一些不算暴虐，相对说来贡法却征收得少；荒年，百姓连第二年买肥料的钱都不够，而贡法却非要足数征收。国君作为百姓的父母，却使百姓一年到头劳累不堪，结果还不能养活父母，还得靠借贷来补足赋税，使得老人孩子四处流亡，饿死在沟壑。这样的国君，哪能算是百姓的父母呢？做官的世代享受俸禄，滕国本来就实行了，为什么不再实行助法，让百姓也得到好处呢？《诗·小雅·大田》说：‘雨我公田，遂及我私。’只有助法才有公田。由此看来，就是周朝也实行助法的。要设立庠序学校来教导百姓。‘庠’是培养的意思，‘校’是教育的意思，‘序’是实物教育的意思。地方学校，夏代称‘校’，商代称‘序’，周代称‘庠’；‘学’是中央办的学校，三代共用这个名称。这些学校都是用来教人懂得伦理关系的（皆所以明人伦也）。在上位的人明白了伦理关系，百姓在下自然就会相亲相爱。您要这么做了，如果有圣王出现，也必然会来效法的，这样您就成了圣王的老师了。《诗·大雅·文王》说：‘周虽旧邦，其命维新。’这里虽然是讲的文王，但只要您努力实行，也可以使您的国家焕然一新了。”

孟子这一大篇论述实际是对毕战所讲实行井田制的扩展。过了一段时间，滕文公感到内政比较好处理，但是滕国作为一个小国如何周旋于大国之间倒是颇费思量，于是请教孟子说：“滕国是个小国，现在夹在齐国和楚国的中间，是侍奉齐国好呢，还是侍奉楚国好呢？”

孟子对滕文公提出的这个问题也觉得十分棘手，考虑了一会儿，结果老老实实地来了个实话实说：“谋划这个问题的确不是我力所能及的。如果一定要我发表意见，我想就只有一个办法：深挖护城河，筑牢城墙，与百姓共同守卫。如果能做到这些，那么百姓宁可献出生命也不会离开你，这样就能有所作为。”

图 54 滕文问道（《孟子圣迹图》）

滕文公听了孟子的话，感

到有些心寒，因为孟子的回答并没有解决如何在大国之间周旋的现实问题。但他仍保持了对孟子的尊敬，换了一个角度，问道："滕国是个小国，即使竭力去侍奉大国，也还是不能免除威胁，我究竟怎么做才好呢？"

孟子不喜欢滕文公一味想走大国路线的态度，但自己又拿不出更好的办法，只好用周太王古公亶父迁于岐山的历史故事来应对。

孟子引用这个故事，既没有正面回答滕文公所提出的问题，又不切实际。当时诸侯国林立，滕文公不可能找到一个清静的地方"邑于岐山"，而"效死勿去"的结局显然也不是滕文公所希望看到的。于是，滕文公对孟子的热情开始减退了。

孟子并不在乎滕文公的态度，依旧在上宫和弟子们讲学论道，这时，有一个奉行神农氏学说的人叫许行，从楚国来到滕国，登门谒见滕文公，说："我这个远方来的人，听说您施行仁政，希望能得到一处住所，让我做您的百姓。"滕文公给了许行一处住所。他的弟子有几十个人，都穿粗麻布衣，靠编草鞋织席子为生。

图 55 许行愿受一廛而为氓（李维定/绘）

陈良的弟子陈相和他的弟弟陈辛听说这件事，也背着农具从宋国来到滕国，对滕文公说："听说您施行圣人的政治，这样，您也就是圣人了，我们愿意做圣人的百姓。"

陈相见到许行后大为高兴，就完全抛弃了自己原来所学的东西，改向许行学习。

陈相后来见到孟子，转述许行的话说："滕文公倒确实是贤明的君主。虽然如此，他还是没有真正懂得贤君治国的道理。贤君应该与人民一起耕作养活自己，一面烧火做饭，一面治理天下。现在，滕国有堆满粮食钱财的仓库，这是盘剥百姓来供养自己，哪能称得上贤明呢？”

孟子问：“许子一定是自己种了粮食才吃饭的吗？”

陈相说：“是的。”

孟子问：“许子一定是自己织了布才穿衣的吗？”

陈相答道：“不是，许子穿的是粗麻编织的衣服。”

孟子问：“许子戴帽子吗？”

陈相答道：“戴啊。”

孟子问：“戴什么样的帽子？”

陈相答道：“戴白绢丝织的帽子。”

孟子问：“是许子自己织的吗？”

陈相回答：“不是，是用粮食换来的。”

孟子问：“许子为什么不自己织呢？”

陈相回答：“那样会妨碍做农活呀。”

孟子又问：“许子用锅、甑（zèng，陶器）烧饭，用铁制农具耕田吗？”

陈相回答：“是的。”

孟子问：“那些锅、甑和铁制农具是许子自己造出来的吗？”

陈相回答：“不是，是用粮食换来的。”

孟子问了陈相一连串简单的问题，然后讲道理说：“农夫拿粮食交换生活、生产所需的器具，不算是伤害陶工冶匠；陶工冶匠也拿他们的器具交换粮食，难道就是侵害了农夫利益吗？再说，许子为什么不自己制陶冶铁，停止交换，样样东西都从自家屋里随时取来用呢？为什么要忙忙碌碌同各种工匠交换呢？为什么许子这样不怕麻烦呢？”

陈相答道：“各种工匠的活计本来就不可能是一边耕作一边兼做的。”

孟子见陈相接受了社会分工的道理，开始大发议论：“既然是这样的道理，那么治理天下的事难道就是能边耕作边兼做的吗？有官吏们应该做的事，有小民们应该做的事。再说一个人身上所需的用品要靠各种工匠来替他制备，如果一定要自己制作而后使用，这只能是导致天下的人在路上疲于奔走。所以说：有些人动用心思，有些人动用体力。动用心思的人治理别人，动用体力的人被人治理（劳心者治人，劳力者治于人）。被人治理的人养活别人，治理人的人靠别人养活。这是天下通行的道理。”

图 56　劳心者治人，劳力者治于人（董振中/绘）

孟子又说：“在唐尧的时代，天下还不太平，洪水泛滥，草木丛生，禽兽成群繁殖，庄稼没有收成，禽兽威逼人类，它们的足迹遍布中原各地。唐尧为此独自忧虑，便提拔虞舜来全面治理。虞舜派益掌管用火，益在山林沼泽燃起大火，烧掉草木，禽兽就四处逃窜，躲藏起来。大禹疏通九条河道，治理济水、漯水，将它们导流入海；开通汝水、汉水，疏浚淮水、泗水，将它们导入长江。这样，中原百姓才能耕种收获吃上饭。那时候，大禹在外八年，三次经过自己家的门口都没有进去，即使他想亲自耕种，能办得到吗？”

见陈相听得十分认真，孟子接着说：“后稷教人民各种农事，种植五谷；五谷成熟了，人民的生活就有保障了。人类生活的通则是：吃饱、穿暖、安居，但如果没有教育，便同禽兽差不多。圣人又忧虑这件事，任命契（xiè）

担任司徒，把伦理道理教给人民——父子讲亲爱，君臣讲礼义，夫妇讲内外之别，长幼讲尊卑次序，朋友讲真诚守信。放勋（尧的称号——作者注）说：‘劳之来之，匡之直之，辅之翼之，使自得之，又从而振德之。’圣人为人民操心到这般程度，还有空闲耕作吗？”

孟子解释尧舜等圣人和百姓各自应担负的职责时说：“唐尧把得不到虞舜当作自己的忧虑，虞舜把得不到大禹、皋陶（gāo yáo）当作自己的忧虑。把耕种不好百亩田地当作自己忧虑的，应该是农夫呀。把财物分给人叫作‘惠’，教人行善叫作‘忠’，为天下物色到贤才叫作‘仁’。因此，把天下让给别人是容易的，为大卜物色到贤才是困难的。孔子说：‘大哉尧之为君！惟天为大，惟尧则之，荡荡乎民无能名焉！君哉舜也！巍巍乎有天下而不与焉！’尧舜治理天下，难道是无所用心的吗？只是不用在耕作农田上罢了。”

说到这里，孟子由远而近，把话题扯回现实：“我只听说过用先进的文明去改变落后文明的，没听说过被落后文明改变的。陈良虽出生于楚国，但他爱好周公、孔子的学说，到北边的中原地区来学习，北方的学者没有人超过他的，他真称得上是杰出人物了。你们兄弟拜他为师几十年，但老师一去世你们就背叛了他的学说。从前，孔子逝世，弟子们服丧三年后，收拾行李将要各自回去，走进子贡住处行礼告别，相对痛哭，泣不成声，这才回去。子贡又回到墓地，在祭场上搭了间房子，独居三年，然后才回家。后来的某一天，子夏、子张、子游认为有若长得像孔子，要用侍奉孔子的礼节侍奉有若，硬要曾子同意。曾子说：‘不行！老师的人品如同经江汉之水洗涤过，秋天的太阳曝晒过一般，洁白明亮得无人可以比得上！’现在，那个说话难听得像伯劳鸟叫似的南方蛮子，居然指责先王之道，你们却背叛自己的老师去向他学习，这跟曾子相差太远了。我只听说‘鸟雀从幽暗的山谷飞出来，迁到高大的树木上’，却从来没听说过鸟雀从高树迁下来飞进幽暗山谷的。《诗·鲁颂·閟宫》说：‘戎狄是膺，荆舒是惩。’周公尚且要征讨这些野蛮国家，你们却还向许行学习，也真是越变越坏了。”

陈相分辩说：“如果依照许子的学说实行，那么市场上物价就不会有两样，国中就没有弄虚作假的；哪怕是叫小孩子上市场买东西，也不会有人欺骗他。布匹长短相同，价钱就一样；麻线丝絮轻重相同，价钱就一样；各种粮食多少相同，价钱就一样；鞋子大小相同，价钱就一样。”

孟子解释说：“世界上的物品千差万别，这是客观情形。它们的价值有的相差一倍五倍，有的相差十倍百倍，有的相差千倍万倍。你如果把它们放在一起等同看待，这只能是扰乱天下罢了。做工粗糙的鞋与做工精细的鞋同一个价钱，人们难道还肯做精细的鞋吗？依从了许子的主张，便会使大家一个跟着一个地干虚假欺骗的勾当，哪里还能治理好国家呢？”

上面一段话实际是孟子与战国时期农家学说的一场论战，在论战中孟子充分肯定了社会分工的积极意义。孟子是中国历史上第一个比较全面地从生产过程和产品交换角度来论证社会分工的必然性和合理性的学者，这一论述在思想史上有特别重要的地位，它代表了一种社会进步的思想。

在滕国逗留期间，孟子还通过学生徐辟，和一个叫“夷之”的墨家学说信徒有过一段辩论。事情经过是这样的：夷之想见孟子，可能是因为孟子在滕国的身份，或是其他原因，没有直接来访，而是通过徐辟转告想要拜见孟子的愿望。孟子倒很谦虚，不过从后文看也可能是托词，说：“我本来愿意见见夷之，但现在我还病着，等病好了，我会亲自去见他，他今天就不必来了。”

过了几天，夷之又来求见孟子。孟子说：“我现在可以和他见面了。不过，说话不直截了当，道理就显现不出来，我就不妨直截了当地说了吧。我听说夷之是墨家学者，墨家办理丧事是以薄葬作为原则的。夷子想用它来改变天下的习俗，而且认为不薄葬就不值得称道。然而我听说夷子却厚葬自己的父母，那就是用他自己所鄙薄的方式来对待双亲了。”

徐辟把孟子的这番话告诉了夷之。夷之说：“按照儒家的说法，古代圣人爱护百姓就要像爱护初生的婴儿，这句话什么意思呢？我认为这是说，对人爱是不分差别等级的，只是施行起来是从自己的父母开始。”

徐辟又把夷之的话转告给孟子。

孟子说：“夷之真的认为爱自己的侄子就像爱邻人的婴儿一样吗？他只

抓住了这一点：婴儿在地上爬，就要掉进井里了，这不是婴儿的过错，所以人人去救。他以为这就是爱不分差别等级。再说天生万物，只有一个本源，人也只有父母一个本源。然而夷子主张爱不分差别等级，是他认为有两个本源的缘故。大概上古曾有个不安葬父母的人，父母死了，就抬走抛弃在山沟里。后来有一天那人路过那里，恰巧看见狐狸在啃咬他父母的尸体，苍蝇、蚊虫在叮吮他父母的尸体。那人额头上不禁冒出汗来，斜着眼不敢正视。那汗，不是流给人看的，而是内心的愧疚自然表露在脸上，他马上回家拿来筐和锹把尸体掩埋了。掩埋尸体确实是对的，那么孝子仁人掩埋他们亡故的父母，也一定是有道理的。”

徐辟又把这番话转告给夷之。夷之听了怅惘了一会，心服口服地说：“我受到教诲了。”

孟子这段话说明了墨子学说和儒家学说的根本不同，在于儒家讲本源为一，所以人们必须从孝敬父母友悌兄长开始，然后推及于人，扩展到整个社会；而墨家学说片面强调爱无差等的“兼爱”理想，实际上就是“二本”论，把陌生人看作自己的父母，也就是把自己的父母看作陌生人，这就泯灭了人与人之间的亲疏之别，那么在现实生活中也就无所谓孝道和社会责任了。

再说滕文公，现在又遇到一件让他惶恐不安的事情，特地跑来向孟子请教：“齐国马上要在薛地筑城，这对滕国无疑是一个严重威胁，我对此很害怕，你看应该怎么办才好呢？”

孟子仍然用太王迁岐的故事来应付滕文公：“昔者大王居邠，狄人侵之，去之岐山之下居焉。非择而取之，不得已也。苟为善，后世子孙必有王者矣。君子创业垂统，为可继也。若夫成功，则天也。君如彼何哉？强为善而已矣。”

这下滕文公对孟子是彻底失望了，从此再也没有会见孟子，甚至孟子离开滕国，他不仅连点礼金没送，就是辞别的礼节和话语也统统没有。不过这个滕文公由于实行仁政，在滕国历史上还的确有过一番作为。有记载说他承孟子教，行“井田贡助、庠序、学校之法”，使民有恒产而有恒心，使人居正业，得以时教。当世谓滕行圣人之政，“卓然于泗上十二诸侯之上”，远近翕然称贤君，滕亦被誉为“善国”。

因为滕文公勤政爱民，功劳卓著，尽管前面滕国已有一个君侯被谥为“文”，但人们还是给他上了这个谥号。这样，滕国历史上就有了两个滕文公。人们对滕文公怀有深深的眷恋之情，把他作为一位贤君铭记在心。滕国故城内东北隅的文公台，就是为纪念滕文公而建造的，“善国路”“善国门”“滕文公祠”等遗址遗迹，也都与滕文公有关。时至今日，滕文公仍然是滕州市的骄傲。

第七章

游说魏国 为齐客卿

游说魏国，是孟子一生中特别重要的一次经历。司马迁《史记·孟子荀卿列传》第一句话就是："太史公曰：余读孟子书，至梁惠王问'何以利吾国'，未尝不废书而叹也。"在137字的孟子传正文中，司马迁又用20字叙述了孟子在魏国的遭遇："适梁，梁惠王不果所言，则见以为迂远而阔于事情。"司马光《资治通鉴》也对"邹人孟轲见魏惠王"一事作了专文记载。而《孟子》七篇，第一篇就是《梁惠王》，第一章第一句话就是"孟子见梁惠王"。但令人奇怪的是，就是这么一件重要的事情，清代以前的史学家们却一直没有弄清楚孟子到魏国的确切时间。

关于孟子到魏国的时间，司马迁《史记·魏世家》记载为"（惠王）三十五年"，即公元前335年；司马光《资治通鉴》记载为周显王三十三年（前336）。其实从我们对孟子生平事迹的叙述中可以看出，这两处记载都是不正确的。

清代学者崔述作《孟子事实录》，对孟子到魏国的时间是梁惠王三十五年提出质疑："《史记》梁予秦河西地在襄王五年，尽入上郡于秦在襄王七年，楚败魏襄陵在襄王十二年，皆惠王身后事。而惠王之告孟子乃云'西丧地于秦七百里，南辱于楚'，未来之事，惠王何由预知之而预言之乎？"崔述根据晋太康二年汲郡魏墓中出土的魏国国史《竹书纪年》，发现梁惠王三十六年改元为一，改元后十六年卒，得出结论：前所述史实发生于惠王时期而非襄王时期，故"孟子之至梁，当在惠王之卒前一二年，辛丑壬寅两岁之中，于《年表》则周慎靓王之元年二年也"。而在崔述之前的前清学者江永，则在其著作《群经补义》中明确肯定"孟子见梁惠王，当在周慎靓王元年辛丑，是年为惠王后元之十五年。至次年壬寅，惠王卒，子襄王立，孟子一见即去梁矣"。近代国学大师钱穆经考证，同意江永的观点，即肯定孟子到魏国是在公元前 320 年。至此，孟子游魏时间可以说是确凿无疑了。

或许是梁惠王求贤若渴，或许是孟子主动朝见梁惠王，或者是孟子通过了什么关系——尽管各种史籍包括《孟子》都没有言明其中细节，然而事实是风尘仆仆来到魏国的孟子很快就见到了梁惠王。梁惠王初见孟子，态度似乎既有点冷漠，又有一点客套，还有一些热望，所有这些，《孟子·梁惠王》篇用 15 个字就描述得淋漓尽致："叟！不远千里而来，亦将有以利吾国乎？"而史家司马光用笔更省，仅用了 14 个字："叟，不远千里而来，亦有以利吾国乎？"去掉了其中的"将"字。

图 57　游见梁惠（《孟子圣迹图》）

不过就是这里面一个态度似乎有点冷漠的"叟"字，让历代考证学者伤透脑筋："叟"在古汉语里就是"老头子"的意思，东汉学者赵岐注解说："叟，长老之称也。"那么究竟应该多大年纪才能称"叟"？要知道，梁惠王在位已五十年，再加上他在魏文侯时就已崭露头角，到这时怎么也得 80 多岁了（现在学者一般认为梁惠王寿为 102 岁，则其时已 101 岁高龄——作者注），不可能把孟子称为"长老"。笔者认为把三句话连起来看，这个"叟"字既表明孟子已经上了年纪，又表示梁惠王对孟子有点亲热的调侃，也就是说，我们可以把"叟"字理解为"老夫子"之谓，或许更能符合当时的情景。

梁惠王对孟子仅客套了一句“不远千里而来”，接着就直奔主题：“亦将有以利吾国乎?”梁惠王问完了，我们可以把全句问话翻译成白话文了：“老先生，您不远千里来到我国，一定有什么有利于我的国家的吧?”

孟子却毫不客气，第一句答词就直接挑明了梁惠王问话中的错误，并且亮明了自己的观点：“大王您为什么一定要讲利呢?我认为只要有仁义就可以了!”

梁惠王一愣，不知道孟子到底想要说什么，饱经风霜的脸上表现出茫然的神情。孟子不等梁惠王发出疑问，自己就解释了一大通：“如果大王说‘怎样有利于我的国家’，大夫说‘怎样有利于我的封邑’，士人平民也说‘怎样有利于我自身’，这样上上下下都互相争夺利益，那么国家就很危险了。在一个拥有万辆兵车的国家，杀掉国君的，必定是国内拥有千辆兵车的大夫；在一个拥有千辆兵车的国家，杀掉国君的，必定是国内拥有百辆兵车的大夫。在拥有万辆兵车的国家里，这些大夫拥有千辆兵车；在拥有千辆兵车的国家里，这些大夫拥有百辆兵车，这不能说是不多了。如果轻义而重利，他们不篡夺君位是绝对不会满足的。没有哪一个讲仁的人会遗弃自己父母的，没有哪一个行义的人会不顾自己君主的。大王您只要讲仁义就行了，何必一定要讲利呢?”

孟子讲了这么一番大道理，梁惠王是什么态度?在《孟子》一书里没有答案。而在肯定“天下熙熙，皆为利来；天下攘攘，皆为利往”的司马迁看来，孟子讲了这么一篇大道理，其结果是“梁惠王不果所言，则见以为迂远而阔于事情”。

在司马光的《资治通鉴》里，孟子这段话有所省略，原文是：“君何必曰利，仁义而已矣!君曰何以利吾国，大夫曰何以利吾家，士庶人曰何以利吾身，上下交征利而国危矣。未有仁而遗其亲者也，未有义而后其君者也。”但在这段话之后，司马光加上三个字，表明梁惠王同意了孟子的观点：“王曰：‘善。’”惠王说：“好呀!”接着，司马光介绍了“孟子师子思”的一段典故，然后评论说：“子思、孟子的话，都是一个道理。只有仁义的人才知道仁义是最大的利，不仁义的人是不知道的。所以孟子对梁惠王直接宣扬仁义，闭口不谈利，是因为谈话的对象不同的缘故。”

应当说司马光加上“王曰善”三个字是有道理的，因为梁惠王的确没有拒绝孟子，而是把孟子当作朋友一样，几天后让孟子参观了他那硕大无朋的花园。当时梁惠王正悠闲地站在一个大池塘边沿，一会儿眺望着天上的鸿雁，一会儿扭头看看远去的麋鹿，然后饶有兴致地问了来看望他的孟子一个问题：“贤德之人对此也能感受到快乐吗？”

孟子回答说：“只有真正贤德的人才能感受到这种快乐，不贤德的人纵然拥有珍禽异兽，也不会真正感受到快乐的。”接着，孟子引用《诗·大雅·灵台》中的第一、二章，说明贤德之人周文王筑建灵台时和老百姓共乐的情景：“‘经始灵台，经之营之。庶民攻之，不日成之。经始勿亟，庶民子来。王在灵囿（yòu），麀（yōu）鹿攸伏，麀鹿濯濯，白鸟鹤鹤。王在灵沼，於牣鱼跃。’文王依靠民力造起了高台深池，但人民却高高兴兴，把他的高台叫作灵台，把他的池沼叫作灵沼，为他能享有麋鹿鱼鳖而高兴。古代的贤君与民同乐，所以能享受到真正的快乐。”

作为对比，孟子又引用了《尚书·汤誓》中百姓痛恨诅咒夏桀的词句，说明了独夫民贼不会快乐的道理：“‘这个太阳（指夏桀——作者注）什么时候灭亡，我们要跟你同归于尽！’人民痛恨得都要跟他同归于尽，他纵然拥有楼台水池珍禽异兽，难道能独自享受到快乐吗？”

梁惠王见孟子谈到周文王和夏桀两个历史上截然相反的人物，内心有所触动。他当然认为自己是一个贤王，却为得不到民众的支持和拥护而苦恼，于是向孟子吐苦水说：“我对于国家，可算是够尽心的了。河内（今河南省沁阳、济源、博爱一带）发生灾荒，就把那里的一部分百姓迁移到河东（黄河以东，今山西省西南部）去，把粮食运到河内去赈灾。河东发生灾荒，我也这么办。我看邻国的政务，没有哪个国君能像我这样为百姓操心的。但是邻国的人口并不减少，我们魏国的人口也并不增多，请问这是什么缘故呢？”

孟子没有直接回答这个问题，而是用比喻的形式反问了梁惠王一个问题："大王喜欢打仗，请让我拿打仗来做比喻吧。咚咚地擂起战鼓，双方刀刃剑锋相碰，就有一些士兵丢盔弃甲，拖着兵器逃跑。他们有的逃了一百步停下来，有的逃了五十步住了脚。如果凭着自己只逃了五十步就嘲笑那些逃了一百步的人，您觉得怎么样呢？"

梁惠王笑了说："不可以吧，只不过后面的没有跑到一百步罢了，这同样是逃跑呀！"

孟子循循善诱，说："大王如果懂得这一点，就不要指望魏国的百姓会比邻国多了。"顺着这个话题，孟子对梁惠王谈起自己关于"王道""仁政"的具体构想："只要不耽误百姓的农时，粮食就吃不完；细密的渔网不放入大塘捕捞，鱼鳖就吃不完；按一定的时令采伐山林，木材就用不完。粮食和鱼鳖吃不完，木材用不完，这就使百姓养家糊口、办理丧事没有什么遗憾的了。百姓生养死丧没有什么遗憾，这就是王道的开始。"

看梁惠王听得认真，孟子索性来了个竹筒倒豆子，把自己酝酿多年的设想和盘托出："每家有五亩田的宅地，房前屋后种上桑树，五十岁的人就能穿上丝织品的衣服了；鸡、猪和狗一类家畜不错过它们的交配繁殖时节，七十岁的人就能吃上肉了；有一百亩田地，不要占夺种田人的耕作时间，几口人的家庭就可以不饿肚子了；搞好学校教育，不断向年轻人申明孝顺父母、敬爱兄长的道理，须发花白的老人就不必肩挑头顶东西赶路了。七十岁的人穿上丝织品衣服，吃上肉，百姓不挨冻受饿，做到这样却不能统一天下的，是绝不会有的。"

说到这里，孟子语锋直指现实："现在，富贵人家的猪、狗吃着人吃的粮食，却没人制止；道路上有饿死之人的尸体，官吏们却不知道开仓赈济；有人饿死了，却说'这不是我的责任，是收成不好'，这跟把人刺死了，却说'不是我杀的人，是兵器杀的'，又有什么两样呢？大王请您不要怪罪于年成不好，只要推行仁政，这样天下的百姓就会投奔到您这儿来了。"

梁惠王被孟子讲的这些闻所未闻、想所未想的东西打动了，他想施行仁政，却又感到头绪繁杂，如一团乱麻无处下手，于是特地请孟子入宫当面请教，并且态度非常诚恳："我乐于听取您的指教。"

孟子开始没有解说如何施行仁政的大道理，却突然向梁惠王问了一个看起来毫不相干的话题："用棍棒打死人跟用刀杀死人，性质有什么不同吗？"

梁惠王似乎已经习惯了孟子惯用比喻的思维方式，不假思索地回答说："没有什么不同呀！"

孟子接着又深入了一步，继续问梁惠王："用刀子杀死人跟用苛政害死人，有什么不同吗？"

梁惠王回答说："没有什么不同呀！"

孟子这才接触到社会现实问题："达官贵人厨房里有肥嫩的肉，马棚里有壮实的马，可是老百姓面带饥色，野外有饿死之人的尸体。这如同率领着野兽来吃人啊！野兽自相残杀食肉，人们见了尚且厌恶，而身为百姓的父母，施行政事，结果却像率领野兽来吃人，这又怎能算是百姓的父母呢？孔子说过：'最初造出陪葬用的木俑土偶的人，该会断子绝孙吧！'孔子这样诅咒是因为木俑土偶像人的样子却用来殉葬。用木俑土偶殉葬尚且不可，那又怎么能让百姓们因饥饿而死呢？"

孟子在这里严厉批评了那些所谓"为民父母"的行政官员，实际上已经成为不顾百姓死活"率兽而食人"的贪官污吏，这也是对梁惠王的治国政策委婉地进行了批评。在孟子看来，只有惩治了贪官污吏，才能谈得上实行仁政，所以建议梁惠王要施行仁政，必须先从整顿吏治开始。

梁惠王对于和孟子谈话已经很感兴趣，第二次见面寒暄过后，开始推心置腹讨论问题："晋国，天下没有哪个国家比它更强大的了，这是老先生您所知道的。可是传到我手中，东边败给了齐国，我的长子也牺牲了；西边又割让给秦国七百里地方；南边被楚国欺侮，吃了败仗。对此我深感耻辱，想要为死难者雪耻，怎么办才好呢？"

孟子认真回答说："拥有百里见方的小国也能够取得天下（地方百里而可以王）。大王如果对百姓施行仁政，就要少用刑罚，减轻赋税，提倡深耕细作、勤除杂草，让年轻人在耕种之余学习孝亲、敬兄、忠诚、守信的道理，在家侍奉父兄，在外敬重尊长。这样，即使让他们用自己制作的木棍也能打赢盔甲坚硬、刀枪锐利的秦楚两国的军队。”

图 58　寡人不佞，兵三折于外（董振中/绘）

“他们秦、楚常年夺占百姓的农时，使百姓不能耕作来奉养父母。父母受冻挨饿，兄弟妻儿各自逃散。他们使自己的百姓陷入了痛苦之中，如果大王前去讨伐他们，谁能跟大王对抗呢？所以古人说：‘有仁德的人天下无敌（仁者无敌）。’大王请不要怀疑这个道理了！”

也是合当孟子命乖时蹇（jiǎn），不能在魏国施展其抱负。正当孟子与梁惠王谈得越来越融洽之时，不料梁惠王因年龄太大，竟然在这次谈话后不久便溘然长逝了。据史载，梁惠王生于魏文侯四十六年（前 400），卒于公元前 319 年，寿命高达 82 岁。

孟子在魏国期间，也和来访学者及弟子们就一些问题进行过讨论。

当时，合纵连横学说盛行，其代表者当数苏秦、张仪、公孙衍等人。一天，纵横家景春慕名来访，和孟子议论起张仪、公孙衍等人，孟子表现出不屑的神情。景春十分惊讶，说：“公孙衍、张仪他们难道不是真正的大丈夫吗？他们一发怒，诸侯们就害怕；他们安居家中，天下就太平无事（一怒而诸侯惧，安居而天下熄)。”

孟子说：“他们哪能算是大丈夫呢？你没有学过礼吗？男子行加冠礼时，由父亲训导他；女子出嫁时，由母亲训导她，送她到门口，告诫她说：‘到了你婆婆家，一定要恭敬，一定要谨慎，不要违背丈夫！’把顺从当作正理，是妇人家遵循的道理。公孙衍、张仪他们在诸侯面前竟也像小女人一样，摇唇鼓舌，没有原则，屈从于诸侯们的颜色，这怎么能是大丈夫所为呢？”

批评了公孙衍、张仪这些纵横家们，孟子接着描绘了他对“大丈夫”一词的理解：“居住在天下最宽广的住宅——‘仁’里，站立在天下最正确的位置——‘礼’上，行走在天下最宽广的道路——‘义’上。能实现理想时，就同人民一起走这条正道；不能实现理想时，就独自行走在这条正道上。富贵不能迷乱他的思想，贫贱不能改变他的操守，威武不能动摇他的意志，这才叫作大丈夫啊。”

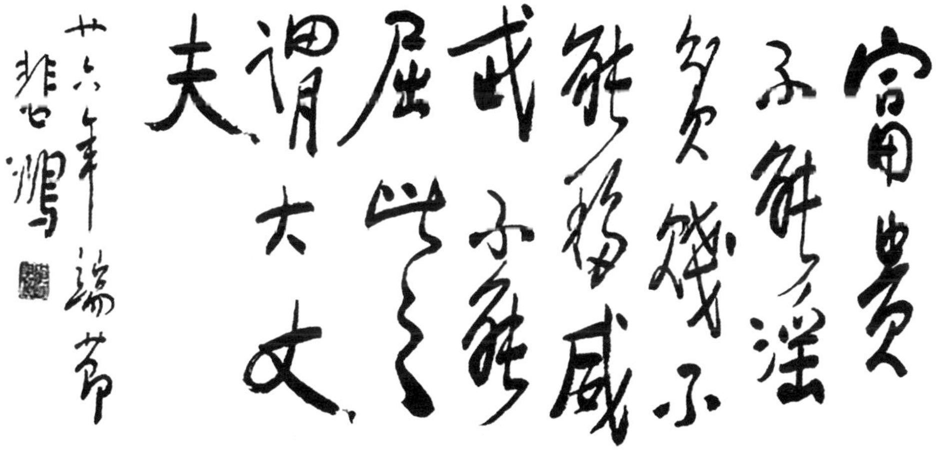

图 59　富贵不能淫，贫贱不能移，威武不能屈，此之谓大丈夫（徐悲鸿/书）

孟子强调的“富贵不能淫，贫贱不能移，威武不能屈”的大丈夫理想人格，充分体现了儒家崇尚气节和操守的精神追求，不仅折服了辩论对手景春，也影响了千千万万个中国知识分子，是孟子对中国传统文化的重要贡献之一。

有个魏国学者叫周霄，向孟子请教了一个看起来十分浅显幼稚却又别有深意的问题："古代的君子做官吗？"

孟子回答十分肯定："做官。"接着他郑重其事地介绍了孔子和贤人公明仪对君子为官的态度："古书上记载说：'孔子三个月没有被君主任用，就惶惶不安；离开这个国家时，必定要带上谒见另一个国家君主的见面礼。'公明仪说过：'古代的人如果三个月不被君主任用，那就要去安慰他。'"

周霄说："三个月不被君主任用就要去安慰他，这不是太急了些吗？"

孟子解释说："士人失掉了官位，就像诸侯失掉了国家。《礼记》上说：'诸侯亲自耕种，用来提供祭品；夫人养蚕缫丝，用来提供祭服。用作祭祀的牛羊不肥壮，谷米不洁净，礼服不齐备，就不敢用来祭祀。君子失掉了官位就没有田地俸禄，也就不能祭祀。'祭祀用的牲畜、祭器、祭服都不齐备，不敢用来祭祀，也就不敢宴请，还不该去安慰他吗？"

周霄问道："离开一国时，一定要带上谒见别的国君的礼物，这是为什么呢？"

孟子回答说："士人做官，就像农夫种田，农夫难道会因为离开一个国家就丢弃他的农具吗？"

周霄说："我们魏国也是个有官可做的国家，却不曾听说想做官有这样急迫的。既然想做官的心情是这样的急迫，君子却又不轻易去做官，这又是为什么呢？"

孟子说："男孩一出生，就想给他找妻室；女孩一出生，就想给她找婆家。父母的这种心情，人人都是有的。但是，如果不等父母的同意、媒人的说合，就钻洞扒缝互相偷看，翻过墙头跟人幽会，那么父母和邻居都会认为这种人下贱而瞧不起他们。古代的君子不是不想做官，而是厌恶不从正道求官。不从正道求官，就如同钻洞扒缝之类行径一样的。"

孟子通过与周霄这段问答，表明了儒家强调出仕为官的态度。儒生苦学，十年寒窗，饱读诗书，满腹经纶，道德高尚，目的是要博得功名，为国家民族百姓谋福利，正所谓修身齐家治国平天下，乃是中国历代知识分子所追求的政治理想。但君子做官，必求正道。“不由其道而往者，与钻穴隙之类也。”为了一己之私利投机取巧，谗言佞语，蝇营狗苟，深为君子所不齿。只要在上位者选官出于公心，那些正人君子就能大显身手了。

魏国国相白圭（名丹，圭为字），曾与孟子探讨施行仁政的具体政策问题，他说：“我想在魏国采用二十抽一的税率，怎么样呢？”

图 60 白圭像（佚名/绘）

孟子不同意采取这种不切实际的赋税政策，回答说：“先生的做法是貉国的做法。有一万户人家的国家，只有一个人制作陶器，能行吗？”

白圭说：“不行，那样陶器会不够用的。”

孟子说：“那个貉国，五谷不能生长，只有黍能生长；没有城墙、宫室、宗庙和祭祀的礼仪，没有诸侯之间赠礼宴请之类的交际往来，没有各种官僚机构，所以二十抽一也就够了。”

介绍了由北方少数民族建立的貉国的情况，孟子精辟分析了魏国如果实行“二十取一”税率的危害：“现在先生居住在中原地带，却要像貉国那样抛弃人伦，废掉官吏，怎么能行呢？制作陶器的人少了，尚且不利于国家，何况没有官吏呢？想使税率定得比尧、舜的标准还低的，是大大小小貉那样的国家；想使税率定得比尧、舜的标准还高的，是大大小小桀那样的暴君。”

孟子在这里认为征收赋税是一个国家保持正常运转所必需的，关键是要有一个合理的度，即实行什一税率。白圭还是个水利专家，他见在税率问题上输了孟子一局，想扳回面子，便炫耀说：“我治水的功劳胜过大禹。”

孟子早就对白圭单纯构筑堤防的治水方法有所耳闻，于是毫不客气地批评说："你错了。大禹治水，是顺应水性，所以大禹把四海当作蓄水的场所。现在你却是把邻国当作蓄水场所（今吾子以邻国为壑）。倒流泛滥的水叫洚水，洚水就是洪水，是仁人最讨厌的。我的老先生，你的治水方法是错误的！"

梁惠王去世后，太子嗣继位，是为梁襄王。《战国策·魏二》记载了一则太子嗣安葬父王的故事：梁惠王死后，下葬的日子已经确定。可是当天下起大雪来，积雪深得几乎能有到牛眼那么高，城郭的道路无法通行，太子准备用木板构筑栈道去送葬。许多大臣谏阻太子说："雪下得这么大还要送殡，人民一定叫苦连天。国家费用又恐怕不够，请暂缓时间，改日安葬。"太子说："做儿子的因为人民辛苦和国家费用不够的缘故，就不按期举行先王的丧礼，这不是义举。你们不要再说了。"

大臣们都不敢再去劝说，就把这件事告诉了犀首。犀首说："我也没办法劝说他，看来这事只有靠惠子了，你们让我去把这件事告诉惠子吧。"

惠子听到后说："好吧。"就驾着车去见太子，问："安葬的日期已经定下了来吗？"太子嗣回答说："是的。"惠子说："从前周王季历埋葬在终南山脚下，渗漏出来的水侵蚀了他的坟墓，露出棺材前面的横木。周文王说：'啊，先王一定是想再看一看各位大臣和百姓吧，所以才让渗漏的水把棺木露出来。'于是就把棺木挖出来，给它搭起灵棚，百姓都来朝见，三天以后才改葬。这是文王的义举啊。现在葬期虽然已定，可是雪下得很大，深得能埋没牛眼，牛车难以前行，太子为了能按期下葬就不顾困难，这是不是显得有些急着要埋葬自己的父王？希望太子改个日期。先王一定是想稍微停留一下来扶持国家、安顿人民，所以才让雪下得这么大。据此推迟葬期而另择吉日，这不正是文王般的大义吗？像这样的情况还不改日安葬，想来大概是把效法文王当作羞耻了吧？"太子嗣说："你说得太对了，请让我推迟葬期，另择吉日。"

我们从这个故事可以看出，梁襄王既是一个遵守礼法的人，又是一个善于纳谏的人。但是孟子却和他不合拍，只见了一面，出宫就对人说："在远处看，太子不像个国君；走到跟前，也看不出他有什么使人敬畏的地方。”

其实孟子不是厌恶梁襄王的外表形象，而是不喜欢梁襄王对他所持的态度：“太子很突然地问我：‘天下怎样才能安定？’我回答说：‘天下统一了就会安定。’”

其实在文言文中，孟子只回答了三个字：“定于一”。这个回答非常简洁，“定于一”，也可以理解为“定于一道”，即定于施行仁政的意思。然而梁襄王显然理解为“天下安定在于统一”，所以接着问道：“谁能使天下统一？”

孟子仍然出于仁政考虑，想把梁襄王引回自己的思路，回答说：“不喜欢杀人的国君能使天下统一。”

梁襄王急迫地问：“谁会归顺服从不喜欢杀人的国君呢？”

孟子回答说：“天下的人没有不归顺服从他的。”见梁襄王不解，孟子耐心解释说：“大王了解禾苗生长的情况吗？七八月（夏历五六月）间遇到天旱，禾苗就枯槁了。假如这时候天上忽然乌云翻滚，降下倾盆大雨，那么禾苗就又能蓬勃旺盛地生长起来了。如果真是这样的话，谁又能阻止它生长呢？当今天下的国君没有不好杀人的。如果有不好杀人的，那么天下的老百姓必然都会伸长了脖子期望着他了。如果真是这样的话，老百姓归顺他，就跟水往低处奔流一样，浩浩荡荡，谁又能阻挡得住呢？”

看来梁襄王没有接受孟子的理论。孟子见梁襄王不可能施行仁政，于是决定离开魏国。恰在这之前，齐威王也已去世，太子辟疆继位，是为齐宣王。齐宣王礼贤下士，召回田忌、孙膑，扩建稷下学宫，在列国引起强烈反响，孟子因此决定再去齐国。

据《孟子外书·文说第二》记载，孟子离开魏国都城大梁，梁襄王为挽留孟子，曾派人追到东桑地方。孟子对来者说：“请替我谢谢梁王，我不会忘记贵国先王对我的礼遇。”说完对使者拜了两拜，然后登车，直奔齐国而去。

图 61　孟子离魏去齐（董振中/绘）

齐宣王元年（前 319），孟子师徒一行离开魏国，没有回邹国故乡，而是奔东北方向直接进入齐国。所以，魏国边邑范地（今河南省濮阳市范县）就成为孟子必经之地。刚过范地进入齐国边境，孟子就远远地看到大道上骑在马上的齐王之子，十分英俊，气宇轩昂，不由得赞叹说："居住环境改变人的气质，奉养改变人的体质，和所处的环境真是关系大极了！他和别人不都一样也是人的儿子吗？"

感叹已毕，意犹未尽，孟子继续和弟子们探讨环境对人的影响："王子的住房、车马、衣服大多跟别人相同，而王子却显得那样与众不同，这是因为他居住的环境使他变得这样的；何况居住在天下最宽广的住所——'仁'中的人呢？有一次鲁君到宋国去，在宋国的垤（dié）泽城门下呼喊，守门人议论说：'这个人不是我们的君主，为什么他的声音却像我们的国君呢？'这没有别的原因，所居住的环境相似罢了。"

齐王的这个儿子是王子垫，他还很有礼貌，知道孟子来了，很快就赶来拜访孟子，并向孟子请教问题："士人应该做什么事（士何事）？"

孟子很简洁地回答说："使自己心志高尚（尚志）。"

王子垫接着问："什么叫作使自己心志高尚呢（何谓尚志）？"

孟子回答说："也就是遵行仁义罢了。杀死一个无罪的人，是不仁的；不是自己应有的东西而取来，是不义的。该住的地方在哪里呢？就在仁里；该行的路在哪里呢？就在义里。能居住在仁上，行走在义上（居仁由义），君子应有的修养就具备了。"

孟子还讲了齐国人陈仲子的事例论述什么是义："陈仲子这个人，如果以违背道义的方式把齐国送给他，他也不会接受，大家都相信这一点，其实这不过是拒绝一筐饭、一碗汤那样的小义罢了。人的罪过没有比舍弃父母兄弟、君臣尊卑的人伦关系更大的了，而陈仲子就是这样的人。因为他有小义就相信他有大义，这怎么可以呢？"

孟子师徒一行刚刚来到齐都临淄，就遇上一件烦心的事情："齐宣王欲短丧"，因为这关系到齐宣王对待儒家学说的态度问题，所以孟子很不高兴。学生公孙丑劝慰老师说："为父母服丧一年，总还是比不服丧好吧？"

孟子说："这就好比有人在扭他哥哥的胳膊，你却对他说'暂且慢慢地扭吧'之类的话，这能有什么用呢？应该用孝父母、敬兄长的道理去教育他呀。"

齐国有一个王子的生母去世了，他的老师为他去请求君主，允许他服丧几个月。公孙丑问孟子说："像这样的事应该怎么看？"

孟子回答说："这是想服丧三年而无法办到的缘故。我以前说过即使多服丧一天也总比不服丧好，这是针对那些没有谁禁止他，而他自己不肯服丧的人说的。"

这里孟子批评了"齐宣王欲短丧"的做法，而肯定了王子主动要求服丧几个月的做法。因为根据《仪礼·丧服》，王子在母亲死后，因父亲还在，不必服丧，只在下葬时穿穿麻衣而已；况且王子因其权力有限，并且其母亲应非正室，所以能服"数月之丧"也就不是短丧了。

齐宣王虽然在儒家礼法上不是那么遵守原则，但在用人上却是很有雅量，表现为请回田忌、孙膑和扩置稷下学宫、招揽贤俊等，所以孟子这次来到临淄，很快就受到齐宣王的接见。

齐宣王第一次见孟子，就急切地请教春秋五霸的历史功绩：“齐桓公、晋文公称霸诸侯的事情，可以讲给我听听吗？”

图 62　齐宣王像
（《东浦陈氏怀十房宗谱》）

孟子当然熟悉这段史实，《孟子》七篇中就有专门论述“春秋五霸”的文字，但他却要引开齐宣王对“霸业”的注意力，干脆回答说：“孔子的门徒没有谈论齐桓公、晋文公事情的，因此后世没有传述下来，我也就没有听说过这些东西。”然后他话锋一转，把话题转到“王道”上：“如果一定要我讲的话，那就谈谈用仁德统一天下的道理好吗？”

齐宣王果然被引导到谈论“王道”的话题上来了，问：“应当具备怎样的仁德才可以统一天下呢？”

孟子回答说：“用保民的方法去统一天下，就没有谁能阻挡得住他。”

齐宣王对孟子的回答很感兴趣，马上问道：“像我这样的国君可以做到保民吗？”

孟子回答口气十分肯定：“可以！”

齐宣王问：“你怎么知道我可以呢？”

孟子没有讲大道理，而是叙述了一件齐宣王自己做过的事情：“我听您的近臣胡龁（hé）说过这样一件事：有一天大王端坐在朝堂上，有个人牵着牛从朝堂下经过，大王您见了，问：‘把牛牵到哪里去？’那人回答说：‘要用它祭钟。’大王说：‘放了它！我不忍心看它惊惧颤抖的样子，就像它毫无罪过还要被拉去杀掉。’那人问：‘那么就要废弃祭钟仪式了吗？’大王说：‘怎么可以不祭呢？用羊替代它吧！’不知道是否有这件事？”

齐宣王微笑说：“有这回事啊。”

孟子说：“您凭这样的好心肠就足以统一天下了！用羊代牛祭钟，百姓都以为大王是舍不得牛，我却知道大王是不忍心啊。”

齐宣王赞同地说：“是这样啊，确实有百姓这样议论呢。齐国虽然狭小，我还不至于舍不得一头牛吧？我就是因为不忍心看到它惊惧颤抖的样子，毫无罪过就被拉去杀掉，所以才要用羊去替代它的。”

孟子说：“大王不要责怪百姓以为您吝啬。用小羊换下大牛，他们哪能理解您的做法呢？不过大王如果可怜牲畜无辜被杀，那么牛和羊又有什么区别呢？”

齐宣王禁不住大笑说：“这到底是一种什么样的心理呢？我确实不是吝惜钱财而以羊换牛啊。可是也真的难怪百姓要说我吝啬了！”

孟子说：“没什么关系，这正是您仁德的表现方式呀，因为当时您只看到了牛而没有看到羊啊。君子对于禽兽，看到它们活蹦乱跳的，就不忍心看见它们死去；听到它们哀叫悲鸣，就不忍心再吃它们的肉。正因为这样，君子要把厨房安放在离自己较远的地方。”

齐宣王见孟子称赞自己有仁德之心，非常高兴，说：“《诗·小雅·巧言》中说‘他人有心，予忖度之’，正是说的老先生啊。我做了这件事，反过来推求自己为什么这么做，却想不出个所以然来。先生这番话，使我心里有点开窍了。不过，先生说这样的心理符合称王于天下，这又是为什么呢？”

孟子没有正面回答齐宣王的问话，设喻说：“假如有个人向大王禀告说：我的力气足以举起百钧重的东西，却举不起一片羽毛；我的视力足以看清秋天鸟类羽毛的尖端，却看不见一车子的柴火。大王会相信这话吗？”

齐宣王说：“我不会相信。”

孟子深入分析说：“如今大王的恩惠已经施行到禽兽身上了，而功德却体现不到百姓身上，这是什么原因呢？显然，一片羽毛举不起来，是因为不肯用力气；一车的柴火看不见，是因为不肯用目力；百姓得不到安抚，是因为您不肯施行恩德啊。所以大王未能做到用仁德统一天下，只是不去做，而不是不能做啊。”

齐宣王问：“不去做和不能做的表现形式有什么不同吗？”

孟子说：“要一个人用胳膊夹着泰山跳越北海，他说：‘我不能办到。’这是真的不能做到。要一个人给年长的人折一根树枝，他说：‘我不能办到。’这就是不去做，而不是不能做。所以，大王没有做到用仁德统一天下，不属于夹着泰山跳越北海一类；大王没有做到用仁德统一天下，这是属于为长者折一根树枝一类。”

孟子又说：“敬爱自己的长辈，进而敬爱别人的长辈；爱护自己的孩子，进而爱护别人的孩子。这样，天下就像能在掌心中随意转动一样，要统一它就很容易了。《诗·大雅·思齐》上说：‘刑于寡妻，至于兄弟，以御于家邦。’这就是说要把这样的用心推广到别人身上罢了。所以，如果广施恩德就能够安抚天下，不广施恩德，连自己的妻子儿女也保护不了。古代的贤明君主之所以远远超过一般人，没有别的原因，只是他们善于将自己所做的推广开去罢了。现在大王的恩德已施行于禽兽身上，而功德却体现不到百姓身上，这又是什么原因呢？称一称，然后才知道轻重；量一量，然后才知道长短。万物都是这样，人心更是如此。大王请认真地考虑考虑吧！难道大王非要兴师动众，使将士们身陷危险，同别的诸侯国结下怨仇，然后心里才痛快吗？”

齐宣王说：“不，我对此有什么痛快的呢？我只是想借此来实现我最大的心愿罢了。”

孟子问：“大王最大的心愿可以说给我听听吗？”

齐宣王大概觉得有些说不出口，笑而不答。

孟子心里自然明白齐宣王的“大欲”是什么，但他故意绕了个圈子，问：“是因为肥美甘甜的食物不够口腹享受吗？轻软温暖的衣服不够身体穿着吗？艳丽的色彩不够眼睛观赏吗？美妙的音乐不够耳朵聆听吗？左右的侍从不够使唤吗？这些，大王的臣下都足以供给，大王难道是为了这些吗？”

齐宣王否定了孟子的问句，说：“不，我不为这些。”

孟子于是转入正题，直接挑明了齐宣王的心思：“那么，我知道您最大的心愿了，就是想扩张疆土，使秦、楚等大国来朝拜，君临中原，安抚四周的民族啊。不过，凭您兴师动众的做法，去实现您的心愿，真好比是爬上树去捉鱼一样啊（犹缘木而求鱼也）。”

孟子的话就像一盆冷水浇到了齐宣王头上，齐宣王打了一个冷战，问：“有这么严重吗？”

孟子说：“只怕比这还严重呢！上树捉鱼，虽然捉不到鱼，不会有后患。按您的做法去实现您的心愿，费尽心力去做了，到头来必定有灾祸。”

齐宣王说：“能把其中的道理说给我听听吗？”

孟子说：“邹国跟楚国打仗，大王认为谁会获胜？”

齐宣王说：“楚国胜。”

孟子说：“就是这样，小的一方本来不可以同大的一方敌对，人少的本来不可以同人多的敌对，势力弱的本来不可以同势力强的敌对。天下千里见方的地方有九块，齐国的土地截长补短凑在一起，只占有其中的一块。靠这一块地方去征服其他八块地方，这同邹国跟楚国打仗有什么两样呢？大王为什么不回到施行仁政这个根本上来解决问题呢？如果现在大王发布政令，施行仁政，使得天下做官的人都想到大王的朝廷里任职，农夫都想到大王的田野里耕作，商人都想到大王的市场上做买卖，旅客都想从大王的道路上来往，各国痛恨他们国君的人都想跑来向您诉说。如果像这样，谁能阻挡大王统一天下呢？”

齐宣王说：“我脑子昏乱糊涂，不能深刻理解。希望先生辅佐我实现大志，明白地教给我方法。我虽然头脑迟钝，但请让我试一试。”

和齐宣王谈到这里，孟子干脆把与滕文公、梁惠王讲过的道理一股脑搬了过来：“无恒产而有恒心者，惟士为能。若民，则无恒产，因无恒心。苟无恒心，放辟邪侈，无不为已。及陷于罪，然后从而刑之，是罔民也。焉有仁人在位，罔民而可为也？是故明君制民之产，必使仰足以事父母，俯足以畜妻子，乐岁终身饱，凶年免于死亡；然后驱而之善，故民之从之也轻。今也制民之产，仰不足以事父母，俯不足以畜妻子；乐岁终身苦，凶年不免于死亡。此惟救死而恐不赡，奚暇治礼义哉？王欲行之，则盍反其本矣：五亩之宅，树之以桑，五十者可以衣帛矣。鸡豚狗彘之畜，无失其时，七十者可以食肉矣。百亩之田，勿夺其时，八口之家可以无饥矣。谨庠序之教，申之以孝悌之义，颁白者不负戴于道路矣。老者衣帛食肉，黎民不饥不寒，然而不王者，未之有也。”

图 63　游见齐宣（《孟子圣迹图》）

孟子与齐宣王第一次谈话十分融洽，尽管齐宣王并不打算践行孟子的仁政理论，但他还是给予孟子很高的礼遇，并授予客卿之位。这样，孟子就可以经常见到齐宣王了。不过孟子和齐宣王之间也曾因此发生过一件比较尴尬的事情。

事情原委是这样的：一天，孟子要进宫朝见齐宣王，正要出门，齐宣王派人来说：“我本该来看望您的，不巧患了感冒，畏寒不能吹风受凉。明天早晨，我将临朝听政，您是否肯来让我见见您呢？”

出于高傲的心性，孟子回话说：“我也不幸生了点病，明天不能到朝廷上去。”

谁知到了第二天，正好大夫东郭氏家里有丧事，孟子便前去吊丧。公孙丑说：“您昨天推说有病不去朝廷，今日却去吊丧，恐怕不太合适吧？”

孟子说：“我昨天有病，今天好了，怎么不能去吊丧？”

不想齐宣王很看重孟子，不但专门派人来询问病情，医生也跟来了。

孟仲子应付来人说：“昨天有大王的命令，他碰巧有点小病，不能到朝廷去。今天病刚好了点，就急匆匆赶赴朝堂了，不知道现在到了没有。”

打发走客人，孟仲子随即派了几个人到路上去拦截孟子，告诉他：“请您一定不要回家，赶快到朝堂去一趟吧！”

孟子还是不想去朝堂，只好躲到好朋友景丑氏家去歇宿。

景子对孟子的做法有点看不过去，埋怨说：“家庭关系以父子为本，社会关系以君臣为本，这是人世间最重大的伦理关系。父子关系以慈爱为主，君臣关系以恭敬为主。我看到大王对您的敬重，却没看到您怎么敬重大王啊。”

孟子说：“咳！这是什么话！齐国人没有一个人拿仁义的道理去说给齐王听的，难道是认为仁义不好吗？他们只是心里在想：‘这个君王哪值得同他去谈仁义！’那么，对齐王的不恭敬没有比这更大的了。至于我，不是尧、舜之道不敢在齐王面前陈述，所以齐国没有一个人像我这样敬重齐王的。”

景子说：“不，我不是说的这个意思。礼的规定说：父亲召唤，儿子应立即动身，不能只答应而不行动；君王宣召，臣子应立即出发，不能等待备齐车马。您本来是准备去朝见，听了君王的命令反而不去了，这恐怕与礼的规定不大符合吧。”

景子的话引发了孟子一番大议论：“难道能这么说吗？曾子说过：‘晋楚之富，不可及也。彼以其富，我以吾仁；彼以其爵，我以吾义，吾何慊乎哉？’难道这话没有道理，是曾子随便说说的么？这话应该是有一定道理的吧。

图 64　之景丑氏宿焉（董振中/绘）

“天下有达尊三：爵一，齿一，德一。朝廷莫如爵，乡党莫如齿，辅世长民莫如德。恶得有其一以慢其二哉？故将大有为之君，必有所不召之臣；欲有谋焉，则就之。

“故汤之于伊尹，学焉而后臣之，故不劳而王。桓公之于管仲，学焉而后臣之，故不劳而霸。今天下地丑德齐，莫能相尚，无他，好臣其所教，而不好臣其所受教。汤之于伊尹，桓公之于管仲，则不敢召。管仲且犹不可召，而况不为管仲者乎？”

孟子在这里提出了儒家“以德抗位”的思想。君子择良木而栖，不遇到好的君主，宁愿不为其臣。不过齐宣王毕竟是一个大度的君王，他没有因为孟子的孤傲而怠慢孟子，恰恰相反，齐宣王多次向孟子请教，使我们今天能够更多地了解孟子，认识孟子。

孟子受到齐宣王的礼遇，并被聘为客卿，在齐国声望与日俱增。一个叫庄暴的大夫来请教孟子，说：“我朝见大王，大王告诉我，他眼下喜爱音乐，我不知道应该怎样来回答他。”他接着问孟子：“大王喜欢音乐好不好呢？”

孟子回答说：“如果大王非常喜爱音乐，齐国就差不多可以治理好了吧！”

过了几天，孟子见到齐宣王，问：“大王曾对庄暴说喜爱音乐，有这回事吗？”

齐宣王向来敬重孟子，现在见孟子问起，羞愧得脸色都变了，老老实实地说：“我不是喜爱古代先王的音乐，只是喜爱民间通俗的音乐罢了。”

孟子说：“大王如果非常喜爱音乐，齐国恐怕就有希望了！现在流行的音乐和古代的音乐都一样嘛。”

齐宣王脸色缓了过来，说：“可以把这些道理讲给我听听吗？”

孟子问：“一个人欣赏音乐的快乐，与别人一起欣赏音乐的快乐，哪一种更快乐？”

齐宣王回答：“同别人一起欣赏音乐更快乐。”

孟子又问：“同少数人一起欣赏音乐的快乐，同很多人一起欣赏音乐的快乐，哪一种更快乐？”

齐宣王回答：“同很多人一起欣赏音乐更快乐。”

孟子这才切入正题，说：“请让我为大王讲讲音乐吧。假如现在大王在这里奏乐，百姓听了大王钟鼓的声音、箫笛的曲调，全都感到头痛，眉头紧皱，互相议论说：‘我们君王喜爱音乐，为什么使我们痛苦到这样的地步呢？父子不能相见，兄弟和妻儿天各一方。’假如现在大王在这里打猎，百姓听到大王车马的声音、看到大王旗帜的华美，全都感到头痛，眉头紧皱，互相议论说：‘我们君王喜欢打猎，为什么使我们痛苦到这样的地步呢？父子不能相见，兄弟和妻儿离散。’这没有别的原因，是由于大王没有和百姓共同快乐。

“假如现在大王在这里奏乐，百姓听到钟鼓的声音，箫笛的曲调，无不欢欣鼓舞，喜形于色，互相议论说：‘我们君王大概没什么疾病吧，不然怎么能奏乐呢？’假如现在大王在这里打猎，百姓听到大王车马的声音，看到大王旗帜的华美，无不欢欣鼓舞，喜形于色，互相议论说：‘我们君王大概没什么疾病吧，不然怎么能打猎呢？’这没有别的原因，是大王能够和百姓共同快乐。如果大王能和百姓共同快乐，那就能称王于天下了。”

孟子在这里讲今古之乐相同，是为了迁就齐宣王，宣扬自己“与民同乐”的政治理想。宋代学者朱熹《孟子集注》认为：“好乐而能与百姓同之，则天下之民归之矣，所谓齐其庶几者如此。”并引范氏语解释说：“战国之时，民穷财尽，人君独以南面之乐自奉其身。孟子切于救民，故因齐王之好乐，开导其善心，深劝其与民同乐，而谓今乐犹古乐。其实今乐古乐，何可同也？但与民同乐之意，则无古今之异耳。若必欲以礼乐治天下，当如孔子之言，必用韶舞，必放郑声。盖孔子之言，为邦之正道；孟子之言，救时之急务，所以不同。”复引杨氏语曰：“乐以和为主，使人闻钟鼓管弦之音而疾首蹙（cù）頞（è），则虽奏以《咸》《英》《韶》《濩（hù）》，无补于治也。故孟子告齐王以此，姑正其本而已。”

齐宣王经常喜欢向孟子请教一些历史问题。这一天齐宣王问孟子：“我听说文王的园林有七十里见方，有这事吗？”

孟子回答说：“在文献上有这样的记载。”

齐宣王有点惊讶地问：“真有这么大吗？”

孟子说：“老百姓还觉得它太小了呢。”

齐宣王更加奇怪，说：“我的园林才四十里见方，老百姓还觉得大，这是为什么呢？”

孟子说：“文王的园林虽然七十里见方，可是割草砍柴的可以去，捕鸟猎兽的也可以去，这个园子是文王与老百姓共同享用的，老百姓认为太小，不也是很自然的吗？我初到齐国边境时，问明了齐国重要的禁令，这才敢入境。我听说国都郊外有个园林四十里见方，杀了其中的麋鹿，就如同犯了杀人罪。这就像是在国内设下了一个四十里见方的陷阱，老百姓认为太大了，不也是应该的吗？”

孟子在这里仍然是讲“与民同乐”，强调只要坚持这个原则，做什么都不会超出标准，不会出格。这从一个侧面反映了孟子关心民生的思想。

齐宣王又虚心向孟子请教：“同邻国交往有什么原则吗？”

孟子回答说："有啊。只有仁人能以大国的地位侍奉小国，所以商汤曾侍奉葛国，文王曾侍奉昆夷。只有聪明的人能以小国的地位侍奉大国，所以周太王曾侍奉獯鬻［xūn yù，周称猃狁（xiǎn yǔn），秦汉时称匈奴——作者注］，勾践曾侍奉吴国。能以大国地位侍奉小国的，是乐于听从天命的人；能以小国地位侍奉大国的，是敬畏天命的人。乐于听从天命的人能安定天下，敬畏天命的人能保住他的国家。所以《诗·周颂·我将》上说：'畏天之威，于时保之。'"

齐宣王赞叹说："您讲得太好了！不过我有个毛病，我喜欢勇武。"

孟子回答说："那就请大王不要喜欢小的勇武。一个人手按佩剑、瞪圆双目说：'他怎么敢抵挡我！'这是平常之人的小勇，只能对付一个人罢了。大王请把它扩大开去！《诗·大雅·皇矣》上说：'王赫斯怒，爰整其旅，以遏徂莒，以笃周祜，以对于天下。'这就是文王的勇武。文王一怒而安定了天下的百姓。《尚书》上说：'天降下民，作之君，作之师，惟曰其助上帝宠之。四方有罪无罪惟我在，天下曷敢有越厥志？'只要有一个人横行天下，武王就感觉到耻辱。这就是武王的勇武。而武王也是一怒就安定了天下的百姓。如果现在大王也一怒就能安定天下的百姓，那么百姓还唯恐大王不喜欢勇武呢。"

孟子在这里讲了大国侍奉小国和小国侍奉大国的辩证关系，接着又顺着齐宣王的话题，讲了什么是真正的勇武。从这段话可以看出，孟子虽然讲仁义，但并不反对使用武力，只要是能安定百姓，则"民惟恐王之不好勇也"。

齐宣王是个很会享受的人，到了夏天，他就要到行宫雪宫里去避暑。有人说雪宫是齐宣王请孟子居住的别墅，诚不可信。一天，齐宣王在雪宫里会见孟子，一面炫耀自己所住的舒适环境，一面问了孟子一个和梁惠王同样的问题："贤德之人也有这种快乐吗？"

孟子借此话题，再次把齐宣王引到"与民同乐"的思路上去，他回答说："有啊。人们如果得不到这种快乐，就要抱怨他们的君主了。得不到就抱怨他们的君主，诚然是不对的；可是作为百姓的君主却不与百姓同乐，也是不对的。君主把百姓的快乐当作自己的快乐，百姓也就会把君主的快乐当作自己的快乐；君主把百姓的忧患当作自己的忧患，百姓也就会把君主的忧患当作自己的忧患。乐，同天下人一起乐，忧，同天下人一起忧，这样还不能称王天下的，是从来不会有的。

“从前，齐景公问国相晏子：‘我想去游览转附、朝儛两座山，然后沿着海边往南，一直游览到琅琊。我要怎样做才能和先王的巡游相比呢？’晏子答道：‘问得好啊！天子到诸侯那里去叫“巡狩”。所谓巡狩，就是巡视诸侯所守的疆土。诸侯去朝见天子叫“述职”。所谓述职，就是汇报履行职守的情况。这些活动没有不是结合政事进行的，没有无事外出的。春天视察耕作情况，补助那些种子、耕力不足的人；秋天视察收获情况，周济那些歉收的人。夏代的民谚说：“吾王不游，吾何以休？吾王不豫，吾何以助？一游一豫，为诸侯度。”现在却不是这样，国君出巡时兴师动众，征集粮食，使得饥饿的人没有饭吃，劳累的人不能休息。人人侧目而视，个个怨声不绝，百姓就会作乱造反。这样的巡游悖逆天意，祸害百姓，吃喝浪费如同流水。流连荒亡，成了诸侯的忧患。从上游顺流玩到下游，乐而忘返，这叫“流”；从下游逆流玩到上游，乐而忘返，这叫“连”；打猎不知尽兴，这叫“荒”；喝酒不知满足，这叫“亡”。先王没有流连的享乐，荒亡的行径，至于这次怎么巡游，就看您怎么做了。’景公听了十分高兴，在都城内做好了充分的准备，然后离开宫室搬到郊外住。接着就开仓救济穷人。又召乐官，吩咐道：‘给我作一首君臣同乐的乐曲！’大概就是《徵（zhǐ）招》《角招》这两首乐曲吧。其中有句歌词说：‘畜君有什么过错？’‘畜君’就是爱护君主的意思。”

过去周天子东巡封禅泰山时，为接受诸侯朝见，特地在泰山脚下建立一座明堂，地址就在齐国境内。因为到齐宣王时周天子已经成为可有可无的角色，所以有许多人都建议齐宣王拆掉明堂。齐宣王拿不定主意，特地征求孟子的意见：“大家都建议我毁掉明堂，是毁掉它呢，还是不毁呢？”

孟子回答说：“明堂是施行仁政、称王天下者的殿堂。大王如果打算施行仁政，就不要毁掉它了。”

齐宣王对孟子的回答很感兴趣，说：“仁政的道理，能说给我听听吗？”

孟子说：“从前周文王治理岐地，农民只抽九分之一的税；做官的世代享受俸禄；关卡和市场对商人只稽查不征税；湖泊池沼不设禁令，任人捕鱼；惩办罪人不牵连妻儿。年老无妻叫‘鳏’，年老无夫叫‘寡’，年老无子叫‘独’，年幼无父叫‘孤’，这四种人是天下最困难而又无所依靠的人。文王发布政令、施行仁政，必定先照顾这四种人。《诗·小雅·正月》上说：‘哿（gě，同可）矣富人，哀此茕（qióng）独。’”

图 65　止毁明堂（《孟子圣迹图》）

齐宣王称赞说：“这话说得真好啊！”

孟子立即追问：“大王如果觉得好，那么为什么不去照着实行呢？”

齐宣王又拉出一个挡箭牌，说：“我有个毛病，我爱财。”

孟子说：“从前周族首领公刘也爱钱财，《诗·大雅·公刘》上说：‘乃积乃仓，乃裹糇（hóu）粮，于橐（tuó）于囊，思戢（jí）用光。弓矢斯张，干戈戚扬，爰方启行。’这就是说，留守故土的人粮食囤满仓，迁徙新地的人带足干粮，然后才启程远行。大王如果爱财，也能让百姓共同拥有钱财，那么实行仁政又有什么困难的呢？”

齐宣王再次拉出挡箭牌说："我还有个毛病，我好色。"

孟子苦口婆心地说："从前太王也好色，宠爱他的妃子。《诗·大雅·绵》上说：'古公亶父，来朝走马，率西水浒，至于岐下，爰及姜女，聿来胥宇。'在那个时候，内室没有找不到丈夫的女子，外面没有打光棍的单身汉。大王如果好色，同时也能让百姓都有配偶，那么，这对于实行仁政会有什么困难呢？"

齐宣王虽然热衷于和孟子讨论王政，却丝毫没有实行的意思。孟子一天设喻规劝齐宣王说："假如大王有个臣子，把妻子儿女托付给朋友照顾，自己到楚国去游历了。等他回来时，妻子儿女却在受冻挨饿，对这样的朋友应该怎么办？"

齐宣王说："和他绝交！"

孟子说："如果管理士的官员管不好他的属下，那该怎么办？"

齐宣王说："撤他的职。"

孟子又问："如果一个国家治理不好，那该怎么办？"

孟子这三句问话环环紧扣，最后一句矛头直指齐宣王，齐宣王如果按着前边再顺着回答，就应该罢免自己的国王了，所以只好扭头去看左右的人，把话题扯到别的事情上去了（王顾左右而言他）。

孟子一次谒见齐宣王，说："我们平常所说'故国'，不是说国内有没有古老高大的树木，而是说要有世代与国家休戚相关的臣子。现在大王没有这样可以担当重任的大臣了，过去所任用的人，现在也都失去了职位。"

齐宣王说："我根据什么才可以辨别那些在位的大臣没有才干而不任用他们呢？"

孟子说："国君选拔任用贤德之人，如果不得已，将会使地位低的超过地位高的，关系远的超过关系近的，对此能不慎重吗？对于一个人，左右侍臣都说他好，还不行；大夫们都说他好，也还不行；全国人民都说他好，你还要去考察他，见他确实是好，这才任用他。左右侍臣都说不行，不要听信；大夫们都说不行，也不要听信；全国的人都说不行，你就要去考察他，见他确实不行，这才罢免他。左右侍臣都说可杀，不要听信；大夫们都说可杀，也不要听信；全国人民都说可杀，你就要去考察他，见他确实可杀，这才杀掉他。所以说，杀一个人要听取全国人民的意见。这样，才可以算是百姓的父母。”

孟子这一大段议论，实际上说明了任用、罢免乃至处罚一个官员的标准，要以人民的意志好恶来决定。这里，舆论权在民，最终决策权仍在国君手里，特别是最后一句话，所谓“如此，然后可以为民父母”，表明孟子的民本论并不是把民看作政治的主体。学者杨泽波先生把这种民本论理解为“民心论”，或者说是一种“理想化的君本论”。笔者认为这种观点是正确的。我们可以从下面孟子和齐宣王几段对话中进一步体会孟子的这种以“民心”为核心的“理想化的君本论”的内涵。

一天，齐宣王问孟子：“商汤流放夏桀，武王讨伐商纣，历史上果真有这些事吗?”

孟子回答说：“古代文献上有这样的记载。”

齐宣王问：“臣子不道德地杀他的君主，可以吗?”

孟子说：“损害仁的人叫‘贼’，败坏义的人叫‘残’，残、贼这样的人叫‘独夫’。我只听说杀了一个独夫纣罢了，没有听说过臣杀君主啊。”

在这里，孟子认为，作为一个君主，首先要遵守“仁”和“义”，残害仁义的君主不过是一个失去民心的独夫。商汤、武王这样以仁义王行天下的仁君杀掉独夫，不过是顺应民心罢了，不应承担“弑君”的罪名，故言“闻诛一夫纣矣，未闻弑君也”。

一次，孟子和齐宣王谈论起君主和臣下的关系，说：“君主如果看待臣下如同自己的手足，臣下看待君主就会如同自己的腹心；君主如果看待臣下如同狗马，臣下看待君主就会如同普通老百姓；君主如果看待臣下如同泥土草芥，臣下看待君主就会如同敌寇仇人。”

齐宣王认为，臣子对君主必须毕恭毕敬，无条件服从，现在见孟子说这些不中听的话，感到很刺耳，但又不好发作，于是故意提出君主应当怎样做，臣下才可以按照礼制为君主服丧这个问题来为难孟子：“礼制规定，已经离职的臣下要为先前侍奉过的君主服丧，君主怎样做，才能让臣下为他服丧呢？”

孟子回答说：“臣下在职时有劝谏，君主就听从；有建议，君主就采纳，使君主恩泽遍及百姓；臣子因故离职到别国去，君主就派人领他出境，并且派人先到他要去的地方做好安排；臣子离开三年还不回来，才收回他的土地房屋。这种做法叫‘三有礼’。这样，臣下就愿意为故去的君主服孝了。如今做臣下的，有劝谏，君主不接受，有建议，君主不肯听，恩泽不能遍及百姓；因故离去，君主就要捉拿他，还想方设法使他在所去的地方陷入困境；离开的当天，就没收了他的土地房屋。这样就叫作敌寇仇人。成了敌寇仇人，哪还有什么臣下要为君主服丧的礼节呢？”

孟子在回答齐宣王这个问题时提出臣下为君主服丧的三个前提条件（三有礼），没做到或者说违反了这三个前置条件，则臣下与君主就成了“寇仇”关系，哪里还谈得上为君主服丧呢？

齐宣王一次在和孟子谈话时问起有关公卿的问题。孟子说：“大王是问哪一种公卿呢？”

齐宣王感到很奇怪，问：“公卿还有什么不同吗？”

孟子回答说：“当然有不同呀。有和国君同宗王室宗族之卿，有与国君王族不同姓之卿。”

齐宣王说：“您就谈谈王室宗族之卿应该怎样做吧！”

孟子说：“作为王室宗族之卿，国君有了重大错误，就要劝谏，反复劝谏还不听，就另立国君（则易位）。”

齐宣王听到“易位”两字，十分敏感，突然盛怒变了脸色。

孟子连忙解释说：“大王不要奇怪。只因大王问我，我不敢不以实话回答您。”

齐宣王了解孟子向来出言无忌，又听了孟子的解释，神色平静下来，然后问起异姓之卿应该怎样。

孟子回答说："作为异姓之臣，国君有过错，就要劝谏，反复劝谏而不听，就辞官离开。"

孟子还在另一个场合下谈起臣下可以离开君主的前提条件："君主如果无故随便杀害士人，那么士大夫就可以离开这个国家；君主如果无故随便杀害老百姓，那么士人就可以移居别处。"孟子议论说："君主讲求仁爱，人民没有不仁爱的；君主讲求道义，人民没有不道义的。""不合真正礼仪的礼，不合真正道义的义，品德高尚的君子是不肯做的。"

图 66　非礼之礼，非义之义，大人弗为（董振中/绘）

孟子一次谒见齐宣王，连设两喻谈起君臣关系，他说："建造大房子，就一定要叫工师去寻找大木料。工师找来了大木料，大王就高兴，认为工师是称职的。木匠砍削木料，把木料砍小了，大王就发怒，认为木匠是不称职的。一个人从小学到了一种本领，长大了想运用它，大王却说：'暂且放弃你所学的本领来听我的。'那样能行吗？假如现在有块璞玉在这里，虽然价值万金，也必定要叫专业的玉匠来雕琢加工。至于治理国家，大王却说：'暂且放弃你所学的本领来听我的'，那么，这和非要玉匠按您的办法去雕琢玉石不可，有什么不同呢？"

《孟子·尽心下》记述了一个“再为冯妇”的故事：齐国发生了灾荒，学生陈臻对老师说：“国都里的人都认为老师会再次劝说齐王打开棠邑的粮仓救济百姓，大概您不会再这么做了吧？”

孟子诙谐地回答说：“再这样做我就成冯妇了。晋国有个叫冯妇的人，善于打虎，后来成为善士不打虎了，士人们都以他为做善事的榜样。后来有一次，野外有许多人在追逐一只虎，老虎背靠山角顽抗，没有人敢靠近它。这时人们远远看见了冯妇，便跑上去迎接他，冯妇便捋起袖子下车去打虎。结果大家虽然都很喜欢他，可是他却被那些士人所讥笑。”

从上面几个故事可以看出，孟子在齐虽有客卿之位，但除了以客卿身份经常和齐宣王讨论一些问题，在具体事务上并无任何实际权力。

第八章

予岂好辩 昼邑三日

由于孟子学术上的声望日益高涨和齐国客卿身份，稷下学宫其他各个学派的学者经常来拜访孟子，或请教，或切磋，或刁难，孟子都能从容应对，以至于有了“好辩”的口碑。学生公都子就这个问题请教老师：“外面的人都说老师您喜欢辩论，请问，这是为什么呢？”

公都子没想到这个问题引发老师几多感慨：“我难道是喜欢辩论吗？我是不得已而辩论啊（予岂好辩哉？予不得已也）！天下自有人类以来已经很久了，总是治世和乱世交替出现。在尧帝的时候，水势倒流，在中原大地泛滥，蛇龙到处盘踞，人们无处居住。地势低洼的地方，人们就在树上搭窝栖身；地势高的地方，人们就挖洞生存。

“《尚书》上说：‘洚水警余。’洚水，就是洪水。舜派大禹治水。大禹开挖河道，让洪水流注进大海；驱逐蛇龙，把它们赶进荒草丛生的沼泽；水都顺着大地中间的河道流泻，这就是长江、淮河、黄河和汉水。洪灾解决了，危害人类的鸟兽消灭了，然后人们才能够在地面上居住。

“唐尧、虞舜去世以后，圣人之道就衰微了，暴君相继出现。毁坏民房开挖成游乐的深池，使人民无处安身；废弃农田改建园林宫苑，使人民断了衣食来源。荒谬的学说、暴虐的行为层出不穷；因为园林、深池、沼泽多了，禽兽也就聚集成群。

“到了商纣时，天下又大乱了。周公辅佐武王杀掉纣王，讨伐奄国，三年后除掉了奄君，把飞廉驱逐到海边杀掉。消灭的国家达五十个。把老虎、豹子、犀牛、大象等野兽驱赶到很远的地方，普天之下人心大快。《尚书》上称赞说：‘丕显哉，文王谟！丕承哉，武王烈！佑启我后人，咸以正无缺！’

“后来世风日下，圣人之道又一次衰微了，荒谬的学说、暴虐的行为又纷纷出现了，有臣子杀君主的，有儿子杀父亲的。孔子十分忧惧，便编写了《春秋》。因为纠正君臣父子的名分、褒贬诸侯大夫的善恶，这本是天子的职权。所以孔子说：'知我者其惟《春秋》乎！罪我者其惟《春秋》乎！'

"到如今圣王不再出现，诸侯放纵恣肆，在野之士人横发议论，杨朱、墨翟的言论充塞天下。天下的言论，不是归向杨朱一派，就是归向墨翟一派。杨朱宣扬一切为自己，这是心目中没有君王；墨翟宣扬对人一样地爱，这是心目中没有父母。心目中无父无君，这就成了禽兽。贤人公明仪说过：'庖有肥肉，厩有肥马，民有饥色，野有饿莩，此率兽而食人也。'杨朱、墨翟的学说不灭亡，孔子的学说不光大，这会使邪说蒙骗人民，堵塞仁义。仁义的道路被堵塞了，就等于率领野兽吃人，人与人之间也会互相残杀。我为此深感忧惧，决心捍卫古代圣人的道义，批驳杨朱、墨翟的学说，扫除荒诞的言论，使邪说不能产生。

"邪说从心里产生，就会危害事业；在事业上起了作用，就会危害政治。即使再有圣人出现，我也不会改变这番话的。

"从前大禹制服了洪水而使天下太平，周公兼并了南夷北狄、赶跑了猛兽而使百姓安宁，孔子编写了《春秋》而使犯上作乱的人畏惧。《诗·鲁颂·閟宫》上说：'戎狄是膺，荆舒是惩，则莫我敢承。'目无父母、君主的人，正是周公所要讨伐的。我也想端正人心，扑灭邪说，批判放纵、偏激的行为，扫除荒诞的言论，以此来继承大禹、周公、孔子三位圣人的事业，这难

图 67　力辟杨墨（《孟子圣迹图》）

道是喜欢辩论吗？我是不得已啊。能够用言论来反对杨朱、墨翟的人，才算得上是圣人的学生。”

孟子在“诸子蜂起，百家争鸣”的时代，面对各种学说，以圣人之徒相标榜，以继承大禹、周公、孔子事业为己任，勇敢地扛起了维护儒家学说、拯救圣人之道，使天下恢复太平盛世的大旗。其勇可喜，其心可嘉，其志可嘉！

本章我们就来看一看孟子和别人问答、辩难的具体内容。

有个卫国的学者叫北宫锜，向孟子请教了周朝的官爵、俸禄制度：“周朝王室规定的官爵、俸禄的等级制度，是怎样的呢？”

孟子很谦虚地说：“详细情况现在已经不能知道了，因为诸侯害怕它妨害自己，所以把那些典籍都毁掉了。不过，我曾经听说过它的大致情况。从官爵上来说，天子一级，公爵一级，侯爵一级，伯爵一级，子爵、男爵同一级，共五个等级。在诸侯那里，国君一级，卿一级，大夫一级，上士一级，中士一级，下士一级，共六个等级。天子的土地规模，一千里见方；公爵、侯爵都是一百里见方，伯爵是七十里见方，子爵、男爵是五十里见方，共四等。不足五十里见方的国家，不与天子直接联系，而是附属于诸侯国，叫作‘附庸’。

“从俸禄上说，天子的卿，受封土地同侯爵相等，大夫受封的土地同伯爵相等，元士受封的土地同子爵、男爵相等。大国的土地有百里见方，国君的俸禄是卿的十倍，卿的俸禄是大夫的四倍，大夫倍于上士，上士倍于中士，中士倍于下士，下士与在官府当差的庶人的俸禄相同，数量完全可以顶得上他种田的收入。“中等国家的土地有七十里见方，国君的俸禄是卿的十倍，卿的俸禄是大夫的三倍，大夫是上士的二倍，上士是中士的二倍，中士是下士的二倍，下士与在官府当差的庶人同等俸禄，俸禄足以代替他种田的收入。小国的土地有五十里见方，国君的俸禄是卿的十倍，卿的俸禄是大夫的两倍，大夫倍于上士，上士倍于中士，中士倍于下士，下士与在官府当差的庶人的俸禄相等，俸禄足以代替他种田的收入。

“种田人的收入：一个农夫受田一百亩，百亩地施肥耕种，上等的农夫可以养活九人，次于上等的可以养活八人，中等的农夫可以养活七人，比这差一点的可以养活六人，下等的农夫可以养活五人。在官府当差的百姓，他的报酬也是按这种区别来划分等级。”

孟子与北宫锜这段问答，充分显示出孟子学问的渊博，周王室那么复杂的官爵、俸禄制度，他竟能信手拈来，说来头头是道，条理有序，令人叹服。

有个叫貉稽的齐国大夫无端被人中伤，感到很委屈，跑来向孟子诉说：“我貉稽被人家说了很多坏话（稽大不理于口）。”

孟子安慰他说：“这没有关系。士人总会受到七嘴八舌的非议。《诗·邶风·柏舟》上说：‘忧心悄悄，愠于群小。’孔子就曾遭遇过这样的事。《诗·大雅·绵》也说：‘肆不殄厥愠，亦不殒厥问。’这说的就是周文王啊。”

孟子在这里表明了士人对待非议的正确态度，只要自己问心无愧，就不怕别人说长道短。这不禁让人想起马克思最喜欢的但丁的格言：“走自己的路，让别人去说吧！”由此看来，胸有大志的人心灵是相通的。

齐国学者高子和孟子谈论音乐，说：“大禹的音乐胜过周文王的音乐。”

孟子不赞成这种观点，但他没有明确否定，而是请高子说出理由：“您为什么这么说呢？”

高子回答说：“因为大禹传下来的钟上的钟钮都快断了，可见人们喜欢演奏它（以追蠡）。”

孟子说：“这怎么能足以说明问题呢？城门下的车迹很深，难道是一两匹马的力量造成的吗（是奚足哉？城门之轨，两马之力与）？”

孟子这句话的意思是说，城门下的车迹是年深月久，车马过得多了造成的。大禹传下来的大钟上的钟钮快要断了，也正是因为年代久远的缘故啊。

孟子著作中有三处提到高子，一次是论诗，这里是论音乐，还有一次是孟子离齐之时。总的来看高子似乎有点不大灵通，所以孟子批评高子学习思考不太用功，说：“山坡上的小路，只要你天天去走，它就能成为大路；只要有一段时间不走，茅草就会堵塞住它。现在，‘茅草’堵塞住你的心了啊！”

图 68　陵川县杨村镇岭北底村门楣匾额：直追蠡风（冯玉庆/摄）

孟子在齐国，一面参政议政，一面在稷下学宫讲学。因为孟子的客卿身份，出入相当排场。学生彭更曾为此向老师请教，说：“先生出行，动辄跟随几十辆车子、几百名学生，从这个诸侯国吃到那个诸侯国，这是不是有点太过分了呢？”

孟子回答说：“要是不合道义，就是一小竹筐饭也不能接受人家的；如果合乎道义，那么就是虞舜接受唐尧的天下，也不能认为是过分。你认为过分了吗？”

彭更说：“我不是这个意思。我是说大家无所事事吃人家白食，这样不好。”

孟子说：“假如你不流通产品、交换劳动成果，用多余的来弥补不足的，那么农夫就会有多余的粮食，织女就会有多余的布匹，可你却享用不到；如果你互通有无，那么各类工匠都能在你这里凭他们的工作换到粮食。假如这里有一个人，在家孝顺父母，在外尊敬兄长，恪守先王之道，以此来教育后辈求学的人，但他在你这里却得不到饭吃，你为什么看重各类工匠而轻视遵行仁义的人呢？”

彭更说：“各类工匠做工的动机，就是通过干活找口饭吃。君子修行仁义，动机也是找口饭吃吗？”

孟子听了有点生气，说：“你为什么光是谈论他们的动机呢？他们对你有功劳，值得给饭吃才给他们饭吃。再者说，你是根据他们的动机给饭吃呢？还是根据他们所做的功绩给饭吃呢？”

彭更有些固执其见，说：“我根据他们的动机给饭吃。”

孟子打了个比方，说：“假如有一个人在这里打碎了屋瓦，画脏了新刷的墙，他的动机就是找口饭吃，那么你给他饭吃吗？”

彭更说：“不会。”

孟子笑了说：“既然这样，那么你就不是根据动机，而是根据他们所做的功绩给饭吃的了。”

学生公孙丑向孟子请教了一个教育方面的问题：“人们常说，君子不亲自教育自己的儿子，这是为什么呢？”

孟子回答说：“这是因为在情理上行不通。执教者必定要用正确的道理教育人；用止确的道理行不通，接着便会动怒。一动怒，那就反而伤了感情了。如果父亲教育自己的儿子出现这种情况，儿子就会想：‘父亲教育我要用正道，可你自己的做法就不正确。’这样，父子之间就伤了感情。父子之间伤了感情，可就不好了。古时候君子相互交换儿子进行教育，父子之间不求全责备。相互求全责备，会使父子关系疏远，父子疏远，那就没有比这更不幸的了。”

孟子在这里只是从父子关系上解释了中国古人“易子而教”的教育观点。其实，易子而教的好处应该不止于此，因为，父亲本身对子女就有言传身教的责任，易子而教更有助于孩子开阔视野。另外，对于受教育者来说，多向一些老师学习，则能博采众长，使自己更快更好地成长。

公孙丑在阅读《诗》时遇到一个问题，特地向老师请教：“高子说，

《诗·小雅·小弁》是小人所作的诗（小人之诗）。这个观点对不对呀？”

孟子反问说：“他凭什么这么说呢？”

公孙丑说：“因为诗中有哀怨情绪。”

孟子觉得高子的观点十分可笑，说：“高老夫子解释《诗》也太呆板了！如果有一个人在这里，越国人拉开弓去射他，他事后可以有说有笑地向别人讲起这件事。没有别的原因，只因为和越国人关系疏远，可以任由他去服罪。如果是他哥哥拉开了弓射他，他事后就会哭哭啼啼地讲起这件事。没有别的原因，只因为和哥哥关系亲近，不愿让他服罪。《诗·小雅·小弁》的哀怨，是出于爱护亲人，爱护亲人就是仁啊。太呆板了呀，高老夫子竟然这样解释《诗》！”

公孙丑问：“《诗·邶风·凯风》这首诗为什么没有哀怨情绪呢？”

孟子解释说：“《诗·邶风·凯风》这首诗，作者的父母过错比较小；《诗·小雅·小弁》这首诗，作者的父母过错比较大。父母的过错大却不哀怨，这是更加疏远父母；父母的过错小而哀怨，这说明儿子一点都不能受刺激。疏远父母，这是不孝；不能受父母一点刺激，也是不孝。孔子说过：‘舜其至孝矣，五十而慕。’”

公孙丑又问老师一个《诗》上的问题：“《诗·魏风·伐檀》上说：‘不素餐兮。’君子不耕种却也吃饭，这是什么道理呢？”

孟子解释说：“君子居住在这个国家，这里的君主任用他，他能帮助国君得到安定、富足、尊贵、荣耀；国君的弟子跟随他，便能孝顺父母，尊敬兄长，办事尽心，讲求诚信。君子是‘不白吃饭啊’，还有比这功劳更大的吗？”

学生公都子向老师问了一个哲学问题：“大家同样是人，有的成了君子，有的成了小人，这是什么原因呢？”

孟子回答说：“能依从身心重要器官的就成为君子，依从身心次要器官的就成为小人。”

公都子又问：“大家同样是人，有的人能依从身心重要器官，有的人却依从身心次要器官，这是为什么呢？”

孟子解释说：“像耳朵、眼睛这类器官不会思考，很容易被外物蒙蔽。它们往往一与外物接触，就被引诱过去。而心这个器官是会思考的，思考就能得到善性，不思考就得不到善性。这是上天赋予我们的最重要的器官。先抓住这个重要器官，那么耳朵眼睛之类的次要器官就不会被外物引诱了。一个人能成为君子的道理仅此而已。”

前面说过，孟子和滕世子姬銮谈话时，“言必称尧舜”；现在，孟子也经常和一些学生讨论尧舜等历史问题。孟子曾拿虞舜和周文王相比较，说：“虞舜出生在诸冯，迁居到负夏，死在鸣条，是东方边远地区的人。文王生在岐周，死在毕郢，是西方边远地区的人。两地相距一千多里，时代相距一千多年，但他们得志后在中国所推行的理想秩序，却好像合并在一起的符节一样吻合，可见先出的圣人和后出的圣人，他们所遵循的法度是一样的。”

孟子曾对学生们这样评价虞舜，他说：“虞舜居住在深山里，与树木、石头做伴，与鹿、猪相处，那时他与深山中蒙昧百姓的区别是很小的。可是当他听了一句善言，见了一种善行，就会立即照着去做，像决了口的江河一般，浩浩荡荡没有谁能阻挡得了。”“虞舜在吃干粮咽野菜的时候，就像打算终身这么过日子似的。可是到他做了天子后，穿着讲究的衣服，弹着琴，唐尧的两个女儿侍候着，又像本来就享有这种生活似的。”

学生万章问道：“虞舜走到田里耕作，对着天空哭泣，他为什么要哭泣呢？”

孟子回答说：“这是因为他对父母既抱怨又眷念呀。”

万章问：“曾子曾说过：‘父母喜欢自己，虽然高兴却不能忘记自己做儿子的责任；父母讨厌自己，心里忧愁却不敢抱怨父母。’按您这么说，那么虞舜是在抱怨父母吗？”

孟子引经据典解释说：“以前，长息曾向老师公明高（曾子弟子——作者注）请教说：‘虞舜到田里去耕作，我已听您解说过了。可是他对着天空哭诉，我还是不能理解。’公明高说：‘这不是你能明白的了。’公明高认为，父母对自己态度如何，作为一个孝子，不能像这样淡漠忽略：我竭力耕田，恭敬地尽到做儿子的职责就行了，要是父母还不喜欢我，我有什么责任呢？虞舜却不是这样。帝尧让自己的九个儿子、两个女儿，带着大小官员、牛羊、粮食，到田野中侍奉虞舜，天下的士人投奔他的也很多，帝尧还将把整个天下让给他。虞舜却因为不能使父母顺心，而像走投无路的人无所归宿似的。天下的士人喜欢他，这是人人都想得到的尊荣，却不足以消除他的忧愁；漂亮的女子，这是人人都想得到的佳偶，虞舜娶了帝尧的两个女儿，却不足以消除他的忧愁；财富，是人人都想得到的，虞舜富有天下，却不足以消除他的忧愁；地位尊贵，是人人都想得到的，虞舜尊贵到当了天子，却不足以消除他的忧愁。士人的喜欢、漂亮的女子、财富和尊贵，没有一样足以消除忧愁的，只有顺了父母心意才能消除忧愁。人在幼小的时候，就依恋父母；懂得找异性了，就倾慕年轻美貌的女子；有了妻子，就眷念妻子；做了官就思念君主，得不到君主信任，心里就会热辣辣地难受。具有最大孝心的人，才能终身眷念父母。到了五十岁上还眷念父母的，我只在伟大的舜的身上看到了。”

万章又问：“《诗·齐风·南山》上说：‘娶妻如之何？必告父母。’信守这道理的，应该没有人能比得上虞舜的。可是虞舜不禀告父母就娶妻，这是为什么呢？”

孟子回答说：“如果虞舜禀告了父母，就娶不成妻子了。男女成婚，是人类重大的伦理关系。如果虞舜禀告了父母而娶不成妻子，就是废弃了这种伦理关系，就会怨恨父母，所以没有禀告。”

万章再问：“关于虞舜不禀告就娶妻这件事，我已领教了您的解释；可是帝尧把女儿嫁给虞舜，作为女方亲家，却也不告诉虞舜的父母，这又是为什么呢？”

孟子回答说：“那是帝尧也知道，告诉了他们女儿就嫁不成了。”

万章说：“虞舜的父母叫他修理粮仓，等他爬上仓顶后，他父亲瞽瞍拿掉了梯子，放火烧粮仓，想把虞舜烧死。虞舜的父母又曾叫他淘井，瞽瞍和象出来后，随即就填井，想把虞舜埋在井里。虞舜的同父异母弟象说：‘谋害舜都是我的功劳。害死了他，他的牛羊归父母，粮食归父母；干戈归我，琴归我，雕弓归我，让两个嫂嫂替我整理床铺。’象走进虞舜的住房，却看到虞舜正坐在床上弹琴，赶忙掩饰说：‘我可想念你啦！’神情很不自然。虞舜说：‘我惦念着这些臣仆，希望你来帮我管理。’我不明白，虞舜真的不晓得象要杀害他吗？”

孟子回答说：“怎么会不知道呢？虞舜看重兄弟情义，象忧愁，他也忧愁；象高兴，他也高兴。”

万章感到老师的回答很不好理解，问：“这么说，虞舜是假装高兴的吗？”

孟子回答说：“虞舜不是假装高兴。从前有人送了条活鱼给郑国宰相子产，子产叫管理园林的小吏把它放养到池塘里。小吏把鱼煮熟吃了，回来报告说：‘刚放进去时，鱼半死不活的；不一会儿，就摇摆着尾巴游开了；一转眼就看不见了。’子产说：‘得着它的好去处了！得着它的好去处了！’小吏出来后说：‘谁说子产聪明？我都把鱼煮吃掉了，他还说：“得着它的好去处了，得着它的好去处了。”’所以君子可以用合乎道理的事欺骗他，却难以用没有道理的事蒙骗他。象装着敬爱兄长的样子来了，所以虞舜就诚心诚意地相信他，而且感到高兴，这怎么会是假装的呢？”

万章问道：“象天天都把谋杀虞舜当作自己要干的事，虞舜做了天子后，只是流放了他，这是为什么？”

孟子说：“实际上是封象当诸侯，也有人说是流放了。”

万章说：“虞舜把共工流放到幽州，把驩兜流放到崇山，把三苗的君主驱逐到三危，把鲧诛死在羽山。将这四个人治了罪，天下便都归服，因为惩处的是不仁的人。象是最不仁的人，却封给他有庳（bì）。有庳的百姓有什么罪过呢，竟然要接受象的统治？仁德的人本该这么做的吗？对旁人就严加治罪，对弟弟就封他为诸侯？”

孟子说：“仁德之人对于自己的弟弟，不藏怒气在心里，不留怨恨在胸中，只知道要关心他爱护他罢了。关心他，就想让他尊贵；爱护他，就想让他富有。把有庳封给他，就是要让他既富有又尊贵。自己当了天子，弟弟却做百姓，能说是关心他爱护他吗？”

万章接着又问：“请问，有人说象是流放，这话怎么讲呢？”

孟子解释说：“象不能在他的国家里任意行事，天子派了官吏帮他去治理国家，收取那里的贡税，所以说是流放。象哪还能对他的百姓施行暴政呢？虽然这样，虞舜还是想常常见到象，所以象不断地到京城来。古书上说：‘不及贡，以政接于有庳。’就是说的这种情况。”

学生咸丘蒙问老师：“俗话说：‘很有道德的人，君主不能把他当作臣下，父亲不能把他当作儿子。’虞舜做了天子，唐尧率领诸侯朝见他，他父亲瞽瞍也朝见他。虞舜见了瞽瞍，神色很不安。孔子说：‘于斯时也，天下殆哉，岌岌乎！’不知孔子真的说过这句话吗？”

孟子回答说：“不是这样，这不是君子说的话，是齐国东边乡下人说的话。唐尧老了，虞舜代行天子职权。《尧典》上说：‘虞舜代行天子职权二十八年，唐尧才去世，群臣如同死了父母一般，服丧三年，天下停止一切娱乐活动。’孔子说：‘天无二日，民无二王。’如果虞舜当时已经做了天子，却又率领天下诸侯为唐尧服丧三年，这就同时有两个天子了。”

咸丘蒙说：“虞舜没有把唐尧当作臣，我已领教了您的解释了。《诗·北山》上说：‘普天之下，莫非王土；率土之滨，莫非王臣。’虞舜已经做了天子了，瞽瞍却不是他的臣民，请问这又是怎么一回事？”

孟子解释说：“这首诗歌，不是说的这个意思。它是说作这首诗的人因为公事劳碌，以至于不能奉养父母。意思是说：‘这些没有一件不是国家事务，为什么偏偏只有我最劳累呢。’所以解说《诗》的人，不能因为字面的解释而误解词句的意思，也不能因为词句的解释而误解全诗的意思；要用自己的体会去揣度作者的原意，这样才能把握住诗意。如果只拘泥于词句的解释，那么，《诗·大雅·云汉》这首诗说‘周余黎民，靡有孑遗’，相信了这句话，那就等于认为周朝没有一个人留存了。孝子最大的孝，莫过于使父母尊贵；使父母尊贵的最高标准，莫过于用天下奉养父母。做为天子的父母，这是最尊贵的地位了；用天下奉养父母，这是最高的奉养了。《诗·大雅·下武》上说：‘永言孝思，孝思维则。’说的就是这个意思。《尚书》上说：‘祇载见瞽瞍，夔夔齐栗，瞽瞍亦允若。’这是父亲不能把他当儿子吗？”

学生桃应对虞舜和父亲瞽瞍的关系也很感兴趣，忍不住问孟子：“虞舜是天子，皋陶是法官，如果瞽瞍杀了人，那该怎么办呢？”

孟子回答得很干脆：“把他抓起来就是了。”

桃应问：“那么，虞舜能不阻止吗？”

孟子说：“虞舜哪能去阻止呢？皋陶的权力是有所依据的。”

桃应又问：“那么虞舜究竟应该怎么办？”

孟子回答说：“虞舜把抛弃天下看得如同丢弃破草鞋一样。因此他会偷偷地背着父亲逃跑，沿海边住下来，一辈子高高兴兴的，快乐得忘了天下。”

图 69　舜窃负而逃（佚名/绘）

桃应的问话实在尖锐，在孝道和担负天下的责任这一两难选题面前，孟子为虞舜选择了孝道。赞成者说这是孟子对孔子“父为子隐，子为父隐，直在其中矣”思想的发挥；反对者说这是一种不负责任的做法，作为最高统治者简直就是一种腐败。笔者认为孟子的回答有两点依据。第一，诚如朱熹《孟子集注》所言：“其意以为舜虽爱父，而不可以私害公；皋陶虽执法，而不可以刑天子之父。故设此问，以观圣贤用心之所极，非以为真有此事也。”这就是说，“窃负而逃”一事不过是师徒之间的一种设问，设此问的目的是“观圣贤用心之所极”，并非史实。第二，我们记得，在孟子所讲君子“三乐”里，有“王天下不与存焉”，这就是说，在孟子眼里，孝道是第一位的。虞舜作为天子，为了孝道，在不能枉法徇情的前提下，只好放弃天下，“窃负而逃”，到海边快快乐乐过一辈子隐居生活了。

万章问道：“唐尧把天下送给虞舜，有这回事吗？”

孟子回答说：“没有。天子不能把天下送给别人。”

万章问：“那么，虞舜拥有的天下是谁给的呢？”

孟子回答说：“是上天给他的。”

万章问：“您说上天给他的，是上天告诉虞舜的吗？”

孟子说：“没有，上天是不说话的，它只是用行动和事实表达它的意志罢了。”

万章问：“上天只是用行动和事实表达它的意志罢了，这话怎么理解？”

孟子说：“天子可以把人推荐给上天，但是不能让上天把天下给这个人；诸侯可以把人推荐给天子，但是不能让天子把诸侯的职位给这个人；大夫可以把人推荐给诸侯，但是不能让诸侯把大夫的职位给这个人。从前，唐尧把虞舜推荐给上天，上天接受了；唐尧又把虞舜介绍给百姓，百姓也接受了。所以说，上天不说话，只是用行动和事实表达它的意志罢了。”

万章问：“请问，把虞舜推荐给上天，上天接受了；把虞舜介绍给百姓，百姓接受了，这话怎么理解？”

孟子说：“派遣虞舜主持祭祀，百神都来享用祭品，这表明上天接受了他；安排虞舜主持政事，政事办得妥帖，百姓都安居乐业，这表明百姓接受了他。这是上天授给他的，是百姓授给他的，所以说，天子不能把天下送给人。虞舜辅佐唐尧治理天下二十八年，不是人的意愿所能决定的，而是上天的旨意。唐尧去世了，三年服丧结束，虞舜避开唐尧的儿子，到了南河的南面。可是天下诸侯来朝见天子的，却不到唐尧的儿子那里去，而是到虞舜那里去；打官司的，不到唐尧的儿子那里去，而是到虞舜那里去；歌功颂德的人，不歌颂唐尧的儿子而歌颂虞舜。所以说，这是上天的旨意。虞舜这才回到国都，登上天子的位子。如果他当初就住进唐尧的宫室，逼迫唐尧的儿子让位，这就是篡位了，不是上天授给他的了。《尚书·泰誓》上说：‘天视自我民视，天听自我民听。’说的就是这个意思。”

万章又问老师：“人们有这样的说法，到了大禹的时候道德就衰落了，帝位不传给贤人却传给自己的儿子。有这种情况吗？”

孟子回答说：“不，不是这样的。上天要传给贤人，就传给贤人；上天要传给儿子，就传给儿子。当初，虞舜把大禹推荐给上天，十七年后，虞舜去世了，三年丧期完后，大禹避开虞舜的儿子到阳城，天下百姓都跟随着他，就像唐尧去世后百姓不跟随唐尧的儿子却跟随虞舜一样。大禹把伯益推荐给上天，七年后，大禹去世了，三年丧期完后，伯益避开大禹的儿子，到了箕山北面。来朝见的诸侯及打官司的人都不到伯益那里去，而是到夏启那里去，他们说：‘他是我们君主的儿子。’歌功颂德的人不讴歌伯益而讴歌夏启，说：‘他是我们君主的儿子。’唐尧的儿子丹朱不成器，虞舜的儿子也不成器，所以继承不了帝位。虞舜辅佐唐尧、大禹辅佐虞舜，经历了很多年，施与百姓恩泽的时间也长。夏启很贤明，能恭敬地继承大禹的做法。伯益辅佐大禹的年数少，施与百姓恩泽的时间不长。虞舜、大禹、伯益之间相距的时间有长有短，他们的儿子有好有差，这都是出自天意，不是人的意愿所能决定的。不是人力所能办到却又办到了，这是天意；不是人力所能招致却自然来到了，这是命运。

“一个普通百姓想要得到天下，他的德行必然像虞舜和大禹那样，而且还要有天子推荐他，所以孔子虽然圣贤，因为没有天子推荐就不能够得到天下。继承父辈而得到了天下，天意却要废弃的，必然是像桀、纣那样的君主，所以伯益、伊尹、周公虽然圣贤，但他们所辅佐的不是桀、纣这样的君主，就不能够得到天下。

“伊尹辅佐商汤称王天下，商汤死后，太丁没有继位就死了，外丙在位两年，仲壬在位四年，太甲即位后破坏了商汤的典章法度，于是伊尹把他流放到桐邑。三年后，太甲悔过，怨恨自己，改正自己，在桐邑做到心不离仁，行合乎义；三年后，已能听从伊尹的训导了，才又回到亳都做了天子。周公不能得天下，原因正像伯益处在夏朝、伊尹处在殷朝没有可能得天下一样。孔子说：‘唐尧、虞舜让位给贤人，夏、商、周三代由子孙继位，其中的道理是一样的。’”

万章见老师提起商汤时的贤人伊尹，自然想起另一个典故，于是问老师说：“人们有这样的说法，‘伊尹是靠烹调技术取得了汤王的欢心’。有这回事吗？”

孟子觉得这个说法太滑稽了，不由连连摆手说：“不，不是这样的。”接着，他向学生详细讲解了这段历史：“伊尹原先在有莘国的郊野耕作，喜爱尧舜之道。如果不符合义，不符合道，即使把天下当作俸禄给他，他也不理睬；即使有四千匹骏马拴在那里，他也不看一眼。如果不符合义，不符合道，伊尹一根草也不拿去送人，一根草也不拿别人的。商汤听人称赞伊尹贤德，便派人带了礼物去聘请他，他却无动于衷地说：‘我要汤的聘礼干什么？我难道不可以住在这垄沟田野之间，把学习研究尧舜之道当作快乐吗？’汤又多次派人去聘请，他才完全改变了态度，说：‘与其隐居在田野中，把学习研究尧舜之道当作快乐，哪如使君主成为尧舜那样的君主呢？哪如使百姓成为尧舜时代那样的百姓呢？哪如亲眼见到尧舜那样的盛世呢？上天生育这些人民，就要使先知者帮助后知者觉悟，先觉者帮助后觉者觉悟。我，就是上天所生人民中的先觉者，我将用这尧舜之道去使人民觉悟。如果不是我使他们觉悟，又有谁能做得到呢？’

“我想到天下的人民中，要是有一个男的或一个女的没有享受到尧舜之道的恩泽的，就像是自己把他们推入了山沟似的。伊尹就是这样，把天下的重任担在自己肩上，所以到商汤那里劝说汤讨伐夏桀，拯救人民。我从未听说过自己不正却能匡正别人的，更何况侮辱自己来匡正天下呢？圣人的行为是有所不同的，他们有的避离君主，有的接近君主，有的离开朝廷，有的不离开朝廷，但都归结到使自身洁净罢了。我只听说伊尹是凭尧舜之道取得商汤任用的，没有听说他是靠着当厨子去求官做的。《尚书·伊训》上载有伊尹的话说：‘天诛造攻自牧宫，朕载自亳。’上天要诛灭夏桀，原因来自夏桀本人，我只是从亳都开始谋划讨伐他罢了。”

学生公孙丑也参加了讨论：“伊尹说：‘我不亲近不遵循仁义的人。’他把太甲放逐到桐邑，百姓十分高兴；太甲变好了，又让他回来做君主，百姓也十分高兴。贤人作为臣子，如果君主不好，就一定可以将他放逐吗？”

孟子回答说：“有伊尹那样劝君改过的意图，就可以；没有伊尹那样的意图，那就是篡位了。”

一天，学生万章又向老师提出一个关于孔子周游列国时的问题：“有人说，孔子在卫国时寄住在宦官痈疽（人名，一作雍渠）家里，在齐国时寄住在宦官瘠环家里，有这回事吗？”

孟子断然否定说：“没有，不是这么一回事，这是那些好事者编造出来的。孔子在卫国时寄住在颜雠由家里。弥子瑕的妻子与子路的妻子是姐妹。弥子瑕曾对子路说：‘孔子如果住在我家，卫国卿相的职位就可以得到。’子路把这话告诉给孔子。孔子说：‘凡事取决于天命。’孔子做官与不做官，都是根据礼义行事，能不能得到官职，则取决于天命。如果孔子为了走后门，寄住在宦官痈疽和瘠环家里，这便是无视礼义、天命了。孔子在鲁国、卫国感到不得志，又遇到宋国的司马桓魋（tuí）企图在半路上杀害他，就改换了衣着悄悄路过宋国。这时孔子正遭危难，便寄住到司城贞子家里，做了陈国国君的臣子。我听说过，观察在朝的臣子，看他所接待的客人；观察外来的臣子，看他所寄居的主人。如果孔子寄住在宦官痈疽和瘠环家里，把他们当作主人，这怎么还能算是孔子呢？”

万章顺着老师的话题，问起孔子在陈国的一件事：“孔子在陈国说：‘何不回鲁国去啊！我们家乡的年轻弟子志大而狂放，积极进取而不忘本。’孔子在陈国时，为什么要思念鲁国那些狂放的读书人呢？”

孟子回答说：“孔子说过：‘找不到言行合乎中庸的人交往，必定只能同狂放和耿介的人交往了。狂放者一味进取，耿介者有所不为。’孔子难道不想结交合乎中庸之道的人吗？只是不能一定结交得到，所以就结交次一等的人。”

万章说：“请问什么样的人能称为狂放的人呢？”

孟子举例回答说：“像琴张、曾皙、牧皮，就是孔子所说的狂放的人。”

万章问：“为什么说他们狂放呢？”

孟子说：“他们志向远大、口气不凡［其志嘐（xiāo）嘐然］，开口闭口‘古代的人，古代的人’。考察他们的行动，却和他们的言论不相吻合。如果这样的狂放者也结交不到，那就同不屑于干坏事的人结交。这种人就是狷介者，这是又次一等的了。孔子说：‘路过我门口而不进我屋子，我不感到遗憾的，大概只有乡愿吧！乡愿就是戕害道德的人（乡原，德之贼也）。’”

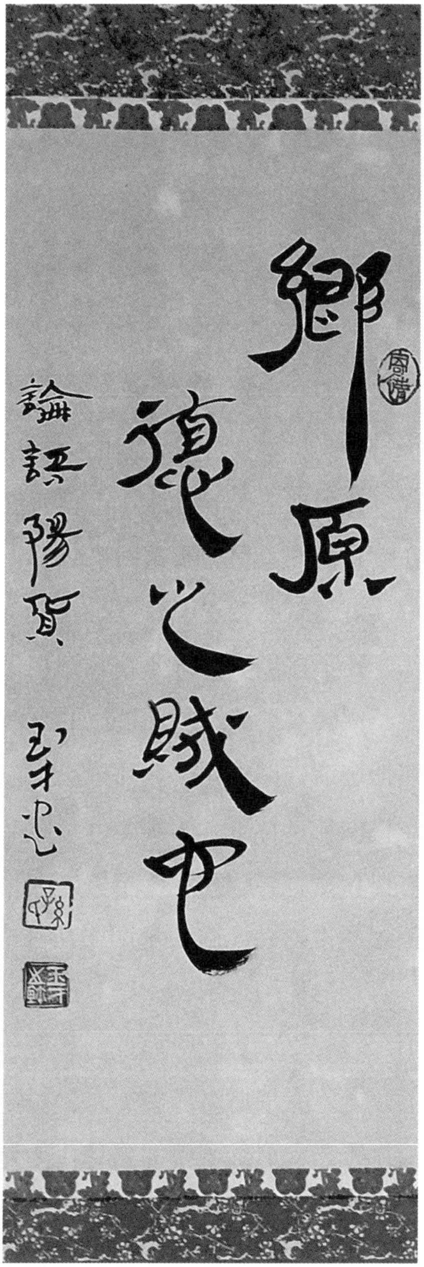

图70　乡原，德之贼也（孙玉才/书）

万章问：“什么样的人才算是伪善欺世的乡愿呢？”

孟子回答说：“乡愿挖苦狂放者说：‘为什么志向、口气那么大？说的不顾做的，做的不顾说的，却还老说什么古代的人，古代的人。’又批评狷介者说：‘做事为什么那样孤单不合群？生在这个社会，为这个社会做事，只要人家认为好就行了。’装作低贱的样子在世上献媚邀宠的人就是乡愿。”

万章说：“全乡里的人都称他是忠厚人，他所到之处也表现出是个忠厚人，孔子却认为这种人戕害道德，为什么呢？”

孟子回答说：“这种人，你要批评他，却举不出具体事来；要指责他，却又觉得没什么可指责的。和颓靡的习俗、污浊的社会同流合污，平时似乎忠厚老实，行为也似乎很廉洁，大家都喜欢他，他也自认为不错，但是却不能同他一起学习尧舜之道，所以说是‘戕害道德的人’。孔子说过，要憎恶似是而非的东西：憎恶莠草，是怕它淆乱禾苗；憎恶歪才，是怕它淆乱道义；憎恶能说会道，是怕它淆乱诚信；憎恶郑国音乐，是怕它淆乱雅乐；憎恶紫色，是怕它淆乱红色；憎恶乡愿，是怕他淆乱道德。君子不过是要回归到正道罢了（君子反经而已矣）。正道的形象端正了，老百姓就会奋发振作；老百姓奋发振作，就不会有邪恶了。”

孟子在这里说的“乡原（愿）”，就是指社会上那些八面玲珑、没有原则、圆滑媚俗、没有骨气气节的“好好先生”。孟子认为，一个有理想有人格的人，必须要和这种人作斗争，以端正社会风气，使社会始终保持一个欣欣向上的良好气象。

史书上记载说，曾晳爱吃羊枣，曾晳死后，他的儿子曾参就不忍心吃羊枣。公孙丑觉得这个故事很有趣，就问老师：“烤肉与羊枣，哪样味道更好？”

孟子回答说：“当然是烤肉好吃！”

公孙丑又问：“烤肉也是曾晳爱吃的。那么曾子为什么吃烤肉而不吃羊枣？”

孟子解释说：“烤肉是大家共同爱吃的，而吃羊枣是曾晳所独有的嗜好，因此曾子不忍心吃。这如同对父母只避讳名字而不避讳姓一样，因为姓是很多人共用的，而名字却是一个人独有的。”

万章又就另一个历史问题问老师：“有人说，百里奚用五张羊皮的价格把自己卖给秦国养牲口的人，替他喂牛，以此寻找机会求得秦穆公任用。这是真的吗？”

孟子回答说："不，不是这样的。这也是那些好事者编造的。百里奚本来是虞国人。当时，晋国用垂棘所产的美玉和屈地所产的良马向虞国借路去攻打虢国。大臣宫之奇竭力劝告虞公不要答应，可是百里奚却不劝阻。他知道虞公不会听从劝告，所以就离开虞国到了秦国。他当时已经七十岁了，难道他竟不知道靠替人喂牛求得秦穆公任用是十分卑下的吗？这能说他明智吗？知道虞君不会听从劝告就不去劝告，这能说他不明智吗？知道虞公就要亡国而先离开，这不能说他不明智啊。当他在秦国受提拔，就知道穆公是个可以同他干一番事业的君主而辅佐他，能说他不明智吗？做了秦国的相而使他君主的威望显赫于天下，并且流传后世，不是贤者能做到这一步吗？用卖身的方法去成全君主的名声，这是乡里一般洁身自爱的人也不愿干的，难道说贤德的人就肯这么干吗？"

"百里奚自鬻于秦养牲者五羊之皮，食牛，以要秦穆公"这个故事应该说是比较可信的一段史实，孟子其实自己也曾说过"舜发于畎亩之中，傅说举于版筑之间，胶鬲举于鱼盐之中，管夷吾举于士，孙叔敖举于海，百里奚举于市"。他之所以在这里断然否定这段史实，用朱熹引用范氏语的解释就是"伊尹、百里奚之事，皆圣贤出处之大节，故孟子不得不辩"。

孟子在齐国，还曾发生过一件让他不愉快的小事，就是他在鲁国为官的得意门生乐正子有事跟随王子敖来到齐国，过了两天，乐正子才来看望老师。孟子很不高兴，冷冰冰地说："你也会来看我？"

乐正子听了一愣，随即恭恭敬敬地问老师："先生为什么要这么说呢？"

孟子脸色稍霁，问："你到齐国来了几天了？"

乐正子回答说："我前天来的。"

孟子正色质问："你既然前些日子就来了，那么我说这话不也很应该的吗？"

乐正子连忙解释说："是因为住房没有安顿下来。"

孟子生气地说："你难道听说过，非要把住房安顿下来，才去求见长辈的吗？”

乐正子诚惶诚恐，说：“我错了。”

孟子余怒未消，挖苦乐正子说：“你跟着王子敖来，只是为了混饭吃罢了。我没有想到，你学习古人的道理，竟然是用它来混碗饭吃的呀。”

有人说，孟子生气，是因为乐正子同王子敖一起来齐。笔者认为不是这样。可以说，孟子对乐正子是因喜爱而怨怒。试想一下，听说自己的得意弟子来了，结果又盼了两天才见到，心里能不生气吗？

让我们看一看孟子回答齐国人浩生不害的问话，就更可以认识到孟子对乐正子的喜爱。浩生不害曾问孟子：“乐正子是怎样一个人？”

孟子说：“是个善良的人，诚实的人。”

浩生不害问：“什么叫善良？什么叫诚实？”

孟子回答说：“值得喜爱的叫作善良，自己确实具有这种善良的品德就叫诚实，这些品德十分充实就叫‘美’，既充实又有光辉就叫‘大’，既‘大’又能感化万物就叫‘圣’，‘圣’到妙不可知就叫‘神’。乐正子是在‘善’和‘信’二者之中、‘美’‘大’‘圣’‘神’四者之下的人。”

如果说，孟子为乐正子来齐国两天才来看望就不愉快，然而让孟子最为恼怒的是齐宣王六年（前314）发生的一件大事——齐人伐燕。

早在燕王哙元年（前320），燕王子哙以子之为相。子之权势渐重，开始觊觎燕国君主地位，并曾通过苏代、鹿毛寿游说燕王哙让位。燕王哙五年（前316），燕王子哙果真将君位禅让于子之，此举引起燕国人们的议论和恐慌。《战国策·齐策二》记载说是“子哙与子之国，百姓不戴，诸侯弗与”。周赧王元年（前314），太子平和将军市被起兵攻子之，齐宣王派匡章率兵增援。混乱中，齐军杀太子平和将军市被（《史记》记载是将军市被在与太子平作战时被杀，太子平后被国人拥立为燕王），又进入燕都，杀燕王子哙和子之，平定了叛乱。

孟子对于燕国内乱，是主张讨伐的。当燕王子哙让位给子之之时，齐国大夫沈同就曾和孟子私下议论这件事。沈同问孟子：“燕国可以讨伐吗？”

孟子回答说："可以呀。燕王子哙不应该私自把燕国让给别人，子之也不应该私自从子哙那里接受燕国。比方说，这里有个士人，您因为喜欢他，就不禀告君王而私自把自己的俸禄、官位让给他，那个士人也不经君王同意，私自从您那里接受俸禄和官位，这样行吗？燕王子哙让君位给子之，与这有什么两样？"

后来齐国攻打燕国，有人问孟子说："听说您曾鼓励齐国攻打燕国，有这回事吗？"

图 71　齐军伐燕（董振中/绘）

孟子作了否定的回答，然后解释说："沈同曾问我：'燕国可以征伐吗？'我答复他说'可以'，他们认为这个说法对，便去征伐燕国了。他如果进一步问：'谁能去征伐燕国？'那我就会答复他说：'奉了上天使命的人才可以去征伐。'就好比这里有个杀人犯，如果有人问我：'这个人该杀吗？'我就回答说：'该杀。'他如果再问：'谁可以去杀这个杀人犯？'那我就会回答他：'执行法律的人可以杀他。'现在，让一个跟燕国一样无道的国家去征伐燕国，我为什么要鼓励它呢？"

孟子尽管认为齐国不应出兵征伐燕国，但在齐人伐燕取胜之后，还是想力所能及地做点补救工作。齐宣王在伐燕胜利后主动请教孟子，说："出兵前曾有人劝我不要吞并燕国，也有人劝我吞并燕国。以一个拥有万辆兵车的国家去攻打另一个拥有万辆兵车的国家，五十天就打了下来，光凭人力这显然是做不到的。不吞并它，必定会有上天降下的灾祸。现在齐国吞并了燕国，那下一步应该怎么做呢？"

孟子当然要用施行仁政来劝说齐宣王："如果吞并了它，燕国人民高兴，那就吞并它。古代有人这么做过，武王就是这样。如果吞并了它，燕国人民不高兴，那就不要吞并它。古代也有人这么做过，文王就是这样。以拥有万辆兵车的国家去攻打另一个拥有万辆兵车的国家，百姓带着酒食来迎接大王的军队，难道有别的要求吗？只是想避开水深火热的处境罢了。如果他们的灾难会因此而更加深重，那么燕国的百姓也就只能转而指望别人去解救他们了。"

过了一段时间，一些诸侯国筹划准备出兵帮助燕国，齐宣王很害怕，向孟子讨教说："现在很多诸侯谋划来攻打我，我要怎么对付他们呢？"

孟子回答说："我听说过凭七十里见方的地方就统一了天下的，商汤就是这样。没有听说过凭着千里见方的一大块地方还害怕别人的。《尚书》上说：'汤一征，自葛始。'天下的人都信任商汤，他向东征伐，西边的民族就埋怨；向南征伐，北边的民族就埋怨，他们埋怨说：'为什么不先征伐我们这里，而是要把我们放到后头呢？'人民盼望他，如同大旱时节盼望乌云一样。汤的军队到了一地，赶集市的照常做买卖，种田的照常干农活。杀了那里的暴君，慰问那里的百姓，像是及时雨从天而降，百姓欣喜若狂。《尚书》上又说：'徯我后，后来其苏。'现在燕国的君王虐待他的人民，您前去讨伐，燕国的人民会认为您是来拯救他们于水火之中的，就用竹筐盛着粮食、用壶盛着酒来欢迎大王的军队。如果您杀戮他们的父兄，囚禁他们的子弟，毁坏他们的宗庙，搬走他们国家的宝器，那怎么行呢？天下本来就畏惧齐国的强大，现在齐国扩大了一倍的土地却不施行仁政，这就使得天下的诸侯都要出兵攻打您了。大王应该赶快发布命令，把被抓的老人孩子遣送回去，停止搬运燕国的宝器，同燕国人商量，选立一个新国君，然后撤离燕国，那么还来得及阻止各国动兵。”

齐宣王当然不会采纳孟子的建议，结果到公元前312年，燕人反抗齐国统治，赵武灵王借机“召（燕）公子职于韩”，并派兵护送回国，立以为王，是为燕昭王（此据《史记·赵世家》，另据《史记·燕召公世家》《资治通鉴》记载，燕昭王为太子平——作者注）。这时齐宣王才感到后悔，说：“我感到很对不起孟子。”

齐国大夫陈贾却跑来对齐宣王拍马屁，说：“大王不必太过担忧。大王如果在仁慈和明智方面与周公相比较，您觉得谁更强一些？”

齐宣王还有自知之明，说：“哎呀，你这是什么话？我怎么能和周公相比？”

陈贾却自顾自地说：“周公派管叔去监察殷人，管叔却带着殷人叛乱。如果周公知道他会反叛还派他去，这是不仁慈；如果不知道他会反叛而派他去，这是不明智。仁慈和明智，周公还未能完全具备，何况大王您呢！请允许我见到孟子时向他作些解释。”

齐宣王同意了陈贾的说法，于是陈贾去见孟子，劈头就问：“周公是怎样一个人？”

孟子回答说：“是古代的圣人呀！”

陈贾问：“他曾派管叔监察殷人，管叔却带着殷人叛乱，有这回事吗？”

孟子回答说：“有这么一回事。”

陈贾问：“周公是知道他会反叛而派他去的吗？”

孟子回答说：“周公不知道呀！”

陈贾说：“既然这样，那岂不是圣人也会有过错吗？”

孟子用历史事实反驳说：“周公是弟弟，管叔是哥哥，谁能料到哥哥会背叛呢？周公失察的过错，不也是情有可原的吗？况且，古代的君子，犯了过错就改正；现在的所谓君子，犯了过错却照样犯下去。古代的君子，他的过错就像日食月食一样，人民都能看到；等他改正后，人民都仰望着他。现在的所谓君子，岂止是坚持错误，竟然还要为自己的错误作辩解。”

图 72　古之君子，过则改之（董振中/绘）

齐宣王对待错误的态度，彻底激怒了孟子，他很快就向齐宣王提出辞职请求，打算回到家乡去。齐宣王听说后亲自到孟子住处看望，很诚恳地说：“过去希望见到您却没有机会。后来有幸在一个朝堂里共事，心里很高兴。现在，您又要撇下我一个人回去了，不知将来我们还能有机会再见面吗？”

孟子也伤感地说：“我不敢要求将来能同大王相见，虽然这是我本来就希望的。”

过了几天，齐宣王对时子说：“我打算在都城里给孟子修建一所房屋，用一万钟粮食供养他的弟子，让大夫们和老百姓都有个效法的榜样。你何不替我去和孟子谈谈这件事呢？”

时子通过陈子把齐王的打算告诉了孟子。孟子听了叹了口气，说：“是啊，时子哪里知道这件事是不能做的呢！如果我想发财，辞掉了十万钟的俸禄却来接受这一万钟的赏赐，这是想要发财吗？季孙说过：真奇怪啊，子叔疑这个人！自己想做官，没被任用，那也就算了，却又叫他的子弟去做卿。人们谁不想富贵呢？而偏偏有人想独自垄断做官发财。古时候做买卖，是拿自己所有的东西交换所没有的东西，有关部门派官吏管理罢了。有个下贱的汉子，总要找块高地登上去，以便左右张望，企图把集市贸易的好处都捞到。人人都认为此人卑鄙下贱，于是就对他征税。对商人征税就是从这个卑鄙下贱的汉子开始的。”

孟子曾对弟子们说：“孔子离开鲁国时，说道：我要慢慢地走啊，这是离开祖国的态度。离开齐国时，行色匆匆，这是离开别的国家时的态度。”然而，这次让弟子们不解的是，孟子离开齐国都城，刚刚走到昼邑就停下了脚步。

图 73　辞禄万钟（《孟子圣迹图》）

关于“昼”在什么地方，历来多有争议。主要观点有四种：其一，昼邑即棘邑，见《括地志》：“戟里城在临淄西北三十里，春秋时棘邑，又云澅邑。蠋（王蠋）所居即此邑。”中华民国九年（1920）《临淄县志》记载说：“田和篡齐……改棘为昼。”《中国行政区划·历史地名索引》也说：“昼，孟子去齐，宿于昼，地在今淄博市临淄西北。”其二，昼邑即画邑。其说源自焦循《孟子正义·公孙丑下》：“孔本、韩本‘晝’作‘畫’。”画邑与棘邑大致上指的是一个地方，都在临淄西北部。其三，昼邑即周村。此说认为，战国时期周村称“晝”，属于齐於陵邑。后因字音转变和临水而居称“晝邨”。直到北宋大中祥符年间，“村”字应用于世，又由于书写方便，始出现“周村”二字。现存宋代碑刻有记载说，“孟子三宿于昼”，就是指的周村。其四，昼邑在今淄川区东坪境内。这里也有宋代碑刻记载孟子宿于昼，据说此碑可能已经用做革命烈士纪念堂的建筑基石。但明代万历年间，清代康熙、乾隆、光绪年间的碑刻都有明确记载。综合以上说法，有学者认为，昼应在临淄西南面，孟子要回到邹去，不可能先到临淄西北三十里以外的地方兜一圈，然后再转向南行。这个昼邑，应该在临淄西南方的孟子山附近。

孟子一行离开齐国都城，就在不远处的昼邑宿营。有一个想为齐宣王挽留孟子的人追赶上来，很恭敬地坐着跟孟子说话。孟子却不搭理他，靠着一张小茶几打起盹来。

客人很不高兴地说：“我先斋戒了一天，然后才敢来同您说话，您却睡觉不听我说，今后我再不敢来见您了。”

孟子这时却睁开眼说：“坐下，我明白地告诉你。从前，鲁穆公要是没有人在子思身边伺候致意，就不能使子思安心留下；要是没有贤人在鲁穆公身边，就不能使泄柳、申详在鲁国安身。你替我这个长辈着想，却不去想一想鲁穆公是怎样地对待子思；你光劝我留下而不去劝齐王改变态度，这是你跟我这个长辈把关系搞僵了呢，还是我这个长辈跟你把关系搞僵了呢？”

是啊，孟子能不能留在齐国，关键是看齐宣王对待贤人的态度，齐宣王如果不真心实意地留住孟子，那是任何人也留不住孟子这个孤傲的“长者”的。

孟子在昼邑住了三天，也等了三天，盼了三天，他多么希望齐宣王能亲自出面挽留自己呀。不是为了荣华富贵，而是留恋齐宣王这个君王，这次在齐国逗留了八年，其间多少次和齐宣王开怀畅谈，尽管齐宣王没有决心施行仁政，但毕竟是最能理解自己的一个君王啊！然而，孟子失望了，三天后，孟子带领弟子们离开昼邑，最终踏上了返乡的道路。

齐国人尹士听说孟子“昼邑三日”，对人议论说：“孟子不知道大王不能成为商汤、周武王那样的君主，那就是不明智；知道大王不可能，然而还是到齐国来，那就不过是为着乞求好处罢了。不远千里地来见齐王，没有得到重用就离开吧，却又在昼邑住了三夜才走，为什么这样滞留迟缓呢？我对孟子这一点很不高兴。”

图 74　夫尹士恶知予哉（董振中/绘）

高子把这番话告诉了孟子。孟子说：“那个尹士哪里会懂得我的想法呢？千里迢迢来见齐王，我是抱着希望来的；没有得到重用而离开，难道也是我希望的吗？我是不得已罢了。我走了三天三夜才到达昼邑，在我心里还觉得太快了，心想齐王或许会改变态度的，齐王如果改变了态度，一定会召我回去。等到离开了昼邑，齐王没有派人追我回去，我这才毅然下定决心回老家去。我虽然这么做了，难道肯舍弃齐王吗？齐王还是完全可以行善政的。齐王如果任用我，那岂止是齐国的百姓得到安宁，天下的百姓都能得到安宁了。齐王或许会改变态度的，我天天期望着他能改变，我难道像那种气度狭小的人吗？向君主进谏不被接受，就怒气冲冲，脸上显露出不满的表情，离开时就非得竭尽全力走上一天的路，然后才歇宿吗？”

尹士这个人倒也爽直，听人转述了孟子的话，说：“我真是个小人啊。”

孟子此时虽然“浩然有归志”，但眉宇间仍不时流露出一丝淡淡的忧伤，离开齐国，实际上就意味着自己一生所追求的仁政理想完全破灭，这怎能让他舍得下，放得开？细心的充虞看出这一点，在路上问道：“老师您似乎有些不愉快的样子。以前我听您说过：‘君子不抱怨天，不责怪人。’”

孟子回答说：“那时是那时，现在是现在（彼一时，此一时也）。每五百年必定会有圣王出现，这期间也必定会有闻名于世的贤臣。从周兴以来，已经七百多年了。按年数说，已经超过了；按时势来考察，也该出现圣君贤臣了呀。那是上天还不想让天下太平罢了，如果想让天下太平，在当今这个时代，除了我，还有谁能担当这个重任呢？我为什么不愉快呢？”

图 75　正告充虞（《孟子圣迹图》）

孟子离开齐国，又在离家乡一百多里的休地住了下来。公孙丑这时想起孟子后期在齐国虽未辞官却拒绝领受俸禄的事，于是问老师：“做了官却不接受俸禄，这合乎古代留下的规矩吗？”

孟子回答说：“不是的。我当时在崇地有机会见到了齐王，回来后就有了离开齐国的想法，齐王不想改变他的主张，所以我不接受他的俸禄。接着齐国有战事，又不便申请离开。而长时间留在齐国，那不是我的意愿。”

从这段问答可以看出，孟子想离开齐国，最早就是在齐人准备伐燕之时。清代学者焦循解释孟子因为战事而推迟离开，是因为这是符合“圣贤之道，不为太甚，旁通以情”的做法。

孟子最后离开齐国，按虚岁他已经61岁，举目四方各国，哪里是他施行仁政的地方？这是“天未欲平治天下也”！既然天意如此，孟子返回家乡也就心安理得了。他会就此消极颓废吗？他会就此悠闲自得，颐养天年吗？答案显然是否定的。

第九章

哲人凋零　光照千秋

上一章讲到，孟子离开齐国居于休地，此后《孟子》一书再没有孟子与人谈话和到其他国家游历的记载。笔者由此断定，孟子居休不多久就回到家乡，一面继续授徒讲学，一面和万章、公孙丑等弟子们开始了《孟子》一书的编撰工作。

图 76　孟子退作七篇（董振中/绘）

孟子讲学，内容主要有三点：其一，倡导个人内心修养；其二，臧否历史人物；其三，论述仁政措施。我们先看第一点，倡导个人内心修养。孟子认为，人区别于禽兽的地方只有很少一点点，而一般的人丢弃了它，君子保存了它。譬如虞舜，因为明白万事万物的道理，明察人伦关系，所以能自觉遵照仁义行事，而不是勉强地施行仁义。孟子形象地解释“仁”和“道”的关系：“所谓仁，意思就是人。人和仁结合起来，就是我们所说的道。”他说：“尧、舜的仁德，是出自本性；汤王、武王的仁德，是经过修养回复到本性。动作、容貌等一切方面都符合礼，这是美德的最高表现。”“遵循道德而不违背，不是用来求官做的。言语必求信实，不是用来向人表白自己品行端正的。君子遵循天然的道理去做，以此等待命运的安排罢了（经德不回，非以干禄也。言语必信，非以正行也。君子行法，以俟命而已矣）。”

孟子认为人的本性有两种：“口对于美味，眼睛对于美色，耳朵对于美妙好听的声音，鼻子对于芳香气味，四肢对于安逸舒适，都是极喜欢的，这是人本能天性，但能否享受到，却由命运决定，所以君子不看重人的本能天性（口之于味也，目之于色也，耳之于声也，鼻之于臭也，四肢之于安佚也，性也，有命焉，君子不谓性也）；仁对于父子关系，义对于君臣关系，礼对于宾主关系，智对于贤者，圣人对于天道，都是极重要的，这是人的道德的天性，能否得到它们，其中也有命运和天性的作用，但君子不强调命运的作用，而认为要靠主观努力求其实现。”

孟子连用三个比喻来说明人们往往重视的是表面的、次要的、枝节的东西，而忽视了仁慈和道义这个根本。他说，如果有一个人无名指弯曲了不能伸直，虽然既不疼痛又不妨碍做事，但如果有人能使它伸直，那么即使赶到秦、楚两国去医治，也不会嫌路途遥远，为的是手指不如别人。手指不如别人，知道厌恶它；心不如别人，却不知道厌恶，这就叫作不懂轻重呀。

孟子又用树木做比喻：一两把粗的桐树、梓树，人们要想让它们生长，都知道该怎样去培养。至于人本身，反倒不知道怎样去培养，这岂不是爱自身还不如爱桐树、梓树吗？真是太不会考虑问题了呀。

孟子说，人们对于自己的身体，是各部分都爱护的；都爱护，便都加以保养。哪块儿肌肤不爱护，便哪块儿肌肤不保养。用来考察他保养得好不好，难道有别的方法吗？在于看他注重保养哪一部分罢了。

孟子指出，身体有重要部分和次要部分，有小的部分和大的部分。不能因为保养了小的部分而损害了大的部分，不能因为保养了次要部分而损害了重要部分。只保养小的部分的，是小人；能保养大的部分的，是君子。如果现在有这么一个园艺师，放弃培植梧桐、槚树，却去培植酸枣、荆棘，那他一定是个顶蹩脚的园艺师。如果有人保养了自己一个手指却丧失了肩背的功能，自己还不清醒，那他就一定是个顶糊涂的人了。

人为什么活着？或者说人生的意义是什么？孟子的回答是：“饮食之人，则人贱之矣，为其养小以失大也。饮食之人无有失也，则口腹岂适为尺寸之肤哉。”孟子这句话用现代语言来说就是：人不是为了吃饭而活着，但人活着就要吃饭；吃饭的目的是保持操守，更好地为天下百姓做些好事。

孟子认为人人都有仁义，他解释说：“人人都有不忍心干的事，把它推及他所忍心去干的事上，就是仁；人人都有不肯去干的事，把它推及他所肯干的事上，就是义。一个人能把不想害人的心理扩展开去，仁就用之不尽了；一个人能把不愿扒洞翻墙行窃（穿逾）的心理扩展开去，义就用之不尽了；一个人能把不愿受人轻蔑的心理扩展开去，那么无论到哪里，言行都是符合义的了。”

孟子批评两种行为皆属于“穿逾”之类。一种是本来不可以与他谈论一件事，却硬要与他谈论这件事，这就是用言语来劝诱别人以便于自己获利；一种是可以同一个人谈论这件事，却又不和他讨论这件事，这实际是用沉默来诱使别人以便于自己获利。

孟子说：“有德行的君子，是没有失掉婴儿般纯真天性的人。”而有德行的君子，说话并不一定都兑现，做事也并不一定都彻底，关键要看所说所行符合不符合“义”这个原则（大人者，言不必信，行不必果，惟义所在）。

孟子认为，仁者爱人，有礼者敬人。爱人者，人恒爱之；敬人者，人恒敬之。假设有一个人以粗暴蛮横的态度对待我，那么作为君子必定会深刻反省自己：我对他一定还有不仁的地方，或者说无礼的地方，要不然他怎么会用这种态度冲着我呢？反省后认为自己做到仁了，做到彬彬有礼了，可那人的粗暴蛮横依然如故，君子必定再反省：我待他一定还没有尽心竭力。经过多次反省，自己确实已经做到了尽心竭力，可是那人的粗暴蛮横还是那样，君子就会自我安慰说：“这不过是个狂人罢了。他那样同禽兽有什么区别呢？对于禽兽又有什么可计较的呢？”

所以君子有终身的忧虑，却没有一时的担心。君子终身忧虑的是什么呢？虞舜是人，我也是人；虞舜给天下的人树立了榜样，影响可以流传到后世，而我却仍然是个平庸的人，这是值得忧虑的。忧虑了怎么办？像虞舜那样去做就是了。君子有没有一时所担心的呢？答案是否定的。不仁的事不干，不合礼的事不做，即使有一时的担心，君子也认为这点担心会化解。

孟子有句名言，叫作“万物皆备于我矣”。作为正人君子，就要尽自己的善心，觉悟到自己的本性。觉悟到了自己的本性，就是懂得了天命；就要保存自己的善心，养护自己的本性，以此来对待天命。一个人不论寿命是长是短都不改变态度，只是修身养性等待天命的安排，这就是安身立命的方法。人无不受命运的支配，顺从天命，就是接受正常的命运，因此懂天命的人不会站立在危墙下面。尽力行道而死的人，他所受的是正常的命运；犯罪受刑而死的人，他所受的就不是正常的命运。

孟子认为，羞耻之心对于人关系大极了。那些玩弄权术诡计的人，是到处都不讲羞耻的。人不能没有羞耻心。把没有羞耻心当作羞耻，那就不会有耻辱了。一个人如果不认为自己不如别人是羞耻，怎么能赶上别人呢？

孟子讲过一个在齐国听到的故事（一般认为是孟子自撰的寓言），来揭露讽刺那些求取富贵者暗地里卑鄙无耻的嘴脸。故事说：齐国有个丈夫与一妻一妾住在一起的人家。她们的丈夫每次出门，必定是喝足了酒、吃饱了肉之后才回来。妻子问同他在一起吃喝的都是什么人，他总是说是有钱有势的人。妻子告诉他的妾说：“丈夫每次出去，总是酒足肉饱后回来。问他同谁一起吃喝，他就说都是有钱有势的人，可是从来没见有显贵的人来过咱家，我想暗暗地察看一下他到什么地方去。”

第二天清早起来，妻子暗中跟着丈夫，看他要去的地方，结果走遍全城也没看见一个人站住了跟他说话。最后走到东门城外一块墓地中间，见他跑到祭坟的人那里，讨些残剩的酒菜吃；没吃饱，又东张西望上别处去乞讨。这就是他吃饱喝足的办法。

妻子回家把这事告诉了妾：“丈夫，是我们指望终身依靠的人，现在他竟像这样讨食!”说罢同妾一起责骂丈夫，在院子里相对而泣。而丈夫却还不知道，得意扬扬地从外面回来，在妻妾面前摆架子，耍威风。

图 77　齐人有一妻一妾（董振中/绘）

故事讲完，孟子发议论说：“从君子看来，人们用来追求升官发财的手段，能使他们妻妾不感到羞耻、不相对而泣的，恐怕是很少的吧。”孟子还说：“君子行事不按正道，道在他妻子儿女身上也实行不了；不按正道去使唤别人，那他就连妻子儿女也使唤不了。”

第二点，臧否历史人物。孟子称赞子路和大禹都是闻过则喜的人，“子路，人告之以有过则喜；禹，闻善言则拜”。但他自己并不喜欢说别人的缺点，他说：“说人家缺点，招来了后患怎么办?”但是为了宣扬自己的思想学说，孟子在很多场合还是对许多历史人物甚至同时代人都有所臧否。当然这些臧否都有一定事实依据，绝非道听途说，信口开河。他说：“说话没有事实根据是不好的。不祥的后果由阻碍进用贤者的人承受。”他还说过这样的话：“一个人如果说话随随便便，那就不值得责备他了。”

孟子主张从神色中观察人物，他说：“观察一个人，最好的办法莫过于观察他的眼睛。眼睛掩藏不了他内心的邪恶。心胸正直，眼睛就明亮；心胸不正，眼睛就浊暗。听他说话，同时观察他的眼睛，这个人的善恶还能隐藏到哪里去呢？”孟子说：“恭敬的人不欺侮别人，节俭的人不掠夺别人。欺侮人、掠夺人的君主，唯恐别人不顺从。怎么能做到恭敬和节俭？恭敬和节俭难道是可以靠音容笑貌强装出来的吗？”

孟子称赞孔子不做过头的事。观察人物也要像孔子那样，登高望远，察人有术。孟子评说伯夷：“不是他理想的君主就不去侍奉，不是他中意的朋友就不去结交。不在恶人的朝廷里做官，不同恶人交谈。在恶人的朝廷里做官，同恶人交谈，就觉得像是穿戴着上朝的衣帽坐在泥土炭灰上一样。把这种厌恶恶人的心情推广开去，他就会想，如果同一个乡下人站在一起，那人帽子戴得不正，就该生气地离开他，就像会被他玷污似的。因此，诸侯即使有用动听的言辞来请他的，他也不接受。不接受，就是不屑于接近他们。”

孟子评说柳下惠：“不认为侍奉坏君主是羞耻的事，也不因为官职小而瞧不上；到朝廷做官，不隐藏自己的才干，但一定要按自己的原则行事；被国君遗弃而不怨恨，处境穷困而不忧伤。他说：‘你是你，我是我，即使你赤身裸体地在我身旁，你又哪能玷污我呢？’所以他能高高兴兴地同这样的人相处而不失去自己的风度，拉他留下，他就留下。之所以拉他留下他就留下，是因为他自认为能够洁身自好而不屑于离去罢了。”孟子评论说：“伯夷狭隘，柳下惠不严肃。狭隘与不严肃，都是君子所不愿效仿的。”

孟子在其他场合曾称赞柳下惠不会因为做大官而改变他的操守，称赞伯夷“眼睛不看妖艳之色，耳朵不听淫靡之声。在纣王当政时，他隐居在北海边上，等待天下太平。所以听说了伯夷的道德节操，贪心的人变廉洁了，懦弱的人能立志了”。

孟子引用伊尹的话来评说伊尹：“‘哪个君主不可以侍奉呢？哪个百姓不可以使唤呢（何事非君，何使非民）？’所以，伊尹是治世做官，乱世也做官。伊尹还说：‘上天降生民众，就是要先知先觉者引导后知后觉者有所觉悟。我就是百姓之中的先觉者，我将要用天道来劝导百姓觉悟。’伊尹认为，天下百姓，只要有一个普通男女没有受到尧舜的恩泽，就好像是自己把别人推到山沟中一样。他就是这样承担起天下的责任和使命的。”

孟子认为伯夷、伊尹、柳下惠都是圣人，但又各有不同，只有孔子是圣人中“集大成”者。“伯夷是圣人中清高的人（圣之清者），伊尹是圣人中有责任感的人（圣之任者），柳下惠是圣人中随和的人（圣之和者），孔子是圣人中重时势的人（圣之时者）。孔子可以说是集大成的圣人。所谓集大成，就像奏乐时先由镈（bó）钟奏出声音，后用玉磬收束（集大成也者，金声而玉振之也）。”

图 78　孔庙金声玉振坊（钟镜/摄）

孟子自己解释说：“镈钟的声音，是旋律节奏的开始；玉磬收束，是旋律节奏的终结。开始奏出旋律节奏，靠智慧；最后奏出旋律节奏，靠圣德。智慧好比技巧，圣德好比力气。就像在百步之外射箭，射到那个地方，是靠你的力气；射中那个目标，就不是单靠你的力气了。”

孟子还用曾子和子思对待入侵者的不同态度，进一步说明君子行异道同的道理：曾子居住在武城，越国军队来侵犯。有人说：“敌人要来了，何不离开这里？”曾子离开前说：“不要让别人住进我的房子，毁坏了这里的树木。”敌人退走了，曾子对人说：“修好我的墙屋，我要回来了。”敌人退走后，曾子回来了。他身边的人议论说：“武城人对我们先生这样忠诚而恭敬，敌人来了，先生却先离开，给百姓做了这么个榜样；敌人退走了，他才回来，这样做恐怕不好吧？”曾子弟子沈犹行说：“这不是你们所能明白的。从前，先生曾住在我们那里，沈犹家遭遇负刍作乱的祸事，跟随先生的七十个弟子，没有一个出事的，因为他们是老师和客人，所以让他们先离开。”

子思居住在卫国，有齐国军队来侵犯。有人说：“敌人要来了，您为何不离开这里？”子思说：“如果我也离开，国君同谁来守城呢？”

孟子总结说：“曾子和子思其实遵行的是相同的道理。曾子是老师，是长辈；子思是臣，身份低。如果曾子、子思互换了地位，也都会这样的。”

第三点，论述仁政措施。孟子强调为政者首先要施行仁政。他以史为镜，认为能不能施行仁政是夏商周三代得失天下的关键，是国家衰败、兴盛、生存、灭亡的主要原因。天子不仁，不能保住天下；诸侯不仁，不能保住国家；卿大夫不仁，不能保住宗庙；士人和百姓不仁，不能保住自身。他说，一个人如果害怕死亡，却又乐意干不仁的事，这就像害怕喝醉却硬要多喝酒一样。

在孟子看来，天下、国家、自身的一切祸福、荣辱、兴衰，都是由自身因素决定的，也就是由“仁”与“不仁”决定的。孟子鄙视地说：“不仁的人还能同他讲什么呢？他们面临危险还自以为安全，灾祸临头还自以为得利，把导致亡国败家的事当作快乐。不仁的人如果还能同他谈些什么，哪还会有亡国败家的事呢？”从前有个小孩子，唱“沧浪之水清兮，可以濯我缨；沧浪之水浊兮，可以濯我足”，孔子说：“弟子们听着！水清就洗帽带，水浊就洗脚。这是由水自己招来的。”

俗话说“天下国家”，其实天下之本在国，国之本在家，家之本在身。一个人必然是先自辱了，人家才来侮辱他；一个家必然是先自毁了，人家才来毁败它；一个国必然是先自我征伐了，别人才来讨伐它。《尚书·太甲》上说“天作孽，犹可违；自作孽，不可活”，说的就是这个意思。

孟子认为，天时不如地利，地利不如人和。他说，一座城池内城方圆三里，外城方圆七里，敌人围攻却不能取胜。能围攻城池，必定有得天时的战机，然而却不能取胜，这说明有利的天时不如有利的地势。城墙不是不高，护城河不是不深，兵器铠甲不是不坚利，粮食不是不多，可是敌人一来就因军民不愿固守而弃城逃离，这便是有利的地势不如人心的团结。所以说，控制人民不迁逃不靠国家的疆界，巩固国家不靠山川的险阻，威服天下不靠兵器铠甲的先进。得道者多助，失道者寡助。帮助他的人少到极点，连自己的亲戚都会背叛他；帮助他的人多到极点，天下的人都归顺他。让天下人都归顺他的人去攻打连亲戚们都会背叛他的人，必然所向无敌。所以君子不战则罢，战则必胜。

孟子考察桀纣失天下的原因，认为是他们失去了人民，失去了民心。如果要赢得天下，最好的办法就是反其道而行之。得到人民，赢得民心，人民想要的，就给他们提供；人民所厌恶的，不强加给他们，如此罢了。对于人民来说，不要做他们不想做的事，不要给他们不想要的东西，这就可以了。

人民归向于仁，如同水往下方流、野兽奔向旷野一样。所以，往深水赶鱼的是水獭；往树丛赶鸟雀的是鹞鹰；往汤王、武王一边赶百姓的，是夏桀和商纣。如果现在天下的国君有爱好仁德的，那么诸侯们就会替他们把人民赶来。如此一来，哪怕他不想称王天下也不行。

现在那些想称王天下的人，就好比害了七年的病要找存放三年的艾来治。如果平时不积存，那就一辈子也得不到。如果不立志在仁上，必将终身忧愁受辱，以至于死亡。《诗·大雅·桑柔》上说“其何能淑，载胥及溺”，说的就是这种情况。

孟子强调“民贵君轻”，认为“百姓是最重要的，国家次于百姓，君主的地位更要轻些（民为贵，社稷次之，君为轻）。所以得到百姓的拥护就能做天子，得到天子信任就能做诸侯，得到诸侯信任就能做大夫。诸侯危害了国家，那就改立诸侯。祭祀用的牲畜是肥壮的，谷物是清洁的，又是按时祭祀的，然而还是干旱水涝，那就改立土谷之神”。

孟子还曾说过这样的话：诸侯有三样宝物：土地，人民，政事。那些把珍珠美玉当作宝物的诸侯，灾难必将落到他的身上。

图 79　诸侯之宝三：土地，人民，政事（董振中/绘）

孟子认为治国理政必须要尊重贤明的卿大夫：“他们所爱慕的，全国都会爱慕；全国所爱慕的，天下都会爱慕。尊重了他们，德教就会浩浩荡荡通行天下了。”

孟子认为，只有采取富民政策，老百姓才会懂得仁爱。他说：“整治耕地，减轻赋税，就可以使百姓富足。按一定时节饮食，按礼的规定使用，财物就用不完了。百姓没有水和火就无法生活，晚上敲人门户求水讨火，没有人不给的，因为家家水火都很充足。圣人治理天下，就要使百姓的粮食多得像水火。粮食多得像水火，那么老百姓哪还有不仁爱的呢？”

孟子强调为政者要尊重贤人，任用能人，“杰出的人在位，那么天下的士人都会高兴，而且愿意到那个朝廷去做官”。由此推广到其他四个方面：“市场，提供场地存放货物而不征收租赁费，依照规定价格收购滞销货物，不使货物积压在货场，那么天下的商人都会高兴，愿意把货物存放在那个市场上；关卡，只检查不征税，那么天下的旅客都会高兴，愿意经过那条道路；对于种田的人，只要他们助耕公田，就不征收私田的赋税，那么天下的农夫都会高兴，愿意在那样的田野里耕种；人们居住的地方，没有劳役税和额外的地税，那么天下的人都会高兴，愿意来做那里的百姓。”孟子坚信国君真能做到这五个方面，那么邻国的百姓就会像敬仰父母一样敬仰他。邻国要想让百姓来攻打这样的国家，那正像是让子弟去攻打他们的父母，自有人类以来，没有能成功的。像这样的人，就能无敌于天下。无敌于天下的人，是奉了上天使命的人。这样还不能称王的，是从来没有过的事。

讲学之外，孟子和弟子们整理了《诗》《书》等儒家经典，编著《孟子》一书。《孟子》分为七篇，记录了孟子的思想、言行和事迹。这是研究孟子思想和行为的直接材料，是继《论语》之后最重要的一部儒家经典。此书语言生动，比喻深刻，论证有力，文章气势磅礴，汪洋恣肆，在我国历史上具有重大影响。然而，关于《孟子》一书的作者到底是谁，历来都有争议，主要有三种说法。

其一是“孟子与弟子合著说”。司马迁在《史记·孟子荀卿列传》中写道：孟子游说各国诸侯，各国诸侯“不果所言”，认为他的话迂曲玄远，空疏而不切实际。当时天下各国正致力于合纵连横，以争战为贤能，“而孟轲乃述唐、虞、三代之德，是以所如者不合。退而与万章之徒序《诗》《书》，述仲尼之意，作《孟子》七篇”。

其二是“孟子自著说”。东汉学者赵岐在《孟子章句·题辞》中说：“孟，姓也；子者，男子之通称也。此书，孟子之所作也，故总谓之《孟子》，其篇目则各自有名。”“孟子闵悼尧、舜、汤、文、周、孔之业将遂湮微，正涂壅底，仁义荒怠，佞伪驰骋，红紫乱朱。于是则慕仲尼周流忧世，遂以儒道游于诸侯，思济斯民。然由不肯枉尺直寻，时君咸谓之迂阔于事，终莫能听纳其说。孟子亦自知遭苍姬之讫录，值炎刘之未奋，进不得佐兴唐、虞雍熙之和，退不能信三代之余风，耻没世而无闻焉，是故垂宪言以诒后人。仲尼有云：‘我欲托之空言，不如载之行事之深切著明也。’于是退而论集所与高第弟子公孙丑、万章之徒难疑答问，又自撰其法度之言，著书七篇，二百六十一章，三万四千六百八十五字。包罗天地，揆叙万类，仁义道德，性命祸福，粲然靡所不载。帝王公侯遵之，则可以致隆平，颂清庙；卿、大夫、士蹈之，则可以尊君父，立忠信；守志厉操者仪之，则可以崇高节，抗浮云。有风人之托物，二雅之正言，可谓直而不倨，曲而不屈，命世亚圣之大才者也。”元代学者何异孙进一步说明：“《论语》是诸弟子记诸善言而编成集，故曰《论语》，而不号《孔子》。《孟子》是孟轲所自作之书。”宋代学者朱熹也从文章风格的匀称一致上，力证该书出自孟子之手：“《论语》多门弟子所集，故言语时有长长短短不类处。《孟子》疑自著之书，故首尾文字一体，无些子瑕疵。不是自下手，安得如此好?”清学者阎若璩和魏源则从有无记述孟轲容貌上推断，《孟子》应为孟轲自著。阎若璩在《孟子生卒年月考》一文中说：“《论语》成于门人之手，故记圣人容貌甚悉；七篇成于己手，故但记言语或出处耳。”魏源在《孟子年表考》一篇中云：“七篇中无述孟子容貌言动，与《论语》为弟子记其师者不类，当为手著无疑。”

其三是“弟子追述说”。唐代韩愈首先提出弟子辑成说这一论点。他在《答张籍书》中说：“孟轲之书，非轲自著。轲既殁，其徒万章、公孙丑，相与记轲所言焉耳。”此后，宋代晁公武、清代崔述又为之补充了三条理由。晁公武的《郡斋读书志》认为，《孟子》书中称诸侯都用谥号，“夫死然后有谥，轲无恙时所见诸侯不应即称谥”。崔述作《孟子事实录》认为，《孟子》所讲的历史事实和地理位置往往不合，“果孟子所自著，不应疏略如是”。崔氏又认为，《孟子》对门人乐正子等都称“子”，“细玩此书，盖孟子之门人万章、公孙丑等所追述，故二子问答之言，在七篇中为最多，而二子在书中亦皆不以子称也”。

在这三种说法中，笔者以为“孟子自著说”最不可取。理由即崔述所言“果孟子所自著，恐未必自称其门人皆曰子”。至于“谥号”质疑，如果说孟子去世于公元前289年，则除宋王偃，凡《孟子》一书提到的国君都死在孟子之前，所以，此质疑不能成立。由此可见，《孟子》一书是由孟子与弟子合著，还是比较可信的。

尽管赵岐“孟子自著说”不尽合理，但他在《孟子篇叙》中，叙述《孟子》七篇“所以相次叙之意”，还是很有参考价值的：“孟子以为圣王之盛，惟有尧、舜，尧、舜之道，仁义为上，故以梁惠王问利国对以仁义为首篇也。仁义根心，然后可以大行其政，故次之以公孙丑问管、晏之政，答以曾西之所羞也。政莫美于反古之道，滕文公乐反古，故次以文公为世子，始有从善思礼之心也。奉礼之谓明，明莫甚于离娄，故次以离娄之明也。明者当明其行，行莫大于孝，故次以万章问舜往于田号泣也。孝道之本，在于情性，故次以告子论情性也。情性在内而主于心，故次以尽心也。尽己之心，与天道通，道之极者也，是以终于尽心也。篇所以七者，天以七纪，璇玑运度，七政分离，圣以布曜，故法之也。章所以二百六十有九者，三时之日数也。不敢比《易》当期之数，故取其三时。三时者，成岁之要时，故法之也。三万四千六百八十五字者，可以行五常之道，施七政之纪，故法五七之数而不敢盈也。文章多少，拟其大数，不必适等，犹《诗》三百五篇，而《论》曰‘《诗》三百’也。章有大小，分章赋篇，篇趣五千，以卒其文，无所取法，犹《论》四百八十六章，章次大小，各当其事，亦无所法也。盖所以佐明六艺之文义，崇宣先圣之指务，王制拂邪之隐括，立德立言之程式也。洋洋浩浩，具存乎斯文矣。”

孟子晚年一面讲学授徒，一面整理儒学典籍，与万章、公孙丑等弟子编撰《孟子》一书，生活过得相当充实。虽然如此，孟子仍然为没有实现自己的理想而遗憾。他在《孟子》最后一章里写道：由尧、舜至于汤，五百有余岁，若禹、皋陶，则见而知之；若汤，则闻而知之。由汤至于文王，五百有余岁，若伊尹、莱朱，则见而知之；若文王，则闻而知之。由文王至于孔子，五百有余岁，若太公望、散宜生，则见而知之；若孔子，则闻而知之。由孔子而来至于今，百有余岁，去圣人之世若此其未远也，近圣人之居若此其甚也，然而无有乎尔，则亦无有乎尔！

图 80 邹城孟府“七篇贻矩”匾额（钟镜/摄）

孟子把这一章作为《孟子》全书收尾，是很有深意的。一方面，本章从“五百年必有王者兴，其间必有名世者”（《孟子·公孙丑下》）的观点出发，历述过去时代那些具有里程碑性质的圣贤，形成了一个世代相传的“道统”；另一方面，孟子感叹孔子以来没有众望所归的继承者，对圣人的事业、圣贤的道统将会中断流露出深深的忧虑。“然而无有乎尔，则亦无有乎尔”，最后短短 12 个字，其中 8 个字重复，表面上孟子是喟叹世无孔子，实质上是隐隐然以孔子继承人自居，并流露出心中深处许多壮志未酬的遗憾。

太史公司马迁曾说过一段名言：“是余之罪也夫！是余之罪也夫！身毁不用矣。夫《诗》《书》隐约者，欲遂其志之思也。昔西伯拘羑里，演《周易》；孔子厄陈、蔡，作《春秋》；屈原放逐，著《离骚》；左丘失明，厥有《国语》；孙子膑脚，而论兵法；不韦迁蜀，世传《吕览》；韩非囚秦，《说难》《孤愤》；《诗》三百篇，大抵贤圣发愤之所为作也。此人皆意有所郁结，不得通其道也，故述往事，思来者。”可以说，正是孟子晚年不被用于当世，才给后人留下了一部光照千秋的著作《孟子》。孟子因此可以传不朽矣！得耶？失耶？君子心中早已答案自明了。

时间转眼到了公元前 291 年，与孟子相濡以沫的妻子田氏因病去世了。这对年事已高的孟子，在精神上无疑是一个很大的打击。

安葬了妻子不久，孟子也病倒了。弟子们对他照顾无微不至，却难以抚慰孟子日渐枯槁的心灵。“如欲平治天下，当今之世，舍我其谁也？”“然而无有乎尔，则亦无有乎尔！”环顾茫茫人世间，又有谁能够承担圣人继任者的重担呢？

图 81　礼废贺冬（《孟子圣迹图》）

周赧王二十六年，公元前 289 年，周历正月十五日，夏历十一月十五日，孟子以 83 岁（农历虚岁为 84 岁）高龄离开人世，与妻子田氏合葬于马鞍山东面的四基山麓。孟子出殡这一天恰巧是冬至，邹人因哭孟子而废贺冬之礼，此后相沿成俗，足见孟子在当时及后世之影响。

孟子是中国儒家最主要的代表人物之一，他的思想学说对后世有很大影响，但在先秦典籍中，孟子学说却只是被看作儒家学说中的一派。战国后期的荀子对孔子相当尊重，而对孟子及其学派却有尖锐的批评。在某种意义上，荀子有把自己作为孔子正宗传人的意愿。他在《非十二子》中，一面称赞孔子“总方略，齐言行，壹统类，而群天下之英杰，而告之以大古，教之以至顺。奥窔之间，簟（diàn）席之上，敛然圣王之文章具焉，佛（通‘勃’）然乎世之俗起焉”。一面批评子思、孟子，“略法先王而不知其统，然而犹材剧志大，闻见杂博。案往旧造说，谓之‘五行’（仁义礼智圣），甚僻违而无类，幽隐而无说，闭约而无解，案饰其辞而祗（zhī，恭敬）敬之曰：‘此真先君子之言也。’子思唱之，孟轲和之，世俗之沟犹瞀（mào，愚昧）儒，嚾（huān）嚾然不知其所非也，遂受而传之，以为仲尼、子游为兹厚于后世：是则子思、孟轲之罪也”。

荀子这种评判虽然没有被后世学者所接受，却开“思孟学派”说法之先河。在荀子稍后的韩非子则在《显学》篇说：“世之显学，儒、墨也。儒之所至，孔丘也；墨之所至，墨翟也。自孔子之死也，有子张之儒，有子思之儒，有颜氏之儒，有孟氏之儒，有漆雕氏之儒，有仲良氏之儒，有孙氏之儒，有乐止氏之儒。”

图 82　荀子荀况像（潘鲁钰/绘）

了思是孔子的孙子。关于“子思之儒”的学术或政治主张究竟如何，长期以来人们难知其详。1973 年长沙出土马王堆汉墓帛书，1994 年郭店出土《五行》篇楚简，为人们了解荀子所说“五行”提供了确凿真实的研究材料（参见本丛书孔德立先生所著《述圣子思子》）。

按照大多数宋儒的观点，“子思之儒”发挥了孔子的中庸思想，把儒学道德范畴“诚”这一精神实体提高到世界本原的地位，对儒家的心性之学有重大贡献。但宋儒之说，近代以来有不少学者表示怀疑。学术界一般认为，“孟氏之儒”是以孟子为代表的。孟子是战国中期儒家的主要代表人物，他发展了孔子的“仁学”思想，提出了“人性本善”的理论，以及施行“仁政”“王道”的政治理想和“民贵君轻”的民本思想等。当代学者郭沫若则认为，“孟氏之儒”不仅与“子思之儒”为一系，而且也与“乐正氏之儒”为一系。(《十批判书·儒家八派的批判》)

“孟子既没之后，大道遂绌。逮至亡秦，焚灭经术，坑戮儒生，孟子徒党尽矣。其书号为诸子，故篇籍得不泯绝。”“汉兴，除秦虐禁，开延道德。孝文皇帝欲广游学之路，《论语》《孝经》《孟子》《尔雅》皆置博士，后罢传记博士，独立五经而已。”（赵岐《孟子题辞》）其实不仅《孟子》一书在文帝时曾立于学官，设置传记博士（不久因起异议而废——作者注），孟子的仁政说更是影响到包括贾谊在内的众多人士，成为总结历史、评论现实的重要理论依据。

有学者认为正是在这一背景下，子思后学故意篡改了思、孟二人的关系，将孟子说成是子思的弟子，编造出子思训导孟子的具体情节，将孟氏之儒归入子思之儒，将历史上曾经相对独立的两个学派说成是同门的师徒相传。这本来不过是子思之儒的宣传手段，却逐渐被人们所接受，并影响到对思孟学派的理解和判断。

汉武帝“罢黜百家，尊崇儒术”，思、孟一系的说法得到当时学者的进一步确认。司马迁在《史记·孟子荀卿列传》中明确指出：“孟轲，邹人也。受业子思之门人。”这种说法我们前面已有辨析，此不多论。不过当时似乎更流行的是孟子师事子思的说法，如刘向《列女传》：“（孟轲）旦夕勤学不息，师事子思，遂成天下之名儒。”班固《汉书·艺文志》：“名轲，邹人，子思弟子。”赵岐《孟子题辞》：“孟子生有淑质，夙丧其父，幼被慈母三迁之教，长师孔子之孙子思，治儒述之道，通五经，尤长于《诗》《书》。”应劭《风俗通义·穷通》：“孟子受业于子思。”《孔丛子》甚至杜撰出孟子拜见子思的一幕：“孟子车，尚幼，请见子思。子思见之，甚悦其志，命子上（子思之子）侍坐焉，礼敬子车甚崇。”(《杂训第六》)

在学术地位上，西汉学者扬雄首先肯定了孟子对儒学的突出贡献，称“古者杨墨塞路，孟子辞而辟之，廓如也”。孟子倡导儒学，宣扬周孔之道，遏“邪说”于横流，“致仲尼之教独尊于千古”。最早为《孟子》作注的是西汉刘向，从西汉至唐代，先后有十家为《孟子》作注。他们是：刘向、程曾、高诱、郑玄、刘熙、赵岐、綦毋邃、陆善经、张镒、丁公著。但十家之中亡佚了九家，只有东汉学者赵岐一家流传下来，所以现存《孟子》的最早注本是赵岐《孟子注》十四卷。

赵岐尊孟子为“命世亚圣之大才”，他在《孟子题辞》中把《孟子》与《论语》相比，认为《孟子》是“拟圣而作”。汉景帝的儿子河间献王刘德注意搜罗和收藏图书，其藏书中便有《孟子》。汉章帝时曾用《孟子》一书赏赐臣下黄香。所以，尽管班固《汉书·艺文志》仅仅把《孟子》放在诸子略中，视为子书，但实际上汉代人已经把它看作辅助经书的传书了。

汉魏以降，佛老流行，儒学衰微，逮至唐代，韩愈崇儒学，批佛老，首倡道统说：“斯吾所谓道也，非向所谓老与佛之道也。尧以是传之舜，舜以是传之禹，禹以是传之汤，汤以是传之文武周公，文武周公传之孔子，孔子传之孟轲，轲之死，不得其传焉。荀与扬也，择焉而不精，语焉而不详。”(《韩愈集·原道》）韩愈认为，儒学之道自古以来就有一个传授系统，它从尧舜时代就已经开始，远比佛老要久远得多，这一传授系统后经孔子传于孟子，孟子以后却不传。他在另一个地方又说：“孟轲师子思，子思之学盖出曾子。自孔子没，群弟子莫不有书，独孟轲氏之传得其宗。”“孟子有功于圣门，不可胜言。……故求观圣人之道，必自《孟子》始。”(《送王秀才序》)

这实际是将思孟学派置于尧舜以来儒学道统传人的位置，而这个思孟学派在韩愈的眼里是指“曾子—子思—孟子”。韩愈盛赞孟子为孔子以后一人，“功不在禹下”。他虽未明确把自己列入道统，但立志以拯救道统为己任，“韩愈之贤不及孟子。孟子不能救之于未亡之前，而韩愈乃欲全之于已坏之后”(《与孟尚书书》)。随着道统论的出现，思孟学派开始与道统结合在一起，并成为道统的传递者，与此相应，其地位也不断提高，几乎成为儒学正统的代名词。

韩愈的学生李翱说：“孔氏去远，杨朱恣行，孟轲拒之，乃坏于成。戎风混华，异学魁横，兄尝辩之，孔道益明。”（《祭吏部韩侍郎文》《李文公集》卷六）此处“兄”便是指韩愈。李翱将韩愈与孟子并提，确认了其归属孟子之学的正统地位。唐末皮日休则进一步肯定韩愈的功绩，说：“千世之后，独有一昌黎先生，露臂瞋视，诟于千百人内。其言虽行，其道不胜。苟轩裳之士，世世有昌黎先生，则吾以为孟子矣。”

图 83 韩愈像（《历代古人像赞》）

五代时，蜀主孟昶（chǎng）刻石十一经，去《孝经》《尔雅》，增入《孟子》，这是《孟子》被官方正式列为经书的开始。

北宋最早对孟子推崇不遗余力的首推王安石。王安石出身北宋官僚儒家家庭，叔祖王贯之、父亲王益都是宋朝进士。受家庭熏陶，他有浓厚的儒家思想底蕴，所学以儒家经学为主，而孟子对他影响极大。他中进士之年，曾著文称“时乎杨墨已不然者，孟轲氏而已；时乎释老已不然者，韩愈氏而已。如孟韩者可谓术素修而志素定也”。王安石在学术思想上截然不同于保守派所谓“不杂”的纯儒或俗儒，而是对孟子有所继承和发展，对儒学经典做出新解释，为他的政治革新奠定了理论基础。

欧阳修以韩愈推重王安石，作《赠王介甫》诗云：“翰林风月三千首，吏部文章二百年。”而王安石的回答是：“他日若能窥孟子，终身何敢望韩公。”（《奉酬永叔见赠》）其《孟子》诗云：“沉魄浮魂不可招，遗编一读想风标。何妨举世嫌迂阔，故有斯人慰寂寥。”这首怀古诗开头两句，把逝去的孟子和他的遗著，作为作者的精神寄托、精神支柱；把孟子的“风标”，即品格，视为楷模。第三句写出古人和自己的理想抱负相同、遭遇相似，表现出一种“唯我独知古人心”的孤独感，且生出一种高傲的孤独与寂寞的执着。最后一句“故有斯人慰寂寥”，把孟子想象成安慰我、温暖我、感动我的朋友，使我寂寞的心灵充满活力，故始终以“天变不足畏，祖宗不足法，人言不足恤”的大无畏气魄，不屈不挠，奋斗不懈，弹出心中最深沉的音符。

王安石在弘扬孟子学说方面的最大贡献，是在宋神宗熙宁四年（1071）主持改革贡举，将《孟子》与《论语》一同定为“通经”或称“兼经”，进士科罢诗赋、帖经、墨义，改为试四场：初本经大义五道，次《论语》《孟子》大义各三道，次论一首，次时务策三道。清代学者郑灏（hào）若在《四书文源流考》中说：“四书之文，原于经义，创自荆公。”

在宋学诸多流派中，先后占据支配和主导地位的，是王安石的王学和程朱理学。这里的“程朱”，是指北宋的“二程”和南宋朱熹。二程与王安石是同时代人，程颐是弟弟，程颢是哥哥，他们是宋代理学的主要奠基者，一生都以继承儒家道统为要务，“辨异端，辟邪说”，建立了中国封建社会中后期的“新儒学”。新儒学逐步演变成为中国封建社会中后期占据意识形态统治地位近千年的思想。

二程虽然在政治上追随司马光，反对王安石变法，但在学术上却和怀疑孟子的司马光不同，认为“自孟轲没，圣学失传”，“然向无孟氏，则皆服左衽而言侏离矣。故余尝推尊孟氏，以为功不在禹下者”。他们在哲学上发挥了孟子至周敦颐的心性命理之学，建立了以“天理”为核心的唯心主义理学体系。

二程在学术上所提出的最重要的命题是“万物皆只是一个天理”。他们认为阴阳二气和五行只是“理”或“天理”创生万物的材料。从二程开始，“理”或“天理”被作为哲学的最高范畴使用，亦被作为世界的本体。而且人类社会的等级制度及与之相适应的社会道德规范，也都是“天理”在人间社会的具体表现形态。“君臣父子，天下之定理，无所逃于天地之间。”（《河南程氏遗书》）《宋史·列传第一百八十六·道学》称：二程“表章《大学》《中庸》二篇，与《语》《孟》并行。于是上自帝王传心之奥，下至初学入德之门，融会贯通，无复余蕴”，程颐“以《大学》《语》《孟》《中庸》为标指，而达于‘六经’”。

朱熹是南宋思想家，字元晦，号晦庵，徽州婺源（今属江西）人。绍兴十八年（1148）中进士，历仕高宗、孝宗、光宗、宁宗四朝。朱熹早年出入佛、道，31 岁正式拜程颐的三传弟子李侗为师，潜心儒学，成为程颢、程颐之后儒学的重要人物。朱熹继承周敦颐、二程，兼采释、道各家思想，形成了一个庞大的哲学体系。这一体系的核心范畴是“理”，或称“道”“太极”。太极包括万物之理，万物分别体现整个太极。这便是人人有一太极，物物有一太极。

北宋将《孟子》列入“九经”，由此引发了延续百余年的贬孟与尊孟之争。直到朱熹作《读余隐之尊孟辨》，争论才告结束。朱熹巩固了《孟子》超“子”入“经”的地位，儒学开始了孔孟并称的新阶段。南宋光宗绍熙元年（1190），朱熹在漳州刊刻《四书》，并为之作注，“四书”的名称从此确立。朱熹所作《四书集注》全称为《四书章句集注》，是中国封建社会中后期影响最深最广的一部儒家经典。它既是各级各类学校的必读教材，又是科举考试中士子答卷的主要立论根据，其地位甚至超过“五经”。

图 84　朱熹像（佚名/绘）

这样，理学家所推崇的《四书》便成为思孟学派的传世文献，成为了解思孟学派道统的依据，而理学家则成为道统的承继者。一部宋明理学史在某种意义上就是对思孟学派重新理解、阐释的历史。由于理学家是用道统论看问题，而道统论并非一种历史观，而是一种文化观，它所关注的不是历史的具体发展过程，而是一脉相承的文化精神，所以他们不是将思孟之学看作一个历史的发展过程，不注重其内部思想的分歧和差别，而是认为孔、曾、思、孟“一以贯之”，传递着相同的“道”。他们认为这个“道”主要是“性与天道”的问题，是心性的问题，并以各自的理论形式对此进行重新阐释和发挥，形成理学、心学的不同派别。

可以说经过理学家之手，思孟学派呈现出比以往任何时候都更为清晰的面貌，其每一个概念、命题都得到细致的分析和梳理，并深深影响着后人的理解。不过从另一个角度来看，由于理学家主要是在“六经注我”而不是“我注六经”，所以这种分析和梳理越细致，越可能偏离了它们本来的面貌。

在孟子学术地位不断巩固的同时，他的政治地位也在不断攀升。东汉赵岐即尊孟子为“亚圣”。北宋二程亦称“孟子大贤，亚圣之次也”（朱熹《孟子序说》引程子语）。但在官方，直到宋神宗元丰六年（1083）十月，才“诏封孟轲为邹国公”。这是孟子得封号之始。翌年五月诏：“自今春秋释奠，以邹国公孟轲配食文宣王。设位于兖国公（颜回）之次。”元祐元年（1086），宋哲宗下诏规定，孟子塑像冠服为冕九旒，衣九章。元朝延祐三年（1316），仁宗追封孟子父为邾国公，孟母为邾国宣献夫人。文宗至顺元年（1330），孟子被加封为“邹国亚圣公”，地位仅次于孔子。

明洪武三年（1370），朱元璋因《孟子》中有“君之视臣如土芥，则臣视君如寇雠”句，命罢孟子配享，下诏“凡有谏者以大不敬论”。在刑部尚书钱唐等大臣的强烈反对下，朱元璋于次年下诏“配享如故”。但在洪武七年（1374），朱元璋命大学士刘三吾删去“辞气之间抑扬太过者”85条，史称《孟子节文》。到朱棣永乐年间才又恢复原貌。明世宗于嘉靖九年（1530）采纳大学士张璁建议，“四配称复圣颜子，宗圣曾子，述圣子思子，亚圣孟子”。至此，肇始于唐朝韩愈的孟子“升格运动”最终完成。

在孟子学术、政治地位日益巩固的同时，孟子的祭祀活动也开始进行。先是宋仁宗景祐四年（1037），孔子四十五代孙孔道辅主政兖州，“以恢张大教、兴复斯文为己任”，“谓诸儒之有大功于圣门者，无先于孟子”，于四基山之阳“访其墓而表之，新其祠而祀之，以旌其烈”。自此，孟子始有祠庙祭祀。宋元丰七年（1084），朝廷赐库钱30万增修墓庙，购置祭田，广植柏桧。宋政和五年（1115），徽宗追封孟子弟子爵位，孟子始有陪享和从祀。

元至元十四年（1277），山东提刑霍天祥在孟子墓前立碑，题“先师邹国公墓”，此碑现已无存。后经明、清两代不断扩建增修，墓庙达到现在规模。据《重纂三迁志·林墓》记载，清康熙二十二年（1683），山东巡抚移文衍圣公查明，亚圣墓田共七顷三十亩四分。

今存孟子墓封土高约6米，底径纵横约20米。墓前有一巨碑，上书“亚圣孟子墓”五字，碑文为楷书，遒丽温雅，肃穆端庄。此碑系清道光十四年（1834），孟子七十代孙孟广均所立。碑前设置有石炉、石瓶、石供案等。墓地和享殿周围绿树掩映，芳草如茵，肃穆幽雅，蔚为壮观。宋代以来，林内广植树木，现存有桧、柏、榆、槐、楷、楸、枫、柞、杨等各类树木20000余株。

孟庙最初建于墓旁，因距城太远，祭祀瞻仰多有不便，于是在邹城东郊另建一处。但此庙具体位置、规模和建庙确切年代均不可考。宋宣和三年（1121），孟庙迁建今邹城南关。后经历代30多次的扩建重修，至明代才建成现在之规模。庙呈长方形，南北长317.5米，东西由西庙墙至东庙墙外柏树行为95米，垣墙之内宽85米，总占地面积为65.3亩。院落共五进，有殿堂64间、碑亭两座、坊五座，存汉代以来的碑碣275方、汉画像石101块。

庙内的主要建筑大都建在中轴线上，有祭祀孟子夫妇的亚圣殿、寝殿，东有祭祀孟子父母的启圣殿、孟母殿，西有家庙、斋堂等。亚圣殿是祭祀孟子的场所，重建于清康熙十一年（1672），殿宽七间，有二十六柱，都是八角形，以石鼓为柱础。孟庙内古树葱茏，以柏桧居多，银杏、藤萝点缀其间，整个古建筑群充满了生机。明代著名书画家董其昌赞曰：“爱此孟祠树，森然见典型。沃根洙水润，含气峄山灵。阅世磨秦籀，参天接鲁青。方知樗散寿，只入列仙经。”

图 85　邹城孟庙亚圣殿（佚名/摄）

孟庙西邻，是孟子嫡系后裔居住宅第孟府。孟府的始建年代不详，宋宣和三年（1121）迁建于此，现存建筑多为明清遗物。府院坐北朝南，长 226 米，宽 98 米，为四进院，有殿堂门庑等 116 间。前部为官衙，第 进院的东西配房是差役住房。二门又名仪门，门内正堂五间，是孟子后裔世袭翰林院五经博士的公堂，在此迎接圣旨、接见朝廷官员、传授家法等。正堂前东西厢房各五间，是祭扫孟庙的礼生、乐生、司书、执事等人员的听差处。大堂之后是孟府内宅，主体建筑有世恩堂、赐书楼和花园等。赐书楼内存有皇帝御赐的墨迹和历代的文书档案。

孟子诞辰为农历四月初二（此为周历），为了纪念孟子这位圣人，当地百姓每年农历四月初二至初五，都要在孟林前举行盛大的古会。群众从四面八方蜂拥而来，一来朝圣，二来互通有无，虽历几百年而经久不衰，一直延续至今。

2006 年 9 月 25 日，孟子故里邹城市首次举行公祭孟子仪式，来自海内外的一千余名各界人士和孟氏后裔，在邹城孟庙共同祭祀了中国古代思想家、教育家孟子。

图 86　山东邹城举行丁酉年（2017 年）纪念孟母孟子大典（王齐胜/摄）

本书完稿于 2023 年农历二月初二早九时十六分，夏历二月初二为亚圣孟子生日诞辰，此乃一大巧合！此时太阳通过外面玻璃折射在济南“邑屋”内我的身上，让我倍感春晖温煦之喜悦！想是天亦为亚圣孟子增辉耶？想是天亦为我写作《亚圣孟子》点赞耶？

附录

孟子年谱

一岁，公元前372年，周烈王四年，邹穆公十一年，鲁共公十一年，田齐桓公三年，宋后桓公（宋桓侯、宋辟公）元年，魏武侯二十四年，卫声公元年，赵成侯三年，楚肃王九年，韩哀公五年（《史记》），韩懿侯（韩共侯、韩庄侯）三年（《竹书纪年》），燕简公四十三年，秦献公十三年，越王无余（之侯）三年。

周历四月初二，夏历二月初二，孟子出生于马鞍山西麓凫村一个贫寒家庭。父亲孟孙激，字公宜；母亲仉氏。姓孟，名轲。

卫伐齐，取薛陵（今山东阳谷东北）；赵伐卫，攻取乡邑七十三；魏攻赵，败赵师于北蔺（今山西离石西）。

二岁，前371年，周烈王五年，邹穆公十二年，鲁共公十二年。

孟子在凫村。

魏攻楚，取鲁阳（今河南鲁山）；秦侵赵，战于高安，秦师败。高安之战，是战国时期秦赵第一战。燕简公姬载去世，其子姬寇继位，是为燕后桓公。

三岁，前370年，周烈王六年，邹穆公十三年，鲁共公十三年，燕后桓公元年。

孟子在凫村。父亲孟孙激病故。

魏武侯姬击去世，未立太子，庶子公仲缓（公子缓）与魏武侯之嫡子公子罃争位，魏国内乱；楚肃王去世，无子，其弟熊良夫继位，是为楚宣王。

四岁，前 369 年，周烈王七年，鲁共公十四年，邹穆公十四年，魏惠王（梁惠王）元年，楚宣王元年。

孟子在凫村。

魏公子姬罃战胜公子缓，即位，因于公元前 344 年称王，史称魏惠王，复因魏惠王迁都大梁，又称梁惠王；韩、赵伐魏，取葵地（今河南博爱西北）；魏伐赵，围浊泽（今山西运城、永济之间），韩、赵联军浊泽之战获胜；赵、韩把晋桓公姬颀迁往屯留，晋绝祀；周烈王姬喜去世，弟姬扁立，是为周显王。

五岁，前 368 年，周显王元年，鲁共公十五年，邹穆公十五年。

孟子在凫村。

赵攻齐，至齐长城，旋将侵地还与齐；齐田寿率师伐魏（一作伐赵），围观（观泽，今河南清丰南），观地降齐；赵、韩攻周。

六岁，前 367 年，周显王二年，鲁共公十六年，邹穆公十六年。

孟子在凫村。

赵、韩攻周，分周为二：穀城、缑氏、王城为西周；平阴、偃师与巩为东周。

七岁，前 366 年，周显王三年，鲁共公十七年，邹穆公十七年。

孟子随母迁庙户营。

孟母仉氏为给儿子选择一个良好的学习环境，三迁其居，史称“孟母三迁”。孟母杀豚不欺子的故事也发生在此年前后。

韩懿侯与魏惠王会于宅阳（今河南荥阳东南）；韩、魏与秦战，败于洛阳（今河南洛阳东北）；齐与赵战（一作会）于阿地（今山东阳谷东北）。

八岁，前 365 年，周显王四年，鲁共公十八年，邹穆公十八年。

孟子随母迁学宫旁，当年入学宫就读。

魏公子景贾率师攻韩，与韩将韩明战于阳，魏军战败于逋泽；魏攻宋，取仪台（今河南虞城西南）；赵攻卫，取鄄（今山东鄄城北）。

九岁，前 364 年，周显王五年，鲁共公十九年，邹穆公十九年。

孟子在邹。约于此年前后受母亲断机之教。史称孟母断机教子，“孟子惧，旦夕勤学”。

秦魏石门（今山西运城西南）之战，败魏，斩首六万。赵救魏，秦兵始退。周天子贺秦，秦献公称伯。

十岁，前 363 年，周显王六年，鲁共公二十年，邹穆公二十年。

孟子在邹，旦夕勤学。

韩懿侯姬若山去世，其子姬武继位，是为韩昭侯；宋休公子田去世，其子子辟兵（子兵）继位，是为宋辟公；魏伐赵，取利人与肥。

十一岁，前 362 年，周显王七年，鲁共公二十一年，邹穆公二十一年，韩昭侯元年，宋辟公元年。

孟子在邹，旦夕勤学。

魏与韩、赵浍水之战，擒乐祚，攻取皮牢；秦攻魏，少梁之战，魏国相公叔痤战败被俘；秦军在西山打败韩军；赵成侯与韩昭侯会于上党；秦献公嬴师隰去世，公子嬴渠梁继位，是为秦孝公；燕桓公（燕后桓公）去世，其子姬腄继位，是为燕后文公。

十二岁，前 361 年，周显王八年，鲁共公二十二年，邹穆公二十二年，秦孝公元年，燕后文公元年。

孟子在邹，旦夕勤学。

四月甲寅，魏惠王把都城从安邑迁至大梁（今河南开封），这是开封建都之始，魏惠王因称梁惠王；秦孝公发布求贤令，商鞅由魏入秦；秦孝公攻魏，围陕城（今河南三门峡西）；秦灭戎族獂国，斩獂王；越卿大夫寺区弟弟弑君王无余，立无颛为越王；宋国攻取韩国黄池；魏国攻取韩国朱邑；魏惠王与韩昭侯会于巫沙（今河南荥阳北）。

十三岁，前 360 年，周显王九年，鲁共公二十三年，邹穆公二十三年，越王无颛元年。

孟子在邹，旦夕勤学。

梁惠王引黄河水入圃田灌溉周围农田，在大梁四周开凿运河；东周惠公姬杰（一作姬根、姬班）卒［据《史记》：周考王封其弟姬揭于河南，是为西周桓公；桓公子姬灶威公；威子姬朝惠公；惠公封其子（一作惠公少弟，在赵成侯和韩共侯支持下独立）于巩，是为东周惠公］；齐人（一说楚人）甘德《甘石星经》书成；《颛顼历》成，为秦所用。

十四岁，前 359 年，周显王十年，鲁共公二十四年，邹穆公二十四年。

孟子在邹，旦夕勤学。

韩、魏分晋；秦孝公用商鞅，进行变法，史称商鞅变法。商鞅：“苟可以强国，不法其故；苟可以利民，不循其礼。”秦师伐韩，至于怀（今河南武陟西南），筑城于殷（今河南武陟东南）。

十五岁，前 358 年，周显王十一年，鲁共公二十五年，邹穆公二十五年。

孟子在邹，旦夕勤学。

秦与韩战，败韩军于西山（今河南宜阳东、登封西、鲁山北皆韩之西山）；楚伐魏，决河水灌长垣（今河南长垣东北）之外；韩伐魏，取屯留、长子、涅（今山西武乡西北），迁晋君于端氏（今山西沁水东北）；梁惠王为防御韩、秦对大梁的进攻，命将军龙贾在大梁以西修建长城；赵成侯与梁惠王会于葛孽（今河北肥乡西南）。

十六岁，前357年，周显王十二年，鲁共公二十六年，邹穆公二十六年。

孟子在邹，约在此年前后开始自学。孟子自言“君子之泽，五世而斩；小人之泽，五世而斩。予未得为孔子徒也，予私淑诸人也”。

宋攻韩，取黄池（今河南封丘西南）；魏攻韩，围宅阳（今河南荥阳东南），韩昭侯与魏惠王盟于巫沙（今河南荥阳北），遂解宅阳之围。魏归厘（今河南郑州北）于韩，韩魏结盟；韩出兵攻东周，占领陵观、邢丘；魏惠王与赵成侯会于鄗（今河北高邑东南）。齐桓公田午去世，子田因齐即位，是为齐威王。

十七岁，前356年，周显王十三年，鲁共公二十七年，邹穆公二十七年，齐威王元年。

孟子在邹鲁间自学。

鲁共公（鲁共侯、鲁恭侯）、宋桓侯、卫成侯、韩昭侯，皆朝梁惠王；秦孝公以商鞅为左庶长；魏筑阳池备秦；韩筑长城自亥谷以南；赵成侯与燕宣公会于阿（今河北高阳北）。

十八岁，前355年，周显王十四年，鲁共公二十八年，邹穆公二十八年。

孟子在邹鲁间自学。

商鞅刑太子傅公子虔、黥太子师公孙贾；秦孝公与魏惠王会于杜平（今陕西澄城东）；魏侵宋，取黄池（今河南封丘西南），宋复取之。

十九岁，前354年，周显王十五年，鲁共公二十九年，邹穆公二十九年。

孟子在邹鲁间自学。

秦、魏元里之战，斩首七千，取少梁（今陕西韩城西南），秦军事据点插入韩、魏交界之地；韩侯朝魏；赵攻卫，取漆（今河南长垣西北）和富丘，在此筑城，迫卫朝赵；魏救卫，率宋、卫之师攻赵，进围赵都邯郸（今河北邯郸）；赵求救于齐，齐败魏于桂阳；齐攻燕，战于泃水（今河北蓟运河上游），齐师遁；秦攻韩，公孙壮（一作公子壮）率师伐韩，进围焦城（今河南尉氏西北），不克，占上枳、安陵（今河南鄢陵北）、山氏（今河南新郑东北），并于是地筑城。

二十岁，前353年，周显王十六年，鲁共公三十年，邹穆公三十年。

孟子在邹鲁间自学。

齐、魏桂陵之战，魏师大败；楚宣王使景舍救赵，取魏之睢水、濊水间地（今河南东部）。韩攻东周，取陵观、廪丘（今山东郓城西北。廪丘，一作刑丘，今河南温县东北）；韩昭侯朝魏惠王于中阳（今河南郑州东）；鲁共公姬奋去世，子姬屯立，是为鲁康公。

二十一岁，前352年，周显王十七年，鲁康公元年，邹穆公三十一年。

孟子在邹鲁间自学。

秦任用商鞅为大良造（相当于相国兼将军），攻魏安邑（今山西夏县西北），安邑降秦；宋、齐、卫联合攻魏；魏以韩师败齐、宋、卫联军于襄陵；齐威王请楚大夫景舍代齐向魏求和。

二十二岁，前351年，周显王十八年，鲁康公二年，邹穆公三十二年。

孟子在邹鲁间自学。

秦商鞅围魏固阳，固阳降秦；魏归赵邯郸，在漳水上结盟，强泗上十二诸侯（宋、鲁、邹、滕等国）皆来朝，全力西向以拒秦；魏取泫氏（今山西高平）、濩泽（今山西阳城西北）；韩用申不害为相，实行变法，内修政教，外应诸侯，国治兵强，诸侯不敢侵伐。

二十三岁，前350年，周显王十九年，鲁康公三年，邹穆公三十三年。

孟子在邹鲁间自学。

魏攻秦围定阳（今陕西延安东），迫秦孝公与魏惠王修好于彤（今陕西华县西南）。魏殷臣、赵公孙裒伐燕，还，取夏屋（今河北保定西南）；齐扩建堤防为长城；赵成侯赢种去世，公子緤与太子语争位，緤败奔韩；赢语立，是为肃侯。秦孝公从雍（今陕西凤翔）迁都咸阳，并第二次下变法令，废井田，设县，县令（万户以上设县令）俸禄六百石至一千石；县长（不满万户设县长）俸禄三百石至五百石；令、长以下丞和尉，俸禄二百石至四百石。以上皆称“长吏”。年俸禄百石粟米以下之官称“少吏”。秦县级组织日趋完备。

二十四岁，前349年，周显王二十年，鲁康公四年，邹穆公三十四年，赵肃侯元年。

孟子大约在此年前后开始设教授徒。

赵夺端氏（今山西沁水东北），再迁晋君于屯留（今山西屯留南）；韩玘（qí，玘一作姬）杀晋君，晋亡。

二十五岁，前348年，周显王二十一年，鲁康公五年，邹穆公三十五年。

孟子在邹设教授徒。

韩昭侯如秦，与秦修好；秦“初为赋”，按户按人口征收军赋，《资治通鉴》：“秦商鞅更为赋税法行之”；魏惠王会赵肃侯于阴晋（今陕西华阴东）。

二十六岁，前347年，周显王二十二年，鲁康公六年，邹穆公三十六年。

孟子在邹设教授徒。

赵国公子范叛乱，袭击邯郸，不胜而死。

二十七岁，前 346 年，周显王二十三年，鲁康公七年，邹穆公三十七年。

孟子在邹设教授徒。

赵肃侯朝周天子；卫自贬封号，由公爵贬为侯爵，臣服于韩、赵、魏三国；魏韩伐楚，取上蔡（今河南上蔡西南）。

二十八岁，前 345 年，周显王二十四年，鲁康公八年，邹穆公三十八年。

孟子在邹设教授徒。

二十九岁，前 344 年，周显王二十五年，鲁康公九年，邹穆公三十九年。

孟子在邹设教授徒。

梁惠王“逢泽（今河南开封市南）之会”，宋、卫、邹、鲁等国君主及秦公子少官与会，梁惠王正式称王；会后，魏率诸侯朝见周天子；魏败韩于马陵（今河南新郑东南）；赵攻齐，取高唐；齐君率卿大夫聘秦，秦以为荣，商鞅铭之于量。鲁康公去世，子姬匽（一作偃）继位，是为鲁景公。

三十岁，前 343 年，周显王二十六年，鲁景公元年，邹穆公四十年。

孟子在邹设教授徒。

周天子致伯于秦孝公；魏攻韩，败韩将孔夜。韩求救于齐，齐王与臣谋，孙膑曰：“夫韩魏之兵未弊而救之，是吾代韩受魏之兵”，如待韩魏之兵弊而救之，“则可重利而得尊名”。齐王曰“善”，暂不发兵。韩因恃齐，五战不胜，而委国于齐；赵公子刻攻魏首垣（今河南长垣东北）。越王无颛卒，其弟无彊（无强）立。

三十一岁，前342年，周显王二十七年，鲁景公二年，邹穆公四十一年，越王无彊（无强）元年。

孟子在邹设教授徒。

齐伐魏以救韩，马陵（今山东范县西南）之战，大败魏师，庞涓战败自杀，太子申被俘；魏国日衰，孙膑“名显天下，世传其兵法”。

三十二岁，前341年，周显王二十八年，鲁景公三年，邹穆公四十二年。

孟子在邹设教授徒。

齐田盼及宋人攻魏东鄙，围平阳（今河南滑县东南）；秦卫鞅攻魏西鄙；赵攻魏北鄙。

三十三岁，前340年，周显王二十九年，鲁景公四年，邹穆公四十三年。

孟子在邹设教授徒。

商鞅劝孝公伐魏，“据河山之固，东向以制诸侯”，成帝王之业。秦、魏河西之战，卫鞅大破魏军，俘公子卬，魏王恐，献部分河西地与秦和；楚宣王良夫卒，子熊商立，是为威王；齐、赵攻魏，魏势渐衰。

三十四岁，前339年，周显王三十年，鲁景公五年，邹穆公四十四年，楚威王元年。

孟子在邹设教授徒。

梁惠王开通鸿沟，连接济、濮、汴、睢、颍、涡、汝、泗、菏等主要河道，构建了以大梁为中心的水网，沟通了黄河与淮河两大水系；赵攻魏。

三十五岁，前 338 年，周显王三十一年，鲁景公六年，邹穆公四十五年。

孟子在邹设教授徒。

秦败魏于岸门，俘其主将魏错；一说宋剔成卒，弟偃立（参见前 328 年）；秦孝公卒，太子驷立，是为惠文王；车裂商鞅于咸阳，其师尸佼逃蜀；商鞅虽死，其法不废；秦攻魏，率大荔之戎进围合阳（今陕西合阳东南）。

三十六岁，前 337 年，周显王三十二年，鲁景公七年，邹穆公四十六年，秦惠文王元年。

孟子在邹设教授徒。

韩相申不害卒；楚、赵、韩、蜀朝秦；周天子贺秦新君。

三十七岁，前 336 年，周显王三十三年，鲁景公八年，邹穆公四十七年。

孟子在邹设教授徒。

秦“初行钱”，初铸铜钱行于市；齐威王与秦惠文王、韩昭侯会于东阿（今山东阳谷东北）。

三十八岁，前 335 年，周显王三十四年，鲁景公九年，邹穆公四十八年。

孟子在邹设教授徒。

秦惠文王举行冠礼；秦攻韩，甘茂取宜阳；赵为肃侯建寿陵，帝王之墓称陵自此始；齐与魏会于鄄（今山东鄄城北）；义渠败秦师于洛水。

三十九岁，前 334 年，周显王三十五年，鲁景公十年，邹穆公四十九年，梁惠王后元元年。

孟子在邹设教授徒。

梁惠王与齐威王会于徐州，相互尊对方为王，史称“徐州相王”；梁惠王改元。

四十岁，前 333 年，周显王三十六年，鲁景公十一年，邹穆公五十年。

孟子在邹设教授徒。

齐、楚徐州之战；赵攻魏，围黄城（今河南内黄西北），不克。赵于漳水、滏水间筑长城，以防齐、魏；苏秦合纵六国，于洹水歃血为盟；燕文公（后文公）卒，其子继位，是为燕易王。齐乘燕丧攻燕，取十城，已而复归之；卫成侯姬不逝（遫）卒，子姬劲继位，是为平侯；韩昭侯姬武卒，子姬康继位，是为宣惠王；秦以公孙衍为大良造。

四十一岁，前 332 年，周显王三十七年，鲁景公十二年，邹穆公五十一年，燕易王元年，卫平侯元年，韩宣惠王元年。

孟子在邹设教授徒。

齐、魏攻赵，赵决河水灌之，齐、魏之师乃去；魏献阴晋给秦，秦改阴晋为宁秦。

四十二岁，前 331 年，周显王三十八年，鲁景公十三年，邹穆公五十二年。

孟子在邹设教授徒。

秦平义渠；秦败魏，俘其将龙贾，斩首八万。

四十三岁，前 330 年，周显王三十九年，鲁景公十四年，邹穆公五十三年，齐威王二十七年。

孟子第一次去齐国，在稷下学宫讲学论道，曾与匡章等交游。

秦、魏雕阴及河东之战，魏献河西地于秦。邹穆公卒，其后邹君名字、谥号不详。

四十四岁，前329年，周显王四十年，鲁景公十五年，齐威王二十八年。

孟子在稷下学宫讲学论道。

秦军渡河攻魏，取河东汾阳等地；楚威王卒，子熊槐立，是为怀王；魏闻楚丧伐楚，取陉山（今河南漯河东）；魏人张仪入秦；公孙衍自秦赴魏，魏以为将。

四十五岁，前328年，周显王四十一年，鲁景公十六年，齐威王二十九年，楚怀王元年。

孟子在稷下学宫讲学论道。

张仪始相秦惠文王；秦攻魏，魏献上郡十五县给秦；秦败赵师于河西，杀其将赵疵，取蔺和离石；宋公子戴偃逐其兄剔成，自立为君。

四十六岁，前327年，周显王四十二年，鲁景公十七年，齐威王三十年，宋君偃元年。

孟子因不能展其志，“拥楹而叹”，孟母以《礼记》《周易》开导教诲；孟母去世，孟子归鲁厚葬之。

秦改少梁为夏阳，以所占焦、曲沃还魏；赵将韩举与齐战，死于桑邱（丘）。

四十七岁，前326年，周显王四十三年，鲁景公十八年，齐威王三十一年。

孟子为母守丧。《孟子》梁惠王下记述“鲁平公将出”，欲见孟子，因嬖人臧仓诅而未果。按鲁平公在位时间为前322—前303年（一说为前316—前297年），这件事应与孟子经历不合。

赵肃侯赵语去世，子赵雍立，是为武灵王；秦、楚、燕、齐、魏各出锐师万人至赵，参加葬仪。魏会韩威侯于巫沙；韩宣王朝魏；秦初腊祭，立腊日，猎禽兽于岁终祭祖先。

四十八岁，前 325 年，周显王四十四年，鲁景公十九年，齐威王三十二年，宋君偃三年，赵武灵王元年。

孟子为母守丧，返齐。在齐劝蚳鼃进谏遭讥讽，以“无官守，无言责”自解。不久离齐去宋。在宋与滕世子姬銮两次会面。过薛，返邹。

秦张仪取陕；齐、赵平邑之战，赵师大败；秦惠王称王；韩宣王称王；卫平侯卒，子嗣君立，《纪年》作卫孝襄侯。

四十九岁，前 324 年，周显王四十五年，鲁景公二十年，卫孝襄侯元年。

孟子在邹，滕定公姬宏卒，滕世子姬銮派其师然友之邹问治丧之礼。

楚败魏于襄陵；魏、韩二王会齐威王于平（东）阿。

五十岁，前 323 年，周显王四十六年，鲁景公二十一年，滕文公元年。

孟子在滕国助滕文公行仁政。大夫毕战问“井地”，滕文公问“为国”。

楚、魏襄陵之战；魏公孙衍倡议“五国（魏、韩、赵、燕、中山）相王”，赵、燕、中山始称王；秦使张仪与楚、齐、魏会啮桑；鲁景公去世，子姬叔立，是为鲁平公。

五十一岁，前 322 年，周显王四十七年，鲁平公元年，滕文公二年。

孟子在滕国助滕文公行仁政。与陈相有“必种粟而后食”之辩。

秦攻魏；魏以惠施联齐之策无效，用张仪为相，逐惠施，惠施入楚；韩、魏太子朝秦；梁惠王、齐威王会于鄄（今山东鄄城北）；韩宣惠王、赵武灵王会于区鼠（今地不详）。

五十二岁，前 321 年，周显王四十八年，鲁平公二年，滕文公三年。

孟子在滕国助滕文公行仁政。

周显王姬扁去世，子姬定立，是为慎靓王；燕易王去世，太子子哙立，是为燕王哙；齐田婴相魏。

五十三岁，前 320 年，周慎靓王元年，鲁平公三年，滕文公四年，梁惠王后元十五年，燕王哙元年。

孟子在滕国助滕文公行仁政；十月，齐人筑薛；孟子离滕到魏大梁，见梁惠王，有“何必曰利”之辩。

秦攻义渠，攻取郁郅（今甘肃庆阳）；齐威王田因齐死，子辟疆立，是为宣王；卫再贬号为君，独有濮阳一地；燕人伐赵，围涿鹿（今河北涞源北）。赵王及代人救之，败燕师于勺梁（今河北唐县东南）。

五十四岁，前 319 年，周慎靓王二年，鲁平公四年，梁惠王后元十六年，齐宣王元年。

孟子在魏，梁惠王卒，子襄王嗣位。孟子对襄王不满，离魏，“自范之齐”，见王子垫；齐宣王欲短丧。孟子与齐宣王论“保民而王”。孟子居稷下学宫，齐宣王给予“卿大夫”职位。

秦攻韩，取鄢（今河南郾城南）。

五十五岁，前 318 年，周慎靓王三年，鲁平公五年，齐宣王二年，梁襄王元年。

孟子在齐居稷下学宫。

赵、韩、燕、楚推楚怀王为纵长，攻秦函谷关，不胜而归；义渠攻秦，大败秦人于李伯（一作帛）之下。滕文公姬銮卒；宋君偃称王，是为宋康王，诸侯皆曰“桀宋”。

五十六岁，前 317 年，周慎靓王四年，鲁平公六年，齐宣王三年，宋王

偃元年。

孟子在齐居稷下学宫。

魏、赵等国合纵攻秦修鱼，秦败韩、赵、魏联军于修鱼，斩首八万，诸侯振恐。齐联宋攻魏，大败魏于观泽（今河南清丰南）。

五十七岁，前316年，周慎靓王五年，鲁平公七年，齐宣王四年。

孟子在齐居稷下学宫。燕王子哙“禅位”相国子之，国事皆决于子之。孟子与大夫沈同私下谈燕国可伐。

秦灭巴、蜀；秦攻赵，取中都（今山西平遥西南）、西阳。

五十八岁，前315年，周慎靓王六年，鲁平公八年，齐宣王五年。

孟子在齐居稷下学宫。

周慎靓王姬定去世，子姬延继位，是为周赧王；秦攻赵、韩，取韩石章，败赵将赵英。

五十九岁，前314年，周赧王元年，鲁平公九年，齐宣王六年。

孟子在齐居稷下学宫。

秦攻义渠，蚕食其徒泾等二十五城，广拓西北地；秦攻三晋，取魏曲沃而归其人，败韩于岸门，斩首万人，韩太子仓入质于秦；燕内战，齐将匡章伐燕，五旬而破之，杀燕王子哙和子之。孟子批评齐伐燕为“以燕伐燕”。

六十岁，前313年，周赧王二年，鲁平公十年，齐宣王七年。

孟子在齐居稷下学宫。齐宣王问“诸侯多谋伐寡人者，何以待之”，孟子回答“置君而后去之”。

梁襄王与秦惠文王会于临晋，依秦意立公子政为太子；秦攻赵，虏其将赵庄，拔取蔺地；齐助楚攻秦，取曲沃；张仪自秦赴楚，劝怀王亲秦绝齐。

六十一岁，前 312 年，周赧王三年，鲁平公十一年，齐宣王八年。

孟子于是年请辞。居昼邑三日，浩然有归志。逗留于休。

秦、楚丹阳、蓝田之战，大败楚师，斩首八万，取汉中地六百里，置汉中郡；韩、魏乘楚之困袭楚；楚割两城与秦和，攻韩；秦助韩攻楚；秦、魏攻齐，逐齐将匡章；齐与宋围魏煮枣（今山东东明南）；越王使公师隅往魏，献乘舟罔始（舟名）及舟三百、箭五百万、犀角象齿；韩宣王死，子仓立，是为襄王；燕人叛齐；赵出兵护公子职即位，是为燕昭王，一说燕昭王为太子平。

六十二岁，公元前 311 年，周赧王四年，鲁平公十二年，韩襄王元年，燕昭王元年。

孟子回邹讲学著述，不复出游。

秦伐楚，取召陵；秦使张仪说楚；齐、燕、赵连横事秦；秦惠文王卒，子荡立，是为秦武王；张仪离秦赴魏；诸侯复合纵；燕昭王求贤，发愤谋齐。

六十三岁，前 310 年，周赧王五年，秦武王元年，鲁平公十三年。

孟子在邹讲学，与万章、公孙丑等弟子撰写《孟子》。

秦伐义渠、丹犁，定蜀乱；楚庶章率师会魏，止于襄丘（今山东东明西南）；秦武王会魏襄王于临晋（今陕西大荔东南）。惠施、张仪卒。

六十四岁，前 309 年，周赧王六年，鲁平公十四年。

孟子在邹讲学，与弟子撰写《孟子》。

秦初置丞相，樗里子、甘茂为左右丞相；齐宣王欲为纵长，和楚善韩。

六十五岁，前 308 年，周赧王七年，鲁平公十五年。

孟子在邹讲学，与弟子撰写《孟子》。

秦派甘茂伐韩宜阳；秦武王会魏襄王于应（今河南宝丰南）；秦武王封子煇为蜀侯。

六十六岁，前 307 年，周赧王八年，鲁平公十六年。

孟子在邹讲学，与弟子撰写《孟子》。

赵攻中山，令胡服骑射；秦拔韩宜阳，取武遂；秦武王与力士孟说举鼎，折足死。秦武王异母弟嬴稷继位，是为秦昭王（昭襄王）；秦昭王初立，厚赂于楚，楚乃背齐而善秦。

六十七岁，前 306 年，周赧王九年，秦昭王元年，鲁平公十七年。

孟子在邹讲学，与弟子撰写《孟子》。

楚灭越之战；赵攻中山；秦伐魏皮氏（今山西河津），未克，与魏媾和，罢兵；秦甘茂奔齐；赵攻中山胡地；义渠王朝秦。

六十八岁，前 305 年，周赧王十年，鲁平公十八年。

孟子在邹讲学，与弟子撰写《孟子》。

赵伐中山，中山献四邑以和。秦内乱，诸弟争位，将军魏冉（秦昭王母舅）杀惠文太后（秦武王之母）及公子壮等诸公子，平定内乱。

六十九岁，前 304 年，周赧王十一年，鲁平公十九年。

孟子在邹讲学，与弟子撰写《孟子》。

秦、楚之君会于黄棘，秦以上庸还楚；秦迎妇于楚，秦楚“合婚而欢”。

七十岁，前 303 年，周赧王十二年，鲁平公二十年。

孟子在邹讲学，与弟子撰写《孟子》。

秦攻韩，取武遂；秦攻魏，取蒲阪、晋阳、封陵；魏、齐、韩因楚背纵约而亲秦，合兵伐楚，楚太子入秦为质，秦救楚；赵攻中山；鲁平公去世，子姬贾立，是为鲁文公。

七十一岁，前 302 年，周赧王十三年，鲁文公元年。

孟子在邹讲学，与弟子撰写《孟子》。

秦王、魏王会韩太子婴于临晋（今陕西大荔东南），韩太子至咸阳朝秦；秦归魏蒲阪；赵王迁吏大夫奴于九原（今内蒙古包头西北），以实其地；秦大夫有私与楚太子斗，楚太子杀之而亡归。

七十二岁，前 301 年，周赧王十四年，鲁文公二年。

孟子在邹讲学，与弟子撰写《孟子》。

齐、楚垂沙之战，齐将匡章大败楚师；楚庄蹻率众起义，攻至郢，使“楚分而为三、四”；秦攻韩，取穰（今河南邓州）；齐宣王辟彊去世，子田地（一作田遂）继位，是为齐湣王（齐闵王、齐愍王）。

七十三岁，前 300 年，周赧王十五年，齐湣王元年，鲁文公三年。

孟子在邹讲学，与弟子撰写《孟子》。

秦攻楚，大破楚师，斩首三万，杀其将景缺，取襄城；楚王恐，使太子为质于齐；赵攻中山；秦使泾阳君（公子市）质于齐；樗里疾死，秦以魏冉为相。

七十四岁，前 299 年，周赧王十六年，鲁文公四年。

孟子在邹讲学，与弟子撰写《孟子》。

秦伐楚，取八城；楚怀王被扣于秦，太子熊横立，是为顷襄王；秦闻齐国孟尝君贤，招其入秦为相；赵武灵王称主父，传位给子嬴何，是为惠文王。

七十五岁，前 298 年，周赧王十七年，鲁文公五年，赵惠文王元年，楚顷襄王元年。

孟子在邹讲学，与弟子撰写《孟子》。

孟尝君由秦亡归；齐、魏、韩攻秦至函谷关；秦攻楚，斩首六万，取十六城；赵楼缓入秦为相；赵惠文王嬴何封弟嬴胜为平原君。

七十六岁，前 297 年，周赧王十八年，鲁文公六年。

孟子在邹讲学，与弟子撰写《孟子》。

楚怀王逃秦奔赵，赵人不纳；欲走魏，秦兵追至，执之以归，怀王遂发病；齐、魏、韩再攻秦至函谷关。

七十七岁，前 296 年，周赧王十九年，鲁文公七年。

孟子在邹讲学，与弟子撰写《孟子》。

楚怀王死于秦，秦归其丧于楚；齐伐燕，“覆三军，获二将”；魏、韩军破秦函谷关，危及咸阳。秦求和；韩襄王死，子姬咎立，是为釐王；梁襄王死，子姬遬立，是为昭王。

七十八岁，前 295 年，周赧王二十年，鲁文公八年，梁昭王元年，韩釐王元年。

孟子在邹讲学，与弟子撰写《孟子》。

赵武灵王（主父）与齐、燕共灭中山；赵内乱，公子成围宫，赵武灵王（主父）饿死；秦免楼缓相，以魏冉为相。

七十九岁，前 294 年，周赧王二十一年，鲁文公九年。

孟子在邹讲学，与弟子撰写《孟子》。

齐孟尝君谢病归封邑薛；秦败魏师于解（今山西临猗西南）；齐攻宋。

八十岁，前 293 年，周赧王二十二年，鲁文公十年。

孟子在邹讲学，与弟子撰写《孟子》。

秦将白起与韩、魏伊阙之战，斩首二十四万，虏公孙喜，拔五城，白起因战功为国尉；楚向秦求和。

八十一岁，前 292 年，周赧王二十三年，鲁文公十一年。

孟子在邹讲学，与弟子撰写《孟子》。

秦攻魏，取垣（今山西垣曲东南），复予之；秦魏冉因病辞相，以客卿寿烛为相；楚王迎妇于秦，秦楚复和。

八十二岁，前 291 年，周赧王二十四年，鲁文公十二年。

孟子在邹讲学，与弟子撰写《孟子》。妻田氏病逝。

秦攻韩，取邓（今河南孟州西）、宛（今河南南阳）；秦攻魏，取轵（今河南济源东南）、垣城（今山西垣曲东南）；秦相寿烛免，魏冉复为秦相。

八十三岁，前 290 年，周赧王二十五年，鲁文公十三年。

孟子在邹讲学，患恶疾，坚持著述，成《孟子》七篇。

韩国成阳君、东周君朝秦；秦攻魏，魏以河东地四百里献秦；韩以武遂地二百里献秦；赵、齐攻韩至鲁关（今河南鲁山西南）。

八十四岁，前 289 年，周赧王二十六年，鲁文公十四年。

是年周历癸酉年正月十五日，夏历壬申年十一月十五日，孟子病逝。与妻子田氏合葬于马鞍山东面四基山西麓。出殡这一天恰巧是冬至，邹人因哭孟子而废贺冬之礼，遂以成俗。

秦大良造白起等攻魏至轵（今河南济源东南），取六十一城；齐以苏秦为相（苏秦卒年为前 284 年）；魏昭王入赵朝见，并献葛孽（今河北肥乡西南）、阴成，为赵王“养邑”。